DESIGN REVIEW 2022

デザインレビュー実行委員会

JN055234

テーマ 『創成期(そうせいき)』

新型コロナウイルスの発生から2年。人々はようやく新しい日常を取り戻しつつあります。この2年を経て、時代のあらゆるものが大きな変化を求められました。今までの常識が常識ではなくなりつつあります。私たち建築学生もその例外ではありません。そもそも建築とは何か、と根幹から論じ直す必要があるでしょう。全国から学年・学部・学科の垣根を越え集った学生たちが、自由かつ"創造的"な発想を持ち寄って交わした議論は、新たな時代を生むきっかけとなるはずです。そのためにも、多くの分野からのさまざまな視点の提案を募集します。ここ福岡の地を原初として、コロナの先にある新しい想像の時代が始まることを願っています。

タイムテーブル

3月12日（土）

12:00~12:50	事前審査（出展者入室禁止）
13:00~13:20	開会式

— 第1部 —

13:30~14:05	セッション1
14:05~14:10	休憩
14:10~14:45	セッション2
14:45~14:50	休憩
14:50~15:25	セッション3
15:25~15:30	休憩

— 第2部 —

15:30~16:05	セッション4
16:05~16:10	休憩
16:10~16:45	セッション5
16:45~16:50	休憩
16:50~17:25	セッション6
17:25~17:35	休憩
17:35~18:00	閉会式、講評

3月13日（日）

10:00~11:00	開会式・決勝選抜（8作品を選出）
11:00~11:40	お昼休憩
11:40~13:40	予選トーナメント（8作品）
13:40~14:00	休憩・決勝トーナメント準備
14:00~15:00	決勝トーナメント（4作品）
15:00~15:20	クリティーク賞・JIA賞決定
15:20~15:40	授賞式
15:40~16:00	閉会式、全体講評
16:00~16:15	クリティーク・出展者の写真撮影
16:15~17:00	座談会

実行委員長あいさつ

この度は、Design Review 2022の作品集を手に取っていただき誠にありがとうございます。

本書で紹介されている作品は、全国から学年、学校の枠を超えて集まった66名の本選出場者の作品であり、我々建築学生からの新たな時代への提言です。各々の建築に対する想いや社会に対する問いかけを感じていただければ幸いです。

1996年に始まり、今年度で27回目を迎えた今大会では、過去応募数を大幅に超える390作品の応募があり、歴史ある設計展であるDesign Reviewが今なお成長を続けていることを実感しました。今後も九州の地から全国へ新たな建築の議論が発信されていくことを期待するばかりです。

しかしながら、今年度は大会直前の新型コロナウイルス感染症オミクロン株の再流行により、本番数日前まで対面での開催が可能かどうかわからないようなとても厳しい状況でした。会場をご提供いただきました九州産業大学様をはじめ、関係者の皆様のご尽力と、学生全員の開催への強い想いが実を結び、最後には3年ぶりの対面開催を実現できたことを非常に嬉しく思います。「創成期」という大会テーマのもと、新型コロナウイルス感染症を超えた新しい時代の先駆けとなる大会になったのではないかと思います。

最後になりましたが、本大会にご協賛してくださいました協賛企業の皆様、ご多忙の中審査にお越しいただきました先生方、数々の場面で多大なるご支援をいただきました総合資格学院様、私たち実行委員会に常に寄り添い大会の成功に向けてご尽力いただきましたJIA九州支部の皆様など、多くの関係者の方のお力を借りて無事会期を終えることができました。この場を借りて厚く御礼申し上げます。

Design Review 2022 実行委員長
九州大学　中山亘

目次

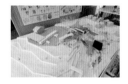

CRITIQUE

クリティーク紹介

慶應義塾大学

石川　初
Ishikawa Hajime

1964	京都府生まれ
1987	東京農業大学農学部造園学科卒業
1987	鹿島建設
1999	ランドスケープデザイン
2015	慶應義塾大学大学院政策・メディア研究科教授
2020	慶應義塾大学環境情報学部教授

新しい世界の見方と提案に出会えることを楽しみにしています！

横浜国立大学大学院
一級建築士事務所 大西麻貴＋百田有希／o+h

大西　麻貴
Onishi Maki

1983　愛知県生まれ
2006　京都大学工学部建築学科卒業
2008　東京大学大学院工学系研究科建築学専攻修了
2008　大西麻貴＋百田有希／o+h共同主宰
2017　横浜国立大学大学院"Y-GSA"客員准教授

大学時代に卒業設計をDesign Reviewに出展し、さまざまなクリティークをいただいたことを今でも大切に覚えています。2日に渡るプレゼンテーションと審査で、じっくり皆さんの提案について議論し、これからの建築について考えられるのを楽しみにしています。

東京大学　佐藤淳構造設計事務所

佐藤　淳
Sato Jun

1970	愛知県生まれ滋賀県育ち
1993	東京大学工学部建築学科卒業
1995	東京大学大学院工学研究科建築学専攻修了
1995-99	木村俊彦構造設計事務所
2000	佐藤淳構造設計事務所設立
2010	東京大学大学院工学系研究科特任准教授
2014	東京大学大学院新領域創成科学研究科准教授
2016	スタンフォード大学客員教授

どんな形にも「構造デザイン」を仕込むことができます。何よりも人の命を守ること。それができるようになって、心の余裕ができると、工夫を凝らした構造デザインを生み出すことができるようになります。「力学」と「幾何学」と「デジタル」を駆使して、おおいに「知ったかぶり」をして語ってほしいと思います。

ALTEMY

津川　恵理
Tsugawa Eri

2013	京都工芸繊維大学卒業
2015	早稲田大学創造理工学術院修了
2015-18	組織設計事務所勤務
2018-19	文化庁新進芸術家海外研修員として Diller Scofidio+Renfro(NY)勤務
2019	ALTEMY設立
2020	東京藝術大学教育研究助手

情報技術の発展や、世界規模の感染症による社会情勢の変動など、社会・歴史が大きく動こうとしている今。一人の人間として、建築に携わる者として、何を思い、どんな思想を建築で体現できるのか。卒業制作だからこそ、挑戦した姿勢で取り組んでいる提案に出会えることを、楽しみにしています。「これも建築なのか」と、議論を投げかけるような思考を見てみたいです。

東京藝術大学　中山英之建築設計事務所

中山　英之
Nakayama Hideyuki

1972	福岡県生まれ
1998	東京藝術大学美術学部建築科卒業
2000	東京藝術大学大学院美術研究科建築学専攻修了
2000-07	伊東豊雄建築設計事務所
2007	中山英之建築設計事務所設立
2014〜	東京藝術大学美術学部建築科准教授

建築が面白いのは、絶対の正解など存在しないのに、なぜだか「これは素晴しい」と誰もが膝を打って感嘆するような案というものが、時々ある、というところだと思います。そして、100メートルの世界記録などとも違って、そんな案を思いついてしまうのが、円熟した巨匠であることもあれば、建築を学び始めたばかりの学生である場合も、ある、というところです。今回のレビューで、そんな驚きに出会い、皆さんと一緒に「やられた！」と感嘆の声を上げる瞬間を楽しみにしています！

本選司会

九州大学大学院　SUEP.

末光　弘和
Suemitsu Hirokazu

1976	愛媛県生まれ
2001	東京大学大学院修了後、伊東豊雄に師事
2007	末光陽子とSUEP.共同主宰
2020	九州大学大学院准教授を務める。東京と福岡を拠点に国内外で活動しており、地球環境問題をテーマに掲げ、風や熱などの環境シミュレーション技術を駆使し、資源やエネルギー循環に至る自然と建築が共生する新しい時代の環境建築デザインを手がけている。

PRIZE-WINNING WORK

受賞作品紹介

隠れ里のイマをつなぐ
限界集落と支え合う児童養護施設

故郷の限界集落は四方を海と山に囲まれた地形のため、争いや差別から逃れた人々が隠れ住んだ場所であった。安心して暮らせるこの土地に、虐待や不幸から逃れた子どもたちが暮らす児童養護施設を提案する。集落の居間を共有する習慣に倣い、施設の「居間」を子ども同士さらに子どもと地域住民の共有空間とすることで限界集落に交流拠点をもたらすと共にこの土地ならではの新たな施設形態を提案する。

ID38
渡邉雪乃
九州大学芸術工学部
環境設計学科B4

A1. Illustrator, Photoshop, Rhinoceros, 手描き、AutoCAD, InDesign, レーザーカッター　2. 5万円程度　3. 1〜2ヶ月未満　4. 意匠　5. 絵を描くのが好きだったから　6. 聴竹居

私が生まれ育った長崎県の限界集落は航空写真のように海と山に四方を囲まれた地形のため、古くは宗教弾圧であったり、戦から逃れたりした人々が隠れ住んだ場所でした。そういった方たちと、虐待や不幸から逃れてきた児童たちを重ね合わせて孤児院を設定することで、地域を活性化しつつ、集落一体で子どもを育てるような施設を提案します。敷地は人口724人の小さな漁村です。現在は少子高齢化と空き家の増加が問題となっています。この富津と呼ばれる場所は集落全体が家族のように暮らす場所で、親しい人同士で居間を共有し合う習慣がある場所です。辺境の調査を行いました。集落の住宅86軒について、世帯民や生活状況などを調査しました。そのうえで17件ある空き家のうちの4軒を児童養護施設、さらに海辺の2軒を、保護者向けの宿泊施設、そして他の空き家を施設卒業者の住まいや暮らしが働く場所として利用することで、施設卒業者の離職率を下げるとともに限界集落の根本的再生を図ります。児童養護施設の現状についてインタビューなどで調査を行いました。現在、児童養護施設の生活単位が縮小しており、それに伴い、食堂といった児童の交流場所が小規模化していることから、集落の空き家4件を用いて、縮小していることと、集落に居間を共有する習慣があることから、空き家それぞれに居間空間を増築し、それらをつなぐことで、児童同士の交流を狭めずに、さらに地域と共有できる場所を持つ新たな児童養護施設を提案します。それぞれ

の生活単位の居間に個性を持たせることで、用途を多様にし、自分の興味に従って、好きな居間を利用できるようにしました。さらに時間による多様性を持たせました。子どもたちが学校にいる時間帯に、居間空間を地域と共有し、昼は公民館のような地域の居間となり、夕方に地域と施設の交流が生まれて夜は施設の居間となるように、一日中にぎわう場所となります。職員の方が一日中いて、子どもと地域の人が入れ替わりで利用する計画となります。具体的な設計としては、1階平面図のグレーの部分が既存の部分で、それ以外の色のついているところが居間空間の新築部になります。グレーのところに児童とスタッフの個室を入れ、カラーのところは地域と共有する、交流の拠点となる場所です。本をたくさん置く部屋や、お年寄りに子どもがパソコンを教えられるような場所が外と一体となっており、生き物と生きられるような居間、大空間があって、みんなで集会ができるような居間、共有キッチンがあったりフィットネスルームがあったり、一緒に料理をしたりスポーツで交流ができたりするような場所、あとは第2の交流場所になると考えた大浴場を新築し、さらに広場に倉庫をつくり、それらをつなげることで、広場が一体となって用いられるような施設としました。長崎県の高低差のある地形を生かして、それぞれの居間がゆるやかに区切られつつも、つながるような設計を行っています。

隠れ里のイマをつ〔な〕
― 限界集落と支えあう児童養護〔施設〕

故郷の限界集落は四方を海と山に囲まれた地形のため、争いや差別から逃れた人々が隠〔れ〕
安心して暮らせるこの土地に、虐待や不幸から逃れた子どもたちが暮らす児童養護〔施設を〕
限界集落に活気をもたらすとともに地域交流の中心となる新たな施設形態〔を〕

1. 敷地

長崎県雲仙市小浜町富津は人口724人の小さな漁村である。
かつてはイワシ漁で栄えたが、気候変動により衰退した今
少子高齢化と空き家の増加が問題となっている。

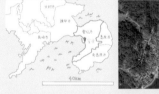

集落一体が家族のように暮らす場所であり、親しい人どうしで
「居間」を共有する習慣がある。
玄関に鍵をかけないので勝手に友人が居間にあがりこんでくる。

2. 児童養護施設の変遷

施設のプログラムは家庭的雰囲気が演出できる生活単位に縮小しているが、一方
で子どもたちの交流を狭めている。
そこで空き家4軒に「居間空間」を新築し、集落の習慣に倣って居間空間をつな
ぎ生活単位間で共有する新たな施設形態を提案する。

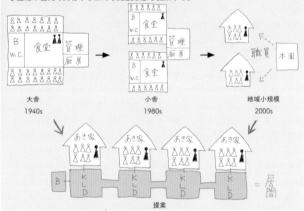

3. 居間の多様性

それぞれの居間に個性をもたせ、用途に多様性をもたらす。
また、子どもが学校にいる昼は地域の居間、夕方に施設と地域の交流が生まれ、夜は施設の居間となり、一日中賑わう。

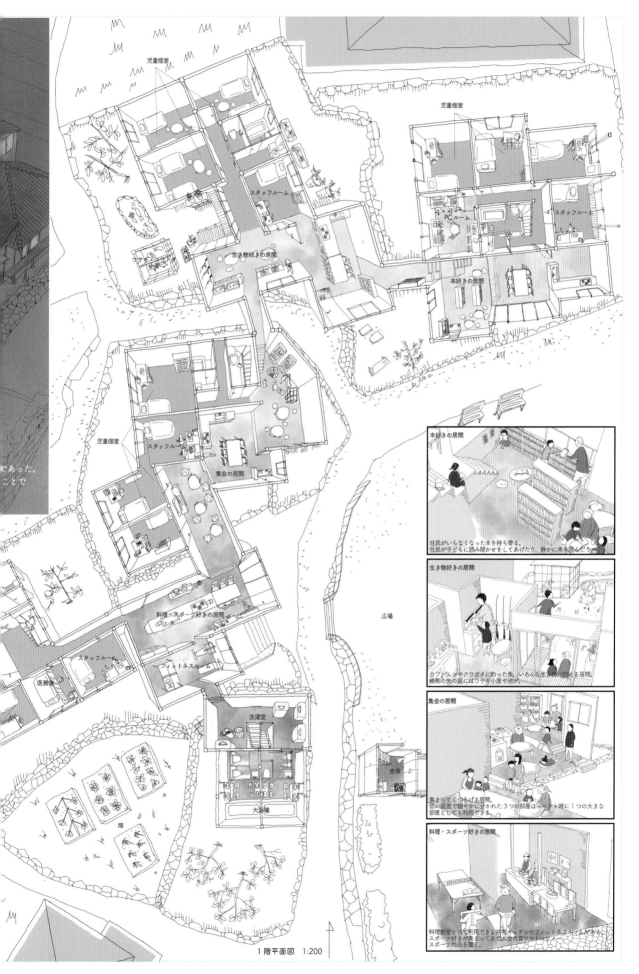

児童個室

児童個室

スタッフルーム

生き物好きの居間

PCルーム

スタッフルーム

本好きの居間

ウサギ小屋

児童個室

スタッフルーム

集会の居間

広場

料理・スポーツ好きの居間

スタッフルーム

医務室

フィットネスルーム

洗濯室

倉庫

大浴場

畑

であった。
ことで

本好きの居間

住民がいらなくなった本を持ち寄る。
住民が子どもに読み聞かせをしてあげたり、静かに本を読んだり。

生き物好きの居間

カブトムシやクワガタ、釣った魚、いろんな生き物が観察できる居間。
縁側の先の庭にはウサギ小屋や池が。

集会の居間

集まってくつろげる居間。
低い段差で緩やかに分かれた3つの部屋はイベント時に1つの大きな
部屋としても利用できる。

料理・スポーツ好きの居間

料理教室と広く利用できる共用キッチンやフィットネスルームがある。
スポーツ好きが集まってきて、大会の賞状やトロフィー、
スポーツ用品を置く。

1階平面図 1:200

中山　子どもはどこから来るのですか、ここの中にいる子たちですか？

渡邊　いえ、親が育てられない子どもたちが……。

中山　親元を離れて預けられた子どもたち。

渡邊　はい、そうです。児童相談所に保護された子たちが暮らす場所として。

中山　そういう仕事の担い手は、地元の人がやるイメージなのですか？

渡邊　いえ、資格保持者がやることになるので、地元のアルバイトやパート、専門家がここへ通勤したり、住んでいる方が働いたりという想定です。

中山　そのプログラムをここに思い付いた理由は何ですか？

渡邊　私自身が小学校までここで暮らしたのですが、人格形成にとてもいい場所だったことから子どもを絶やしたくないと思ったことと、隠れ住める場所なので社会から隠れるような子たちが暮らす

場所としていいのではないかと考えました。

中山　こういうプロジェクトはお金を使った華美な設計ができないですよね。でも、建築科の卒業制作だから、すべて既存で上手に使えるというプログラム提案にするわけにはいかず、そこが結構ジレンマだったと思います。ささやかでありながらプログラムにあった良い場所をつくるにあたり、建築科の卒業制作として頑張って考えたところや工夫したところはどこになりますか？

渡邊　まず、空き家をそのまま利用するのが効率的に良いという点ですが、居間空間だけを広場に面して増築することで、なるべくコストをかけずに、児童養護施設として成り立たせるような設計にしています。あとは、地形を生かして、段差によって空間を緩やかに分けてつなげるような設計にしています。

中山　いろいろな建物も、住居としてはもう使わないということなんですね。泊まり込みというか住

み込みで寮のように来る……。

渡邊　児童の部屋になります。

中山　児童が住み込んでいられる場所になり、職員さんたちがいる場所などもきちんと設計されている……。

渡邊　そうです。そのスタッフルームが職員の場所になります。こちらが寝る場所で、ここがリビング空間になります。

中山　ここはどういう場所だったのですか？

渡邊　もともと使われていない保育園だったのですが、ここも取り壊して施設に取り巻かれる広場にします。

中山　なるほどね。

渡邊　ここで一体となり、最後に倉庫で広場とつながるような設計になっています。

中山　この下は何ですか？

渡邊　大浴場です。

津川　つくったものには、どのようなことが起こっているのですか？色がついているところと、ついてないところは？

渡邊　ここが居間の部分の増築部分で、グレーのところが既存の空き家部分です。

津川　児童養護施設に変えたけれど、実際の機能としては、グレーの箇所とカラーの箇所は何が入っているのですか？

渡邊　カラーが居間空間という、地域と施設の共

用部分です。グレーは個室といった、施設のプライベートな部分になります。

津川　この街のリビング的な要素が、ここにあるということですか？

渡邊　そうです。

津川　なるほど。そういう言葉を何かつけたほうがいいですね。ここが一体何なのか、街のリビングなどわかりやすいですけれど。

渡邊　はい。

津川　各部屋にあるリビングダイニング的な居間が、全体を一体としてつなげるための街の場所のための経路になるような、個々の建築のためのリビングだったものを開いてつなげることで、主従関係が逆になるということ、それをおそらく次のプレゼン時に話したほうがいい気がします。でも、やりたいことはよくわかります。シンプルでいいと思います。

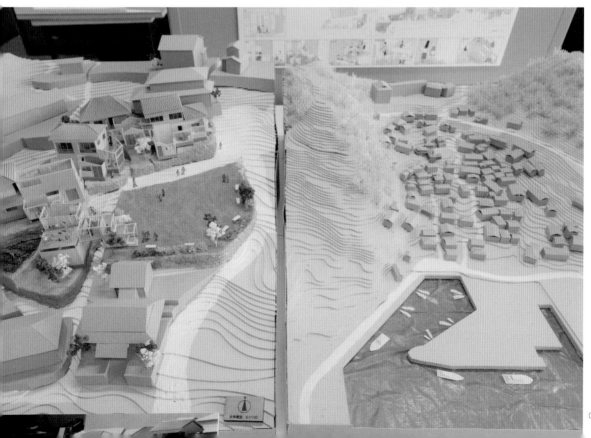

SECOND PRIZE
優秀賞 / JIA賞

優秀賞 / JIA賞
SECOND PRIZE
★★

ECHOING NATURE
珊瑚を用いたバイオミクリーによる環境共生建築

人々のエゴにより地球が壊れつつある現実に見て見ぬふりをしていた人間は、COVID-19が瞬く間に流行した日を境に自らの現状の危うさに気が付いた。日々の生活や行動を鑑みて環境に対する意識を変えなければならないのは言うまでもない。ましてやエネルギーを大量に使う建築物であればなおさらであろう。今こそ、快適性を求め、自然を支配してきたかつての建築でなく、自然に寄り添い、呼応し、共生する空間を考えるべきなのである。

io.06
小原可南子
九州大学工学部
建築学科B4

A1. Illustrator, Rhinoceros, Grasshopper, レーザーカッター, 3Dプリンター 2. 10万円程度 3. 2～3ヶ月
4. 意匠 5. 直観です 6. ファンズワース邸

SECOND PRIZE 優秀賞 / JIA賞

ECHOING NATURE

洞期を用いたバイオミミクリーによる環境共生建築

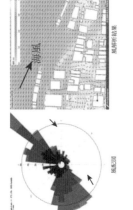

00. Concept 「変革し、呼応せよ」

地球は今や過渡期にあるが、目々の生活や日常を覆おう間地球に対料を変えなければならない。いつかは言う間でもない、さしてやエネルギーを大量に使う建築物はそれ以上である。今こそ、快適性を求め、自然を支配にできるかのでの建築ではなく、自然の有り物に添い、呼応し、共生する空間を考えるべきなのである。本設計では自然住宅法のバイオミミクリーという新たな設計スケールでの今までの全ての常識を越えた新たな集合住宅の未来を考え、

01. The Biomimicry Design Steps

本設計では、自然に調和し、自然と共生することを目的としバイオミミクリーという生態を模倣したデザインに取り入れるデザイン手法をとった。ここでは、洞期の生物に注目した。

1.IDENTIFY
ボリアナナに自然の生物の分析

2.TRANSLATE
生物に翻訳に落とし込む

3.DISCOVER
自然に自然から形を見つけ出す

4.ABSTRACT
生物のデザインを抽象化に翻訳する

5.EMULATE
デザイン手法を取り入れる

6.EVALUATE
自身のデザインを評価する

風、光 / 水、光

共生1 / 共生2

環境システム / 都市システム

Air Intake / 建築

02. Urban Coral Reef

01. 食 / 02. 働く / 03. 住む / 04. 住む / 05. 公園 / 06. 保育

ネットワーク図

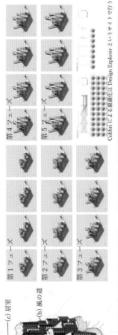

03. Finding Form Process

対象敷地は大阪市中之島付近、高層ビルが立ち並び夏には熱がこもり、ヒートアイランド現象が発生し、人工物で囲われたこの地と、都市の機能をそのままに自然と共生できるような地に生まれ変わらせ、大都市特有の生活スタイルを一新させる。

右図は風配図である夏が変季、中間期(5月、6月)には海風による影響で北東と関西南方向に吹く風の頻度が高い。それを私にFlowDesignerという環境流体解析ソフトを用いて敷地周辺における風解析を行ったところ、現状では大きな風道が二つの風が入り込み、建物周辺はその密集度の高さが起因して無風状態となっている。これがヒートアイランドの原因のひとつであり、問題打破の要素となっている。そこで、敷地を変化させ、風を取り込む必要があると考えられた。

a. 形態最適化による形態決定・成長する建築

バイオミミクリーの体現化をするために、珊瑚の成長になぞらえ、珊瑚の最適化を行った。Colibriを用いて形態の最適化を行った。「枝」部分における形態決定をする。ここではGrasshopperとColibriを用いて最適化を行う。本設計ではAir Intakeが海風を取り込み、夏は最小限になるよう設計し、建物の快適性の向上を図った。

第1フェーズ / 第2フェーズ / 第3フェーズ / 第4フェーズ / 第5フェーズ

Colibriによる最適値化(Design Explorer というサイトで行う)

風解析結果

海風

b. 海風による透け利用した地下空間からのAir Intake System

夏季の北北西からの海風を利用し、路線に沿って地下空間からの冷たい空気を建物全体にシステムを搬制した。そこで建物の中心を空気が通るように地下から最上階まで貫がるAir Intakeをつくった(断面図参照)。それと同時に、各階の居室係数や表面近力に大きな差が生じなくなる(すなわち無風状態や、強い風の吹かない状態になる)ように建物の一部になたおけ、

(a) 珊瑚の特徴 / (b) 風の道 / (c) 居室

変更前 / 変更後

c. 居室の環境デザイン

左図のある一室の平面図と断面図である。海風を取り込み、またさらに海風を取り込むことで居室全体の中間期や夏季の快適さを向上させる。また、計画側でも工夫を凝らしつつ、新たな生活スタイルとして思いつくのは3層の多様化、柔軟化にであろう。ワークスペースとプライベートスペースを完全に分離し、1つの住戸でも公私の分離を可能とした。Air Intake部分に窓を設け、時には会話も可能となるようにした。

Section S=1:100

Elevation / Section S=1:600

Work space / Work space / LDK

Air Intake / Air Intake / Bed Room

17,000

今から提案するのは、変化を迫られている我々人間が新たな一歩を踏み出すための環境建築です。私たちは建築を通して環境を支配することを目論んでいますが、そこから、自然と共生して光や風など環境を取り込みながら自然に寄り添った建築を考えていくことを提案しようと思います。今回のコンセプトとして、新たな建築に変革し、そこから自然光を調べるというテーマで取り組みます。そして今回の建築を考えるうえで新たな手法「バイオミミクリー」を見出しました。「バイオ」が生物で、「ミミクリー」は真似をする、模倣するという意味です。生物から生物の特徴を書き出し、建築に模倣するという操作を行っていきます。今回選んだ生物はサンゴです。私の中では、サンゴと建築の共通点が2つあります。1つは、サンゴ自体が環境から影響を受けやすく、フラジャイルというか脆いものであること、一方で建築も災害などを前にすると崩落していくこと。2つめは、エネルギーなどを取り出したり光合成を行ったりといった環境的作用に対して、環境システムと都市システム等を調べられそうなこと。計画的な面で考えた場合、サンゴには多くの他生物が生息するので、それらを人に置き換えて建築と関わり合えるなど、持続可能性を生み出せるのではないかということで、サンゴを選びました。ここから、敷地自体の環境解析を始めました。敷地には大阪の中之島周辺を選びました。夏季の風配図より、東方面から多くの風が吹くのがわかるので、これらの風を夏季に取り込めると、快適な空間がつくれるのではないかと思いました。実際に解析にかけ、どのように風が街の中を通るのか調べた

ところ、川沿いから道にあまり風が入っていないのがうかがえます。他の方角でもやってみたところ、川沿いにはかなり風が入るのですが、風が通っていないゾーンの面積が徐々に増えているのがわかります。次に、日射の解析のため、太陽がどの角度で入っていくかを想定して写真を撮っています。かなり大きなビルがあることから、かなり遠くから日が差し込むため、日射が入って来ないと思われます。ここから形態の最適化を行います。今回は上側の骨格の部分と下の洞窟の部分に分けて行いました。使ったものはGrasshopperとColibriです。これらを使ってどんどん結果を出していき、求めている値を選ぶという形です。そこから、このように成長するものを選びました。この後に風のシステムについて考えました。今回はAir Intake Systemを使い、地下のインフラにより地下の涼しい風を吸い上げ、海風と一緒に上へ押し出すもの、ポンプアップするものを考えています。これを、先ほどの夏季の風を取り込むのと同様に考えて、下から押し上げるものの解析結果もきちんと出しています。そして、風が通るところに窓を開けておくことで風の通り道ができ、室内が快適になります。最後に、インフラを通して、サンゴ礁をどんどん広げていくことで、都市全体が快適になるのではないかと考えています。今回私が提案したのはバイオミミクリーの環境建築でした。これ以外にも方法があると思いますが、私たち世代が担っていくのは、いろいろな環境問題を捉えながら、新しい建築を考えていくことだと思います。最適化もその一つだと思っています。

佐藤　中之島は大自然がなくなっていますよね？

小原　そうですね。自然に戻していくというアイデアに近いんですかね。海風が通っているので大阪府自体に。そこからの風を取り込むのと、あと光を取り込むので、大都市といえば機械換気などの機械で——。

佐藤　もっと緑化されるようにするということ？

小原　そうですね。100年後とか、10余年経つにつれてどんどん壁面が緑化されていき、建物が緑に包まれていくようなプロセスを踏んでいます。

佐藤　それを何故描かないの？

小原　今回はそちらがメインではなく、その建築の形態をつくる方面にしたかったので、あえてそこは描かずにGrasshopperを使って、どんどん成長していく様子を伝えようとしました。増築というよりかは、どんどんその建築となっていく過程で、普通だったらまっすぐ建てるところを、どの方向に建てたら光が取り込めるかというように表面積などを加味していくという。

佐藤　どのあたりがそれを表しているのですか？

小原　写真が少し小さいので、こちらで見たほうがいいかも。フェーズ1の小さいのが上にどんどん積み重ねられていくにつれて、面積をどんどん増やしていくことで——。

佐藤　次のレイヤーをどこに載せればいいかということ？

小原　そうですね。それと方向です。どの方向に伸ばせばいいかという。この場合だと日射を——。

佐藤　建物内部の日射？

小原　いえ、外部です。

佐藤　例えば、このポイントの光のゲインのようなこと？

小原　そうです。ここから反射してくるのと太陽光の2つです。

佐藤　それをどのくらいのポイントで？

小原　すべてのポイントで行っています。

佐藤　この形態だと、地面に落ちる太陽光のゲインが最大化されているというわけですか？

小原　そうですね。

佐藤　本当ですか（笑）？

小原　シミュレーションなので機械がやっています（笑）でも計算結果自体がそうなっても、冬の日射のゲインが最大になり、夏はある程度下がるようにしています。

佐藤　このようになりますか（笑）？

小原　なりました（笑）。場所が変わったら、この周囲の建物を加味しているので。

佐藤　では、信じるとします。

小原　ありがとうございます（笑）。

佐藤　そのアルゴリズムを追求していると話が長くなりそうですが、手短に言うと、最適化はどういうアルゴリズムでやりましたか？ 目的関数は光のゲインだけ？

小原　そうですね。冬と夏の光のゲインの評価値ですね。

佐藤　それを最適化する時に進化型とか、遺伝的

アルゴリズムとか。

小原　遺伝的アルゴリズムのほうを使っています。ガラパゴス。

佐藤　幾何学的なパラメータは何をいじっているのですか？

小原　この出っ張っている部分の角度と出っ張り具合とか。平面系をどんどん変えていきます。

佐藤　その時に何がパラメータなのですか？ この多角形の面積とか、放射状にこの点を操作するとかあるのでは？

小原　角度で行いました。形はある程度決めて、この正方形の形を——。

佐藤　これは正方形と長方形が組み合わされているんですね。

小原　そうです。組み合わせて、組み合わせる角度を変えています。

佐藤　そういうことですね。それはきちんと描いといたほうがいいですよ。明日までに描いといてください。

小原　わかりました。描いておきます。

大西　具体的には、例えば光を制御するのは、こちらからですか？

小原　光自体は南側からどんどん当たっていくのですが、例えば冬が快適になるには表面積が大きいほうがいいので、この角度や出っ張りなどを調節して面積が大きくなるようにしました。

大西　窓の開け方などはどうしたのですか？

小原　窓の開け方についても光によって調節しましたが、こちらが北側で夏は開け過ぎるともちろん暑くなってしまうので、不快にならないように部屋の中の温度などを見ながら——。

大西　バイオミミクリーという自然の形態からの幾何学を学んでつくっていくということですね？

小原　そういうことですね。

大西　例えば、どういうところがそのようになっているのですか？

小原　まず形態自体は、あえてシンボルチックにつくっていますが、どんどん組み込んでいくことで風の入り方が一気に入っていくのではなく、まわってどんどん入っていくところとか——。

大西　そのプログラムを組んでいるのですか？

小原　そうですね、プログラミングのように——。

大西　例えば木をモチーフにする場合に、何かモチーフがあり、それをプログラミングしているのか、もしくは光の条件などを入れて形態が自然と——。

小原　光かまた別のツールがあるのですが、その光を調節するGrasshopperのツールと形態をつく

るツールを組み合わせてつくっています。

大西　なるほど。例えば下がガタガタとした洞窟のようになっているのは、どのような理由なのですか？

小原　今回はその上のところと下で、別に解析をかけました。こちらは冬に光が少なかったら結構不快になってしまうので、光がたくさん当たるようにつくりました。

THEATER

PARK

都市を停める
― 工事仮設物を用いて更新し続ける駐車場 ―

新美志織
工学院大学建築学部
建築デザイン学科B4

A1. Illustrator, Photoshop, Rhinoceros, 手描き,
Lumion, Grasshopper, レーザーカッター　2. 5万円
程度　3. 2～3ヶ月　4. 意匠　5. 複数人で行うものづく
りが好きだから　6. 豊田市美術館

時代の進歩につれ駐車スペースの需要が減少すると予想し、その隙間に建て替えにより一時閉館になる劇場などの公共空間の代替を担わせる。私はこの行為に「都市を停める」と名前をつけた。駐車場は都市を停め続け、新しい公共空間群、あるいは都市そのものへと変容して行く。これは地方都市への特異な提案ではなく、立体駐車場というビルディングタイプが抱える危うさの指摘と、その活用のポテンシャルを探る思考実験でもある。

駐車場は都市を停め続け、新しい公共空間

~2032　　　　　　　　　~2035

第1場

第2場

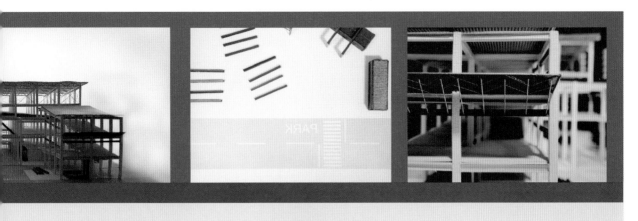

あるいは都市そのものへと変容していく

~2045 ~2050

第4場 第5場

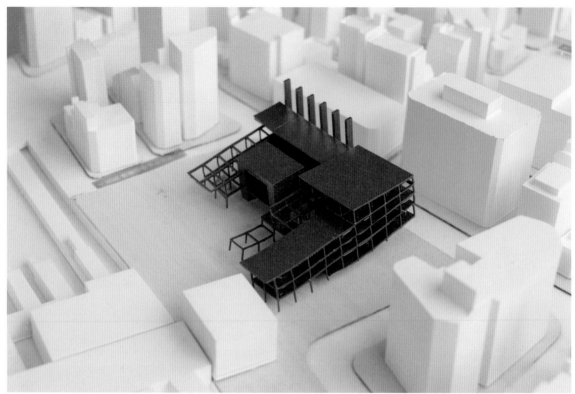

Presentation

私は、この卒業設計において未来を見つめ、建築と時間を設計しました。私たちの生活を大きく変化させるであろう自動運転技術など。自動車が運転手を必要としないことにより、自動車を使用することや特定の場所に駐車しておくという常識はあっと言う間に塗り替えられてしまうのではないでしょうか。現在の駐車量数や若者の自動車保有率の低下からも、駐車場の需要の減少が推測されています。一方で私は、立体駐車場が広場のようなフレキシブルな床や連続するストラクチャーなど、空間的ポテンシャルを持っていることを発見しました。そこで、駐車場をスクラップにしてしまうのではなく、特徴を生かして多様な活用方法を見出せないか考えたのが本提案の出発点でした。敷地は愛知県の副都心である金山駅前になります。リニア開通や周辺の開発にあわせて、駐車場が閉設して取り壊し予定のある商業施設に、新築＋リノベーションによる立体駐車場を計画します。時代の進歩につれ、駐車スペースの需要が減少すると予測し、その余剰に劇場をはじめ、今後次々と建て替えが予想される都市機能を一時的かつ連続的に収容します。私はこの将来の駐車場の余剰を活用する行為に「都市を停める」という名前をつけました。本提案では、おおよそ予測可能な2050年までに建て替えあるいは取り壊し工事が行われる予定の5つの建築を停めていきます。年表では、駐車場が車両を停める場から都市を停める場に変化していく様を表しました。駐車場台数は400台から最終的に60台に減少する想定で、周辺の公共空間の代替を引き受けるうちに繰り返される減築と、仮設物のインストールによって効率的で均一的な駐車空間が有機的に変化していきます。都市を停める駐車場を設計するにあたり、3つの手法により、余剰をコンバージョンしていきます。1）周辺の建て替えによって生まれた工事仮設物のインストールを行います。2）減築によって空間を整え、フレキシブルかつストラクチャーの美しさを表出させます。3）キッチンカーなどの車両により駐車場のポテンシャルを引き出します。こちらは都市を停める際に行われる駐車場の減築や、工事仮設物の挿入の操作をまとめたものになります。それでは、第1場において、車両を停めた駐車場の未来である第2場から第5場までの空間の変遷をお聞きください。第2場「公園を停める」。主に全面の減築を行い、余剰に古沢公園の代替として広場空間を生み出します。都市の更新にあわせて、丘や遊具、屋台などのさまざまなスケールのものが仮設物によって生み出されていきます。例えばシートパイルを用いた丘。これは山留め構法を平地に転用したものです。第3場「コミュニティを停める」。名古屋市市民会館の代替空間を生み出しました。タワークレーンを用いて吹き抜けを生み出し、駐車場の明暗を生かした、広々とした人々の集うホールをつくり出します。第4場「芸術を停める」。旧ボストン美術館の代替を、駐車場の空間要素であるスロープに見直すことで、シームレスな建築空間を持つ美術館を設計しました。工事仮設物は快適な環境をつくり出し、環境装置にも読み替えています。第5場「劇場を停める」。今まで資材の搬入や車両の縦動線に使用していた大型エレベーターを劇場に転用します。エレベーターが客席となり鉛直方向に移動することで、フロアごとに場面転換を行うという新しい演出を生み出します。また、エレベーターが舞台となることで、外側の公園に対して大型の劇場に変化します。このように新しいチャレンジングな表現の場になり得るのではないでしょうか。本提案では2050年頃までを想定し、設計、プレゼンテーションを行いましたが、その後も、都市は予想できない発展を遂げていくでしょう。そのたび、この駐車場は仮設物を用いて姿を変え、都市を停めていきます。これは本提案の敷地である金山にとどまる話ではなく、日本の多くの駐車場がもとの機能を失い、それぞれの都市を停めているかもしれません。つまり、立体駐車場というビルディングタイプが抱える危うさとその活用のポテンシャルを探る思考実験でもあります。資源も場所も有限です。空いた場所に何を停めていくかを多くの人と未来を考えていきたいです。

佐藤　駐車場と言っているけれど、どこかに駐車場機能が残っているのですか？　模型を見ると、停められる場所があるようには見えないです。

新美　停める場所自体はあります。模型でも車を停めている場所はあって――。

佐藤　少ないですね。

新美　少なくなる想定で設計しているので。それはシートの最後の部分となりますが――。

佐藤　そこが壊されていくのですね。

新美　はい。最後の時点では、車が停まらなくなった場所をリノベーションして付加価値を付けられるのではないかという。

佐藤　模型が力作ですね。私は鉄骨構造の研究室出身なので、ゴテゴテとした鉄骨造は割と好きです。古き良き鉄骨造の形式を全体的によく組み合わせられているけれど、現代はデジタルファブリケーションや溶接技術とかなり進化した時代だから、ここから発展形を提案できるといいですね。

大西　すみません、少し聞き逃してしまったかもしれないのですが、もともと金山にある立体駐車場に「都市を停める」というのは、具体的にどのような意味でしたか？

新美　現状としては、立体駐車場と商業施設があるので、立体駐車場の部分をリノベーションし、その他の部分を新築としました。都市を停めるというのは、駐車場の赤い部分となりますが、これらのような車両を停める場がどんどん減っていくと予想されるため、その空いたスペースがどんどん更新されて建て替え工事が行われる。そして、その劇場の建て替えが周辺で実施されたら、一時的に空いた部分に工事の仮設物を用いて劇場の機能が使われるというサイクルがどんどん行われていくというものです。

大西　なるほど。この立体駐車場は、今は単なる立体駐車場なのですか？

新美　立体駐車場と商業施設が併設している、いわゆるイオンのような――。

大西　イオンが建っているけれど、壊されるからということですよね？

新美　はい。

大西　新築にするんですよね。新築にギャラリーや劇場などを入れているのかな？

新美　そうです。模型の左手前が、現在の立体駐車場のリノベーションを行っており、ほかの部分は新築で考えています。

大西　なるほど。立体駐車場に新しく入れる機能を劇場や公園などにした理由は何ですか？

新美　都市計画の中で、すでに耐久年数として劇場の建て替えが決まっているため、そこから逆算すると、工事期間中は都市での劇場の機能が欠落してしまうので、そういったものを受容する器のような存在になれるのではないかと思い、提案しました。

SECOND PRIZE　優秀賞

私小説『家』
オノマトペを設計手法とした空間化の提案

オノマトペとは日常の中で人の感情を繊細に表す言葉だ。現在のありふれた住居体系の中で、日常的に空間の中からオノマトペを五感で感じ取ることは、住み手にとっての在るべき暮らしの形やふるまいを獲得できる手立てではないだろうか。住み手自身がもつオノマトペとふるまいを住居空間の設計手法に組み込むことで『家』をより豊かにする可能性を提案する。本設計では私の経験や記憶からオノマトペの断片を抽出し、空間を構成することで『私の家』を設計した。

飯田夢
法政大学デザイン工学部
建築学科B4

A1. Illustrator, Photoshop, Rhinoceros, 手描き、AutoCAD, InDesign 2. 15万円程度 3. 1〜2ヶ月未満 4. 意匠 5. 素敵な空間を自分でつくってみたかったから 6. 太田市美術館・図書館

SECOND PRIZE

優秀賞

私小説『家』
- オノマトペを設計手法とした空間化の提案 -

三、空間化の手引き

日常での暮らしの何気ない些細なふるまいと、
私が今まで生きてきた中での経験や記憶からオノマトペの断片を抽出し、空間を構成する。
日常の些細なふるまいを24個抽出し、そのようなふるまいから、私の心の中で生まれた感性のオノマトペと
それに伴う記憶の断片を35個浮かび上がらせ、それらの組み合わせから、21の空間を持つ私の家を設計する。

日常の些細なふ

□日常の些細なふるまい

奏でる　差し込む　たなびく　沈む　視点を変える　伸びる　切り取る　流れる　身を寄せる　見上げる　離れる　示す　身をかがめる　隠れる

□オノマトペ

かっ　ぽかぽか　ふわふわ　でこぼこ　ぽやぽや　ぐるぐる　ちらばら　じんわり　すかっ　まったり　すくすく　ぽ

ぽろん　ぼんやり　そよそよ　すらーっ　しげしげ　ぬくぬく　ぽかん　きらり　もくもく　どきどき

□記憶の断片

効き少女の音色×ぽろん
小さい頃に習ったピアノ。何年も使われずに調律が狂ったけれど故郷に戻る度に音色はどことなく変わらない。風に乗って私の過去を奏でる演奏会

ささやかな隙間を縫って×そよそよ
鬼の通り道は小さな隙間を縫って吹いた。風に乗って若干ゆらぎさまな隙間を少しの刺激を与えた風に乗って景色をまるべきに届ける

大地に身を寄せて×しげしげ
地上に佇む田や草木、石、土は根源になって、風めてみると、大地の立さを土台にして機能する、いろいろな植物や動物が共に生きているように

おばあちゃんと私の距離 まったり×
昔、大阪父の家で縁側に座うおばあちゃんと外で元気よく遊ぶ小さい頃の私の距離。その穏やかな距離感に安心感の良さを感じる

草木が持つ垂直性 × すくすく
草木が伸びるように、私の生活にとっても伸びていく。螺旋階段に生活の一部一部が関わり合っていく

壁の中の秘密×ぽ
ぽこっと凹んでいる空間が壁の秘密を隠すように。そんそ

一日の終わりを告げる合図×か
四日目にける後4時。今日一日のおわりに「おつかれさま」

そらまめくんのベッド×ふわふわ
こどもの頃に大好きだった絵本『そらまめくんのベッド』魔上の高い階段はまるで私めの国の小さきに戻ったかのように、またそこを上がるとふわふわな提案に導く

風景を切り取るように×ちらばら
空や木が地面を切り取るそれぞれの意味を持つ風。そこから切り取れる景色は時間によって移り変わる

厠だけの時間の歪み×まったり
空と木を眺めるような空間、空や木を眺めるから暇人をしているとき気づいたら光り降っていた

オリオン座が知らない東京×ぽ
東京の夜は都会の光で星が見えない。しかし、こっそり込む都会の暗さを覗き込むようにまるで私たちに語りかけていくそんな不思議な空間

一日の流れを肌で感じて × ぽかぽか
雨から差し込む陽ざい。日差しから、東から西へと上陸の高さが変わっていくことを直に感じる、一日早くする日も遅くする日もいろいろな時の流れを肌で体感する

どこまでも続く私のおふろ×すらーっ
お風呂から浮かる外の景色はまるでお風呂に置いている世界は私自身のものではなく壁を行えるものだ。反対にコンタクトレンズを外し、ぼやけた世界が本当の私の中にある世界なのである

雪が溶けると何になる？ ×じんわり
草木の葉色の移り変わりチラリントラから切り取られる、四、四季の移り変わりじんわりと感じる春夏秋冬や自然や人と感じる時間の変化をゆっくりと体感する

私はここにいるよ
上に伸びる腰常×ぽここにいることを表すダンデティティと私のルー

影が落ちる先に × ぼんやり
日差しに照らされて影が落ちる先は時間によって変化し、影し方も変わる。フェンスの模様は床に映し出され、影が動いていく

私は嘘を見ている × ぽやぽや
私は視力がとても悪い。普段コンタクトレンズ越しに見ているもの、それは本当のものではなく、反対にコンタクトレンズを外し、ぼやけた世界が本当の私の中にある世界なのである

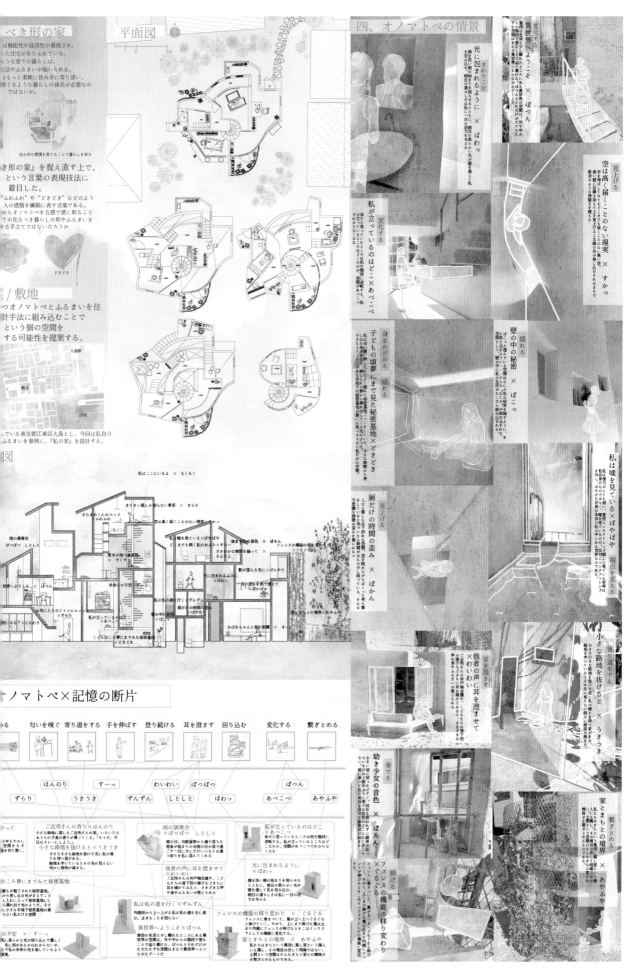

平面図

...べき形の家

...は機能性や経済性が重視される
...い住宅がありふれている。
...な家での暮らしは、
...活やるまいが強いられる。
...もっと柔軟に住み手に寄り添い、
...てるような暮らしの体系が必要なの
...ではないか。

住み手の感情を育てることで暮らしを彩る

『...き形の家』を捉え直す上で、
...という言葉の表現技法に
...着目した。
...『ふわふわ』や"どきどき"などのよう
...人の感情を繊細に表す言葉である。
...からオノマトペを五感で感じ取ること
...ての在るべき暮らしの形やふるまいを
...る手立てではないだろうか

...／敷地

...つオノマトペとふるまいを住
...計手法に組み込むことで
...という個の空間を
...する可能性を提案する。

...ている東京都江東区大島とし、今回は私自身
...ふるまいを事例に、『私の家』を設計する。

四、オノマトペの情景

オノマトペ×記憶の断片

匂いを嗅ぐ | 寄り道をする | 手を伸ばす | 登り続ける | 耳を澄ます | 回り込む | 変化する | 繋ぎとめる

ほんのり　すーっ　わいわい　ぼっぽっ　ぼっん
ずらり　うきうき　ずんずん　しとしと　ぼわっ　あべこべ　あやふや

第1章「在るべき形の家」。現在の「家」は機能性や経済性が重視され、型が決まった住宅がありふれています。そのような家での暮らしは、同じような生活やふるまいが強いられてしまいます。「家」というものはもっと柔軟に住み手に寄り添い、小さな感情や行動を育てるような暮らしの体系が必要ではないでしょうか。私は「在るべき形の家」を捉え直すうえで、オノマトペという言葉の表現技法に着目しました。オノマトペとは、「ふわふわ」や「どきどき」などのように、日常の中で人の感情を繊細に表す言葉です。日常的に空間の中からオノマトペを五感で感じ取ることは、住み手にとって、あるべき暮らしの形やふるまいを獲得できる手立てではないでしょうか。住み手自身がもつオノマトペとふるまいを住居空間の設計手法に組み込むことで、「家」という個の空間をより豊かにする可能性を提案します。対象敷地は私が現在住んでいる東京都江東区大島とし、今回は私自身のもつオノマトペやふるまいを事例に、私の家を設計します。第2章「空間化の手引き」。設計手法について説明します。日常での暮らしの何気ない些細なふるまいと、私が今まで生きてきた中での経験や記憶からオノマトペの断片を抽出し、空間を構成します。私の生活での日常の些細なふるまいを24個抽出し、そのようなふるまいから私の心の中で生まれた感性のオノマトペと、それに伴う記憶の断片を35個浮かび上がらせ、それらの組み合わせから21の空間を持つ私の家を設計しました。複数のふるまいやオノマトペによって1つの空間として構成されています。つくり出した21の空間を構成する基幹として、まず「すくすく」というオノマトペを取りあげ、生活が上へ上へと展開していくような全体構造をつくります。螺旋階段は時計回りに時間を刻みながら上がっていき、反対にスラブは反時計周りに展開していき、オノマトペの空間それぞれで時間軸と共鳴する場としました。そこから溢れ出したオノマトペの空間が複雑な形をつくり出していきます。第3章「オノマトペの情景」。第1節「大地に身を寄せて×しげしげ」。私自身が小さくなって虫や草木と同じ世界を見てみたいと思ったのはいつ頃だろうか。裏口から、家に入ると私の目線が大地となって、大地の壮大さを改めて痛感させられる。「子どもの頃夢にまで見た

秘密基地×どきどき」。「しげしげ」の先を進んでいくと、その先に小さなにじり口があらわれる。小さくなった私に入ってくれと誘っているかのように。この空間は、私が幼い頃に押し入れに隠れて秘密基地ごっこをしていた情景を思い出せる。低い天井と小さな隙間から漏れ出してくる光が、まるで押入れの扉から漏れ出してくる光のようだ。小さなスケールの半地下の秘密基地は誰にも見つからない私だけの空間だ。「空は高く、届くことはない現実×すかっ」。「どきどき」を抜けると、小さな空間とは正反対の細長く高い道が現れる。この空間は天高の高い天窓から光が差し込み、手を伸ばしてみても、どこまでも届くことのない高い空だと私に教えてくれる。小さな小さなスケールの「どきどき」の空間から大きな「すかっ」の空間へのつながりは、より大きな感情の変化を与える。第2節「私が立っているのはどこ×あべこべ」。私は普段どこに立ち、どこに座り、どこを歩いているだろうか。そこには明確な区切りはなく、無意識の境界を自分の中でつくっていくのだ。床だと思っているところは、机や階段に逆転し、そのような用途の変化が空間の変化につながっていくことも1つの境界なのかもしれない。「異世界へようこそ×ぽつん」。普段の生活と少し離れたところにある異世界の空間は、外と中からの階段を登ることのみでたどり着ける。中からの階段はあべこべになった空間から異世界へと変化していくように。そこからつながる「ぽつん」とそれだけが佇む空間はまるで異世界へとつながるゲートだ。第3節「光に包まれるように×ぼわっ」。顔を洗い、朝の光を知らせるとともに、朝日の柔らかい光が壁を通して私を包み込む。朝日の清々しさは私に1日の活力を与える。「ぼわっ」という光に沿うように階段を少し下ると厠が現れる。人なら誰しも必ず訪れる空間だ！天窓から見える空を見上げながら、「今日1日、何をしようか？」。空を眺めながらぼーっとそんなことを考えていると、気付いたら時間がほんの少し経っている。そんな不思議な時間の歪みを厠は持つ。あとがきです。このように自分自身のオノマトペを持ったふるまいに溢れた暮らしのあり方は、住居空間において1つの道しるべとなりえるのではないでしょうか。そして暮らしていく中で、新たなオノマトペを見つけ、生活を紡いでいく住宅の未来を想像します。

佐藤　全体的にやや閉塞感があるようにも見えますが、わざとそのようにしているのですか？

飯田　このあたりは、街に開いているという開放感はあるのですが、全体としては意図してというより、結果的にそうなってしまったというか……。

佐藤　こういうところは開いていますね。例えばこのあたりは寒しで閉鎖的にしておき、このくらい空けると、中にいる人は意外と開放感や光を感じるとか、もとのこれくらいがバランスいいとか、そういう話ではないのですか？

飯田　その光をどこから入れたいのかということから、こちらからだけの光が欲しいので、こちらは閉じてしまっているのはあります。

佐藤　もっとはっきりわかるように、パースを入れると良かったですね。2番目にある、変化する

光の入り方の説明はわかります。そういう話があるといいような気がします。要は、光のコントロールをガラス張りのようなもので全面開口でするのではなく、中にいる人は、このくらい空ければ、かなり明るくて広々感じるという話をしているんですよね。そういう即物的な話をもっともっとしたほうがいい。概念的なことではなく、例えば、空間の中で60%くらい開口が開いていると、ものすごく明るく感じるとか。そのように話すと、このくらい閉じたところと開いたところの割合がそのように分布しているとわかり、この形態とつながってやりたかったことがわかります。全体的にはこことここが違うものだというように見せるのではなく、この模型もつくり方的に似たようにつくっているじゃないですか、それはそのように見せたいの

ですよね？

飯田　そうですね。

佐藤　全然違う物をガシャガシャと寄せ集めたように見せたいのでは？　だから、素材も異なるのでは？

飯田　一貫性を持って……。

佐藤　このように見せたい？

飯田　そうです。そこに螺旋階段が軸としてあるのですが、それを軸にオノマトペの空間があります。違うものが組み合わされているのですが、そのような溢れ出した変な異物な形などが現れてくるのを見せたいというのはあります……。

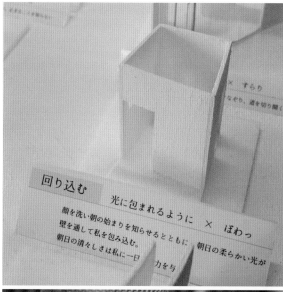

回り込む　　光に包まれるように　×　ぼわっ

顔を洗い朝の始まりを知らせるとともに　　朝日の柔らかい光が
壁を通して私を包み込む。
朝日の清々しさは私に一日　　力を与

SECOND PRIZE　優秀賞

Ishikawa's poster session

石川　これらの日常の振る舞いは、どうやってピックアップしたのですか？

飯田　私が生活している中での振る舞いから、オノマトペというか感情をより感じられる、生活の中での些細なことも含めて、振る舞いが積み重なることが大事だと思えるものを選定しました。

石川　例えば「沿う」というのは、どこから出てきたのですか？ 要するに、日常は無数の振る舞いに満ちているじゃないですか、そこから「身をかがめる」「示す」「手を伸ばす」がピックアップされた経緯が知りたいです。それと、オノマトペではなく、動作が先に来るのですか？

飯田　どちらもあります。特に順番はなく、動作が先に来る場合もあるし、オノマトペが先の場合もあります。

石川　例えば「ぽこっ」は先ですか？

飯田　それは同時かもしれないです。「隠されている」と「ぽこっ」が同時に発する。

石川　例えば、ここからここは、ある決定が必要じゃないですか。「すらり」を空間に翻訳する時の決定はどのように行われたのですか？

飯田　最初に、私の中で形ではなくてシーンのパースが思い浮かびました。

石川　でも、そのシーンのパースのトリガーは、振る舞いとオノマトペによって行われるわけですよね。振る舞いとオノマトペが得られたら、それを見てシーンが思い浮かぶんですね？

飯田　はい。

石川　なるほど。次は是非、二人称でやって欲しいですね。

飯田　はい、実験的に一人称でやりましたので。

石川　自分の中で言葉にするプロセスと、それを空間にするプロセスは同一で、少し分離しづらいんですよね。二人称だと、おそらく面白くなるでしょうね。誰かが、自分の大事な振る舞いの1つとして何かを挙げる。例えば「すらり」と言った時に、君が「すらり」とはこのような感じ、と考える。二人称はそのプロセスが入るわけですよね、それは興味深い。

飯田　本当に住宅をつくるとなったら、クライアントと設計者の中で会話をしながら人となりを知って。

石川　なるほど。ではクライアントが「私はやはり『ほんのり』だと思うんですよね」とか言うんですね（笑）。

はまださんぽ

霧島ヶ丘公園と浜田海水浴場を繋ぐ新たな
コミュニケーションの場の提案

鹿児島県鹿屋市浜田町は、丘と海に集落が分散しており地域が分断されていることから、丘側と海側を一体化し、地域内外でのコミュニケーションの活性化を図るとともに、地域特性である農林水産業の持続的発展を目指す。本設計では、丘側（霧島ヶ丘公園キャンプ場）と海側（浜田海水浴場）を一つの建築でつなぎ、『アグリツーリズム』の機能を取り入れ、ここでしかできない新しいコミュニケーションの場を提案する。

田中由愛
鹿児島大学工学部
建工学科B4

A1. Illustrator, Photoshop, 手描き, InDesign　2. 2
万円程度　3. 2〜3ヶ月　4. 意匠　5. 土木系中心の研究で5年間学んでいたが、時々あった建築の授業から興味を持ち建築の道に進みたいと考えた。　6. 神長官守矢史料館

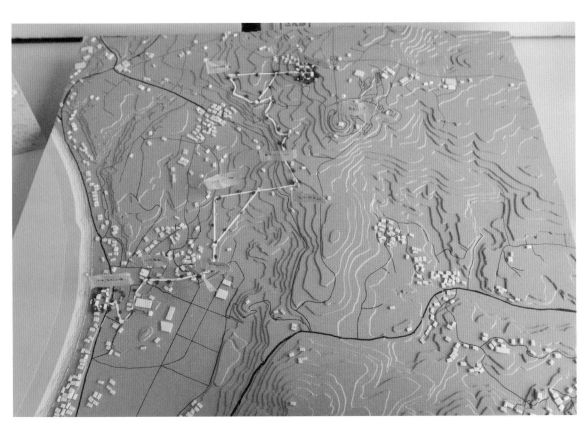

Ishikawa's Comment

これをこのコンテストで見られたのはすごく良かったです。土地に対する提案というのは、建設する以外に
いろいろなやり方がありますが、トレイルを提案して、そこに必要最低限な施設がハマっている。それも、
建築のコンテストで見られたのがとても印象的でした。あと、独特のドローイングもすごく良かったです。

石川初賞

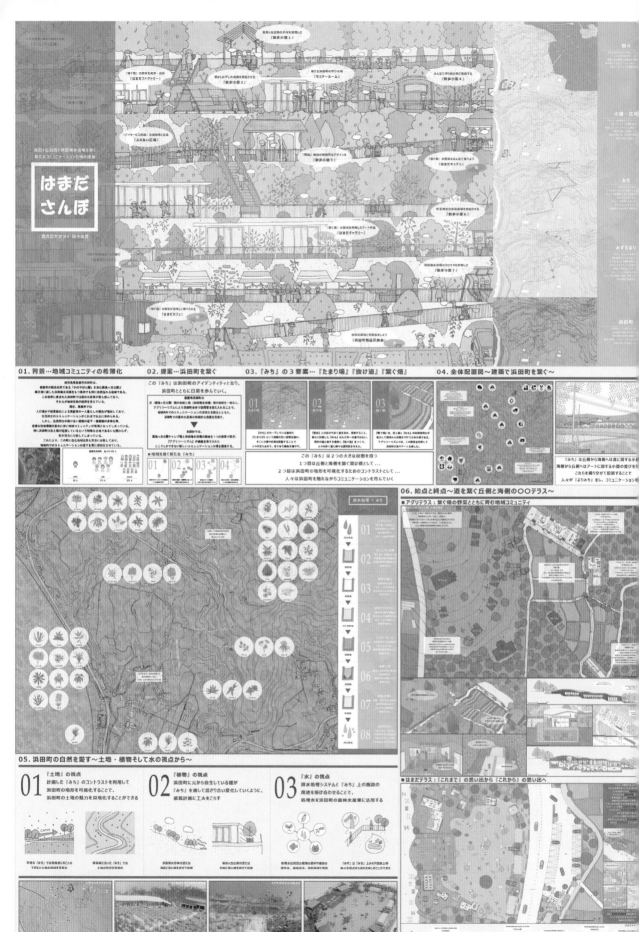

石川　今は鹿児島からつないでいるのですか？

田中　はい、今は鹿児島です。

石川　この緑の三角屋根は、新築ですか？

田中　既存の霧島ヶ丘公園のキャンプ場のコテージです。

石川　既にあるんですね。新しくつくる施設はどれですか？

田中　右側のアグリテラスが新しい建物です。

石川　白い屋根ですか？

田中　白い屋根とその隣の建築、あと、右下のテラスが新しくつくった部分です。

石川　アグリテラスはどのような機能になりますか？

田中　つなぐ畑に増設した、休憩やワーケーションのためのスペースとして利用しつつ、夜は宿泊施設として利用できるように考えています。アグリテラスは敷地の傾斜をそのまま生かすことを最も重要視し、つなぐ畑とともに眺めながら互いに意識できるような空間を目指して設計しました。

石川　つなぐ畑は、誰がどう使うのですか？

田中　道でアグリツーリズムをする際に、霧島ヶ丘公園にバラ園が併設しているので、地域の人とそこの職員たちが共同で利用する畑となっています。その畑でできた野菜を使って食やアートを楽しむようにしています。

石川　なるほど。ドローイングが素晴らしいですね。

末光　すみません、少し展望がよくわからなかったです。広域の模型が目の前にありますが、旗が立っているところは全部設計したのですか？

田中　旗が立っているところに、既存のあの施設などがあり、それに沿って道をつくりました。奥側の模型の右側が霧島ヶ丘公園で、左側が浜田海水浴場になります。そこがもとから利用されている観光名所の二つで、丘側と海側の重要な施設となっています。その2つを活用して、それぞれに役割を与えて道をつなぐ計画としています。

末光　道というのは、模型上のどこですか？

田中　海側は右側のところの少し白い部分で、丘側は中央にある白い道です。それが始発としての役割で、そこから人が観光名所から流れて入ってきたり、道の途中にも抜け道などをつくっているので、既存の道路などから人が入ったり出たりするような計画としています。

末光　絵はすごく可愛いらしいし頑張っていると思いますが、計画自体がどのような展望を持っているのか少しわかりづらい。ただ、道と道の終着に何か拠点をつくっているのはわかりました。そこに何か小屋のようなのがたくさん建っていますが、何ですか？

田中　霧島ヶ丘公園に「つなぐ畑」という共有の畑をつくり、そこで収穫された食物を使ってアグリツーリズムを行うのですが、その道の中で、丘側から上に進む時は食のアグリツーリズム、反対に海側から丘側に登る際は、廃材を使ったアートのアグリツーリズムの施設を入れています。道の途中には広場などをつくり、コミュニケーションが取れるような計画としています。

末光　廃材？

田中　食物の廃材です。例えば皮などの余ったものを使ったアートを計画しており、それが1本の道の中で繰り広げられるので、寄り道をできるような計画としています。

末光　結構全貌が見えづらいプロジェクトなので、短い間にコメントをできないのですが、終着点同士の間で物のリサイクルやアップサイクルなどが行われているわけではない？

田中　行われています。

末光　例えば、上でつくったものを下のレストランで出している？

田中　はい。それで、余ったものがまた上に行く時に、アートとして使われたり肥料としてつくられたりして、また「つなぐ畑」に帰ってくるという計画になっています。

末光　面白そうな雰囲気はあるけれど、まだ少し理解しきれていません。例えば、この道がすごく重要な気がするけれど、模型だけ見ていると、道はただの白い道です。何か交通でつなぐとか、それとも、あくまでも人が歩く道なのか。素材に何か特徴があるとか、道に対して何か提案がありますか？

田中　道としての役割は大きく、土地・植物・水という役割が大きくあります。この大きな道を配置した最も大きな理由は、道のコントラストを利用して、平坦な部分では感じることができない土地の傾斜を感じたり、等高線に沿った部分では土地の形を可視化したりといったように、浜田町の地形を可視化して土地の魅力を具現化することを目的としています。また、緑の中に白い道が浮かび上がるようにしていて、植物の視点からは自生している植物を活用しながら、浜田町の自然を守っていく計画となっています。

末光　道のところについては、白い理由や素材などまで言及があると良かったかなという気がしました。

伏見町計画中
街の要素摘出による新たな街の活性化

廃れてしまった小さな街はそのまま寂しく残り続けるか跡形もなく大型商業施設や駐車場へと再開発されていく。今日衰退している地方の大型商業施設はさらに街を追い込んでいる。そこで、広島県福山市伏見町という戦後から小商いが残り続ける駅前の小さなまちを例に、町内で行っていける小さな再開発による新たなまちづくりを提案する。そして、小さな開発を繰り返すことでつながり重なり新たな町の在り方となっていく。

後藤夕鯉
広島工業大学環境学部
建築デザイン学科B4

A1. Illustrator, Photoshop, 手描き, ArchiCAD, InDesign　2. 3万円程度　3. 11〜12ヶ月　4. 意匠　5. ものづくりが好きだったことと、自宅が建ったのを近くで見たこと。　6. 豊島美術館

Onishi's Comment

一見、伏見町の小さな提案を積み重ねたように
見えるけれど、道を通すなどして、そこに構造を
発見し、町全体を良くしているのが良かったです。

大西　再開発というのは?

後藤　もともとここには大きな施設が建つ予定だったのですが、再開発が頓挫してしまいました。その理由として、街の人からの反対意見が多かったのと、大型商業施設の初期投資による負担が大き過ぎ、その失敗が重なって難しくなったので、今提供されている土地から始めていけるように考えています。まず通りをつくって人の流れをつくってから、こういう商売を少しずつ始めていける再開発プランを考えます。

大西　最初にやることとしては、道を通すことですか?

後藤　そうですね。あと、ここに神社があり、今ここが塞がれているのですが、そこを通すとか。

大西　通り抜けができることで視線が抜ける。あと、何か表面積が増えるから、側面が変わってくる。その骨格を明確に入れるとすごく面白そうだと思いました。1個1個、細かく細かく丁寧に考えましたという集積に見えるより、その作戦が明快に見えたほうが、すごく理解しやすいと思います。本当だったら、これが1個ボンって建つのを、細かいものの集合で1個になっていくのが明確に言えるといいですね。

後藤　建物のスケール感や素材感などが残って

いけば、街の人にとっては変化し過ぎずに進化していけるのかなと考えています。だから、失くすのではなく、今取り壊しになっているところを道に変えるなどして、建物の配置や区画自体はあまり変えない方向性で考えています。あと、この案は、街の人に案をもらいながら少しずつ考えていったので、第1ステップとして考えており、今後の展開としては街の人と市と、私のような設計者が関係しながらつくる、そういう開発になるのではないかと思っています。

末光　僕は審査員ではないからアドバイスをするけれど、模型や図面、設計などを使って話したほうがいいかもしれない。それらで、街の中の小さな開発を仕掛けているんですよね?

後藤　はい。

末光　例えば、どこがどのように面白いかを説明して欲しい。

後藤　このパーツを使って説明します。ここが駅となりまして、駅から見ると、閉鎖的な外郭で中が見えないため、このあたりの商売が上手くいかないという問題があります。ここから見えるようにするための自然の抜けと動線をつくるという案ですが、そこをくり抜くだけです。例えば、ここを通り抜けられるようになっているのですが、建築の操作としては1階を解体するだけで、ここの街で野菜を売ったり、つくった菓子を売ったりといった派生が生まれていくような仕掛けをしました。例えばケーキ屋があったら、見える位置にショーウィンドウを

設けるとか。ここも同じように解体しているのですが、もともとはパチンコの施設があってアーケードだけ残っている状況なので、そのアーケードを壊さずに清水町に残ったものを使ってアーケードに用いるなど、そういう小さなものがたくさんある街づくりになっています。

末光　やりたいイメージはなんとなくわかったけれど、模型や図面の表現で、ここをこのようにしましたというのを見せてもらうか、もしくはビフォーとアフターを並べて見せてくれると、もう少しわかりやすいかな。それと、そういう小さな開発をすることと、いわゆる建て替えなどの開発が、具体的にどう違うのか。人の視点や街の人の視点とか、よくわからない猫の視点なども含め、メッセージを出して欲しいです。そこが少し物足りないというか、できればやって欲しいかな。

後藤　ここは再開発地区のため、早く再開発しなくてはいけないけれど、この街を愛している人も多

く、反対の人も多いので、一気にすべて解体するのが難しい状況となります。少しずつ始められる開発だったら、初期費用も抑えられるし、街として必要なものを出していけるので、そういう面でも大きなマンションを建てて一部の層の得ではなく、街の人も外部から来る人にとっても、得のある再開発になるのではないかと考えています。

末光　そこはすごくよくわかります。そこに対する説明のわかりやすさと、もう一つ工夫が欲しい。おそらく、こういうのが残ると価値が高いという話だとすると、それを説得させる使い方などがあれば。例えば、個別で使わなくても、3つまとめて同じ企業が入ってフラッグショップをつくるとか。全然違うもの、もしくは機能がミックスされているものとか、全体が一つの家になるとか、そのくらいのアイデアがあってもいいのかなという気がしました。

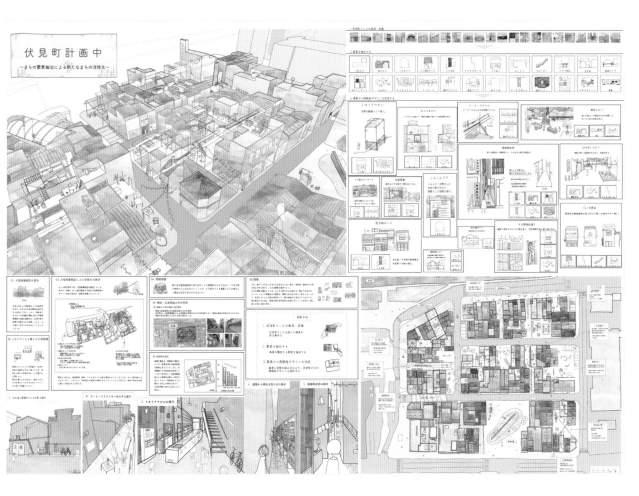

すき間神社通り

増築で埋められたすき間を
元に戻し、伏見稲荷の前に
通り道をつくる。

泪庇
― 青春東京を取り戻すネオ・アジールの構築 ―

林深音
日本大学理工学部
建築学科B4

現代の日本は、安定しているがゆえに世の流れに身を任せて過ごせてしまう。そのため失われがちである自分の心に正直に向き合うといった、原来の人間らしい行為を許容してくれる日常からの新しい意味での逃げ場が必要であると考えた。そこで、避難所と定義される事もある『アジール』に焦点を当て、その実態を建築側から考究し、現代的なアジールの場を構築する。面でのドローイングを用い、現れる滲みあいをもとに空間を設計した。

A1 Illustrator, Photoshop, Rhinoceros, 手描き、
SketchUp, Twinmotion　2.4万円程度　3.5〜6ヶ
月　4.意匠　5.ものをつくるのが好きだったから　6.
六甲校垂れ

現代の日本は、安定しているがゆえに世の流れに身を任せて過ごせてしまう。そのため失われがちである自分の心に正直に向き合うといった、原来の人間らしい行為を許容してくれる日常からの新しい意味での逃げ場が必要であると考えた。そこで、避難所と定義される事もある『アジール』に焦点を当て、その実態を建築側から考究し、現代的なアジールの場を構築した。面でのドローイングを用い、現れる滲みあいをもとに空間を設計した。

石川　敷地はどこになるのでしょうか?

林　新宿御苑と新宿二丁目の境目で、今は遊歩道があります。

石川　玉川上水だったところですね。

林　そこを敷地としています。避難所と定義されることもあるアジールに焦点を当て、その実態を建築側からさまざまな方法を用いて考究しました。これらのリサーチを踏まえ、アジールはそれとしての実体を持つのではなく、さまざまな出来事のつなぎ目や滲み合いの中に発生するものであることがわかりました。そこから、線で設計するのではなく、面同士の滲み合いの中にアジールを見出し、そこに現れてくる濃淡によって空間の深度を決定して設計を進めています。敷地は先ほど話した500mの遊歩道で、地上に人々を呼び込むためのトリガーとしてのプログラムであり、地下に流れ込むための水路を配置しています。最終的にここに現れた空間と人々は対話をする。ただそれだけでいいというアジールの空間をつくっています。

石川　じわっとゾーニングしていますね?

林　そうですね。

石川　じわっとゾーニングをどのようにしたのですか?

林　最初は、私がアジールと定義したところで、使う人々にとっての心の拠り所となるわけではないので、定義できないことを答えとして進めていました。そのため、アジール自体がそもそも何かと何かの無縁の場にある、境目にあるものだというのが研究からわかっていたので、面同士の重なり合いに出てくる滲みをアジールとして定義して空間化するのもありではないかと考え、最初は滲みを研究しました。長さを出していき、最終的にはこれを用いましたが、動線として迷い込ませたい部分などをつくりつつ、でも自分の故意が入り過ぎると、つくり手の意図が強過ぎると、アジールにはならないのではないか。

石川　そのあたりの加減はどう調整したのですか?

林　自分と格闘しながら調整しました。例えば100枚描いて、その中から良いものをつくるという方法で進めましたが、そうすると私の意思が多分に入ってしまう。だから、これは違うとなりました。そもそも新宿御苑の遊歩道は現在2箇所しかないため、もう少し迷い込んでもいいと思っていたので、こういう道がある部分などは故意的に色を入れつつ、そうではないところは塗っていくようにしました。あまり自分の意図を強く持たずに

色を重ね合わせていきました。

石川　部分的に施設化していますよ。そこはオンになってしまうのでは?

林　なくてもいいと最初は思っていたのですが、この場所が二丁目や御苑という全然違う種類の人間が来る場所なので、いろいろな人に使ってもらいたいと思いました。そのため、トリガーとなるような軽い施設を入れて、帰り道に迷い込んでいく方法でいいのではないかなという結論に至りました。

石川　どのような施設ができたのですか?

林　新宿区の区役所の分館とか。

石川　それは相当強い施設ですよね?

林　二丁目の人たちなど、いわゆるカテゴライズがはっきりした人にも使って欲しいですが、ただそのあたりを歩いている一般の人にこそ使って欲しいという思いもあり、区役所のような場所を入れたいと思いました。

石川　なるほど。間口が広いということですね。

林　そうです。あと、ギャラリーやサテライトキャンパスなどになります。

佐藤　曲面はどうやって生成したのですか?

林　曲面は、面同士の滲み合いの深度を、この水彩の等高線の濃淡で表現しました。

佐藤　紙に染み込ませたのですか?

林　そうです。

佐藤　トポロジーとか、力学的な関係性は勉強しましたか? 明日までにトポロジーを勉強してください。取っ手のあるマグカップは、ドーナツと同じだという話がありますよね……知らないか。トポロジーの分野にリッチフローがあります。超基礎からリッチフローまでを学習し、明日語れるようにしてください。要は、マグカップを液体状のやわらかい材料でつくると、ポヨーンとなってドーナツになります。そのポヨーンとするプロセスを数学的にシミュレーションするのがリッチフローです。これが熱伝導と似ていると言われています。例えば、板

を加熱した時に、炎で熱が伝わるのと似ているのです。だから、この滲むプロセスも同様なのかもしれない。さらに、滲んでいった濃淡を高低差で表すと、力学的にいいかもしれない。明日はそういう話ができるようにしてください。

Sato's Comment

本当は8選に押し上げたかったけれど、あまり票が入らなかったので押し上げられませんでした。トポロジーの考え方でリッチフローという部分があります。マグカップとドーナツが同じという概念において、マグカップがドーナツにポヨンと変化するのですが、このポヨンと変化させるのをリッチフローといいます。それが当てはまりそうだというのを、昨日の一次審査で林さんに仕込み、一晩で理解するように言いました(笑)。絵の具がモワーンと染みこむのを等高線にし、きちんと等高線を描いているのに可能性を感じたので、彼女に佐藤賞をあげたいと思います。

「闉」「褻」そして「ユートピア」

生きられた都市。心象によって時空の歪んだ記憶の中に刻まれる都市、ユートピア。秩序だった街路と混沌とした街路。秩序だった街路を褻状に弛ませて生きられた街路をつくる。そして、闉を介して境界をほどく。「褻」から「闉」へのスケールの横断によって生まれる公共の場所はみんなが肩書きから解放された関係性の中で立ち現れる空間となる。

葛谷寧鵬
滋賀県立大学環境科学部
環境建築デザイン学科B3

A1. Illustrator, Photoshop, Rhinoceros, 手描き　2.
10万円程度　3. 1ヶ月未満　4. 意匠　5. ノリ　6. 閑谷
学校

Tsugawa's Comment

一見、つくっている造形からはわかりませんが、中を読み込むとすごいセンスを持っていたので惹かれました。設計の説明責任のようなものを問われると
いうか、何故その意図で線を引いたのかと問われるような時代に、自分で建築言語を持っている人はものすごく貴重だと思ったのと、そのスケールの操
作と、平面的な操作や断面的な操作、立面的な操作、すべてにおいてかなり緻密なものを持っている方だと思いました。ただ、彼のプレゼンボードとプレ
ゼンを聞くと、かなり内省的な設計手法なので、そこはもう少しオープンになる必要があると思います。模型はすごかったです。ここ数年の中でも、本当に驚くようなセ
ンスを……センスと言いたくはありませんが、そう言わざるを得ない、彼自身が鍛え上げたものを感じました。しかも、まだ学部3年生というのには驚きました。

「閾」「襞」そして「ユートピア」

Tsugawa's poster session

津川 すごいですね。模型の中で1番良かったです。どのようなデザインコードでつくったのですか?

葛谷 この門のデザインコードのようなところは4つあり、1つは切通口御門という江戸時代の参勤交代の出入口などになった都市の門です。

津川 敷地はどこですか?

葛谷 滋賀県の彦根城の城下町の手前の観光地化された市街地です。彦根城に入る参勤交代の門のようなところが、今は近代的なボリューミーなホテルになっているのですが、都市の結び目としてまくいっていないため、ここの歴史的な背景をデザインコードに組み込み、それを「閾」という領域を横断できるものとして応えさせました。あとは、公共動線の結び目としての対応とか、振る舞いの襞上に構成した時に全体を統括するものとして、この門や劇場線のようなものがこのコンテクストにあったので……。

津川 「襞」と呼んでいるものは何ですか?

葛谷 日本特有の空間として、重層性を持った城下町の街路のように、空間性がいろいろ入り混じっている感じが、奥の思想など見え隠れする都市にあると思います。けれど、その襞はもともと都市にあり、閾、襞、街というスケールの横断を普通はしていますが、都市計画街路とはまた別の土木的、インフラ的なスケールを持ち、その振る舞いが断絶

しているように感じられたため、逆に、都市計画的なスケールから襞や閾のスケールに落とし込みました。そして、それらをうまく結び、関係性やスケールを横断しながらつなぐきっかけとなるような建築を建てようと思っています。

津川 今聞いた内容は、すべて建築にきちんと現れている気がします。圧倒的にセンスがいいのでしょうね。とてもいいと思いますが、何故これほど惹かれるのか。卒制ではないですよね、どのような課題でしたか?

葛谷 宿泊施設の課題でした。敷地は自由に選べます。

津川 これは宿泊施設なのですか?

葛谷 はい。ただ、既存の宿泊施設ではなく、各公共施設の分館として機能するとか、地域に応えた公共的な振る舞い方をするという案です。今は、近代的な、いわゆるボリューミーなホテルが建っているのですが、彦根の観光地化の流れに対応できていないのと、彦根が観光地化を少し失敗しているため、世界遺産の登録ができていない現状があります。登録できないなら世界遺産の補助金ではなく、街を発展させて街自体で運営していけるような……。

津川 設計者の恣意性というより、1個の門構えのルールでスケールを変えながら多様に展開して

いるけれど、どのような意図があるのですか?

葛谷 襞上にプログラムを構成した時に、一番外側に劇場のようなキーワードが出てくる現状がありますが、内側は意外とアーチが出てこないため、アーチによる……。

津川 スケールを身体的に落としていくという話がありましたが、どこでどのように操作をしているのですか?

葛谷 普通にパラパラと動くものと、5、6m以下の扉は自分たちで触って動かせるので、上の階とつながり、それが関係性になって互いに譲り合うとか、突然開けられたから関係性が変わるとか、大きいものは施設の人が時間帯によって動かすことで関係性が立ち現れるというようなことをしています。選択的にできるところと、施設の人がやって生まれるようなものが同時に建築全体に現れている……。

津川 十分です。ありがとうございます。

佐藤　これはどこかから取ってきたものですか？

葛谷　自分ですべて一からつくりました。

佐藤　どこかの廃材利用などではない？

葛谷　廃材ではないです。もともと、ここの歴史的なコンテクストとして、切り通し口入門という参勤交代などに使われていた都市の出入り口の門があったのですが、現在は失われ、近代的な箱のようなホテルが建っています。それで、ここの土地と歴史性、公共建築の関わり合いなど、動線計画がそういうものを解きながらこのデザインをしていきました。

佐藤　屋根はないのですか？

葛谷　そうですね。これが完成状態となります。屋根がない代わりに、風呂などの濡れてもいいような振る舞いを想定しています。

佐藤　このガラスで囲まれているところは何ですか？

葛谷　そうですね。ガラスで囲まれているところと半屋外になっているところがいくつかあります。ただ、この大きい扉は施設の人が開け閉めするのですが、小さい扉はここの利用者の人が開け閉めをして、互いに譲り合うような関係性が動的平衡にいろいろなところで巻き起こっています。それが全体性をなんとなくつくり出しているような状態が、自分の思うユートピアというか、理想郷のような状態になっていくのではないかと思っています。それが都市へ溢れ出していくというのが計画的にあり、そういうものを考えながら設計していきました。

佐藤　用途は？

葛谷　用途は複合的な宿泊施設です。宿泊がメインですが、地域にいろいろな美術館や図書館、公共施設がたくさんあるにも関わらず、機能的に応えきれていないので、その延長の機能が発作的に入ります。

佐藤　ここは何ですか？ 宿泊しながら洗濯物を干す？

葛谷　施設の人が干すのと、ランドリーを利用した人が、こういうところからワイヤーを引っ張って干せるようなものが、あちらこちらで利用できるよう設計しました。

佐藤　敷地はどこですか？

葛谷　彦根の商業建築が建つエリアがここで、赤で囲まれているエリアが城下となります。高さが低いけれど、ここだけ商業的に高くなっている現状があります。ここに低いのを建てる人がいないので、ボリューム感は継承するけれど、城下街のぐちゃぐちゃとした、生きられている感じをここに再現して設計しました。

佐藤　この扉の雰囲気は結構いいと思うけれど、海外のプリミティブな生活をしている人たちのように、洗濯物を干したり、半屋外で過ごしたりというのに夢が膨らみ過ぎて、しかも宿泊施設で、このような風景が本当に生まれるだろうかというのはあります。

葛谷　そういうところは、利用者すべてをリサーチしてプログラム的に操作して——。

佐藤　だから、ベネチアやインドネシアなどのような場所で、こういう生活をしている人たちの中でならあり得るかも知れないけれど、日本の彦根に宿泊に来た人で、このような風景になるかなというのが疑問です。

葛谷　今までの宿泊の仕方とは、だいぶ異なります。

佐藤　もちろん、こういうところを選んでくる人なのだろうけど。

葛谷　でも、閉じられるところはきちんと閉じられるので、選択的にできるようにはもちろんしています。ただ、今の機能的に泊まるだけというのは、そこに泊まる意味がないと思うので、既存のホテルの機能のようなものを機能自体から解体し、それでいて、観光地化や地域の問題にも回答しながら、新しい宿泊施設というか住まいに成り代わるものとして提案しています。

佐藤　これがふさわしい場所が世界のどこかにはありそうな気がします。

葛谷　それはわからないですが、何回も敷地をリサーチして身体的に設計したという意味で——。

佐藤　彦根ですよね、本当に何回もリサーチに行ったのですか？

葛谷　はい。学校も彦根にあります。

佐藤　私は滋賀県出身なんです。

葛谷　そうなんですね。

佐藤　これは彦根にふさわしいのですか？

葛谷　城下町のこちらは違いますが、こちらの高い建物が建っているところは商業的で——。

佐藤　つくりたい空間はわかる気がします。楽し気でいいと思うけれど、海外のどこかがいいと思う。明日までに、海外のどこかにつくるという提案で、いい場所を探しといてください。

葛谷　わかりました。

水トノ共生作法
針江集落のカバタによる水との暮らし・集落の生業拠点の再建

滋賀県のアイデンティティである水と暮らす風景が失われつつある。本提案では、針江集落に残る「カバタ」から水との共生作法を抽出し内湖沿岸部にかつての集落の生産拠点を再編する。

ID05

饗庭優樹
立命館大学理工学部
建築都市デザイン学科B4

A1. Illustrator, Photoshop, ArchiCAD, レーザーカッター　2. 5万円程度　3. 6〜7ヶ月　4. 意匠　5. モノをつくるのが好きだったから　6. みんなの森 ぎふメディアコスモス

Nakayama's *Comment*

準決勝の3ラウンドが、個人的な事実上の決勝戦でした。決勝に進まな
かったほうを中山賞にするくらい、私の中の不動の1位と2位が相まみえ
ました。本質的なシンボルを建築の力を使ってつくれるということを信じ
させるプロジェクトでした。そうそう出会えない。それがものすごく深い建築的な洞察
力で満たされている。到底かなわないと思わせられ、とても感動しました。

みなさんの生まれた地域には、その場所のアイデンティティのようなものは残っていますか。私の卒業設計では、失われ忘れられつつある滋賀県のアイデンティティを発信し、取り戻す建築を提案します。まずは滋賀県のアイデンティティとは何かを説明させていただきます。私は22年間、小学校から大学まですべて滋賀で暮らしてきました。自分が小さい頃、身の回りにあふれていた水と人の距離が近くなる場所、例えば水路に降りることができる階段や踊り場は、学生の僕たちにとっては恰好のたまり場でした。そこでは水路に足をつけながら買い食いをして会話をしました。そこは僕たちの日常の中心でした。しかし、今日、度重なる都市開発や道路づくりの確保による水路の暗渠化などによって、そういった場所は減り、それとともに周辺のアイデンティティが忘れられつつあります。今回敷地は滋賀県の高島市旧饗庭村針江集落を選定しました。ここは、川端（かばた）と呼ばれる水と暮らす手法が今も残っている最後の場所です。川端はかつて滋賀県全域に見られた、水と暮らす手法のようなものです。本提案では、針江集落内に残る川端や水路などから水と建築の振る舞い、「針江ボキャブラリー」を採取し、失われてしまった集落の拠点を再構築します。失われた原因となった堤防や護岸道路を悪とするのではなく、現在のインフラとして活用することで、地方を通したコミュニティの場ではなく、川端を通して、私たちが忘れつつある、水と暮らすことの豊かさ、つまり滋賀県のアイデンティティを発信する建築となります。建築のコンセプト、プログラムに関しましては周辺の環境、田んぼや漁業エリア、ヒアリングを通して決定しました。この

ように針江集落内に残るさまざまな形態や使われ方をする川端から針江ボキャブラリーを収集します。ヒアリング調査や実測では、実際に寸法を取り、針江ボキャブラリー、建築要素を抽出します。また、周辺環境から4つの動線をあぶり出し、全体の配置計画を決定します。建築のコンセプトは水平に便乗する空間体験です！1つの建築家の中に川上、滋賀県の水系を取り込みます。そうすることで、建築内に川上川下の関係が生まれ、川上にはヒューマンスケールに落とし込まれた水路や川端、建築ボリュームによって護岸道路から落とされる、さまざまな目的を持った人たちを受け止める場になります。一方で川下にあたる部分では、スケールの大きい川端や水路、建築ボリュームによって、地域住民が利用する生業の活動拠点となります。これらが水系によってつながることで、針江集落内に息づく、水を介したコミュニケーションがこの建築内でも誘発されます。これら水景を紡ぐ建築形式として、水を吸い上げる「大地のコア」、水を流し集める「川端」、水を受け止める「大地」によって全体が構成され、その建築の存在そのものが水や川端の存在を想起させるものとなります。また、この建築はまだ完成ではありません。水や川端、水路を求めて苔や雑草、樹木が入り込み、建築が緑をまといます。また、琵琶湖の魚たちが入り、内湖から水路を通して川端やそれぞれの水路に侵入し、石垣でできた水路や大地のコアに魚たちが住処をつくり出します。こうして出来上がった1つの山のような建築は、滋賀県の湖畔に建つ建築としてふさわしいものになるのではないかと考えています。

ID:006

Nakayama's poster session

中山 例えば、ポンプアップして1番上にしたところには何を置いているのですか？

饗庭 例えば、ここを「大地のコア」と呼んでいるのですが、ここからポンプアップして自噴で上がっていくことを想定しています。

中山 自噴で上がるのですか？

饗庭 上がると考えています。滋賀県は周辺に山がたくさんあるので、自噴で上がっていくと考えています。

中山 饗庭さんなら、水上に何を置きますか？

饗庭 給水場などです。川上なので、水が小さく

ても成り立つような給水場や宿泊施設などを用意しており、一方で……。

中山 飲料水はどうしますか？

饗庭 今考えていることとして、例えば、浴室で使われた水などは一度この中に戻し、中にあるコア内に濾過装置のようなものを入れ、ここを通ることできれいになり、ここに戻します。そして、それがまた戻ってきて1個の水景につながるのかなと考えています。

中山 なるほど。遠くに山があるから自噴できるとか、そういう想像力がコアの中に隠されているように見えましたが、このエリアの住人が実感できないというか、透視する気分を味わえないと住まないのでは？

饗庭 透視するという意図はなく、どちらかというと、地下の伏流水が上がってきて、普通は、設備スペースは裏に追いやられますが、石垣でシンボライズされることで、地下水の存在を想起させるようなものになっています。僕はそれで十分ではないかと考えています。

Onishi's poster session

大西 今はどこかに埋まっているということですか？

饗庭 そうです。場所としては、ここにあたります。今は埋め立てられて湖岸道路が通り、集落の名前がなく拠点のような場所が失われてしまった。それをもう一度取り戻せるような場所に建築を建てています。かつ、湖岸道路を悪とするのではなく、湖岸道路のおかげで県内各地からここに来られるようになったので、ある意味、この地方の閉じられたコミュニティではなく、針江集落の生活シークエンスに便乗した、水と暮らしの豊かさを外部の人も体験できるような建築を考えています。

大西 針江で生まれ育ったのですか？

饗庭 生まれたのは違いますが、祖母がここに住んでいます。

大西 それはすごいですね。

饗庭 今はもう亡くなってしまったのですが。

大西 針江は本当にすごいので、まず、このような場所にこれほど大きいものをつくることに対して正しいのか。

饗庭 現在は年間1万人くらいの人が来るのですが、地方なので車で集落に入って来てしまうため、水路の幅を少し狭めて道路の幅員を確保するという話が出ており、それは、ある意味、川端の存続が脅かされている状態です。それがまず年間1万人で、釣りをしている人が年間60万人くらい船を出しています。これらを踏まえると、別にそこまで大きいボリュームではないかなと思っています。

大西 それは観光客に対してはそうだけれど、このような集落はもっとヒューマンスケールに基づいているじゃないですか？

饗庭 はい。

大西 その中で、施設化のようなことをするのが本当にいいのかな。建築自体はすごく力作だと思うけれど、観光客に対して巨大につくるのがそもそも本当にいいのか。ここの敷地はどのあたりになりますか？

饗庭 今、残っているのがこの状態です。これがこのあたりにあります。

大西 では、ここは少し前は港の拠点というか。

饗庭 そうですね

大西 少し違う使われ方だったのかな？

饗庭 そうです。聞いたところによると、こういう風景がここで、いろいろな人が直接話すわけではないけれど、無言で場所を共有する場所がここに広がっていたというのがわかっています。でも今は、そういう場所がなくなってしまったので、1人でやっているというのがわかっています。

500年後、干拓地に湖を残すためにできること
— 土木遺産を活用した水と生物の循環 —

ID17
髙田圭悟
福岡大学工学部建築学科B4

A1. Illustrator, Photoshop, Rhinoceros, 手描き, ArchiCAD, Twinmotion　2. 3万円程度　3. 3～4ヶ月　4. 意匠　5. 小学校の頃見たドラマ「結婚できない男」　6. 豊島美術館

有明海は栄養豊富な水が流入し、日本最大級の干潟を形成する。干潟は多様な生物の住処となっているが、海岸線沿いに堆積した干潟は海への排水を遮断するため、干拓を余儀なくされる。そのため、後背地には使われなくなった堤防や漁港が多く点在する。それら2つの土木遺産を活用し自然に回帰させ、干拓地に広がるバイオネットワークを計画する。本提案では1000年先の有明海を想定し、干拓地に水域を少しでも残すためのモデルとして浜漁港を選定し計画する。

500年後、干拓地に湖を残すためにできること -土木遺産を活用した水と生物の循環-

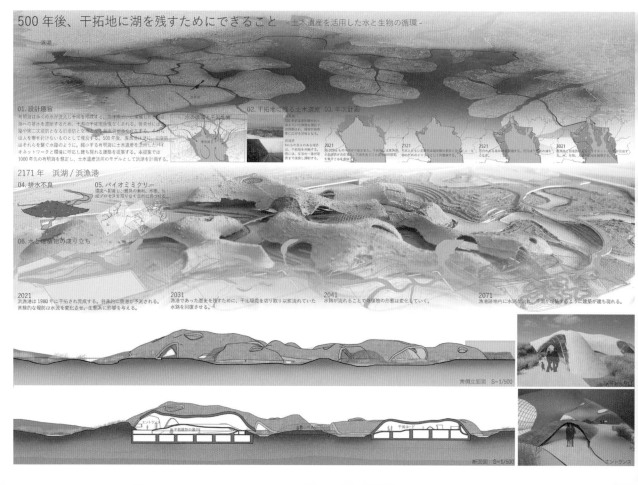

石川　人が干拓するということですか？

髙田　そうです。余儀なく干拓されている状況にある敷地です。そして、僕はこの有明海が小さくなっていく中で少しでも生物のための住処となる水域を残したいと考えて提案しています。そこで有明海の干拓地に広がる、青い点や白い線で示している、使われなくなった堤防や漁港を活用して自然に戻すことをしています。その中の一つをモデルとして浜漁港というものを選定し、生物のためのものを計画しています。浜漁港には干拓により失われた水路が敷地内に三つあるのですが、それらを回復しつつ、漁港にあった干拓堤防の干拓の歴史のようなもの、漁港の歴史を残しつつ、このように堤防を切り取って水路を回復させます。

石川　この水路の形はどこから出てきたのですか？

髙田　干拓されたところの水路が回復し始めている段階と想定し、この土の形と水の流れなら、このような建物ができるという一つのモデルとして計画しています。

石川　このぐにゃぐにゃした形は現在の敷地から想像した流路ですか？

髙田　そうですね。自分である程度、砂の質や傾斜の角度、水路や堆積物の形などを想定したうえでの計画なので、モデルとしての計画です。

石川　これは土砂が流入して少しずつ干潟が成長していき、干拓となっていくのですか？

髙田　有明海の海岸線沿いにどんどん泥が溜まっていくと、陸地側の排水をすべて遮断するので、生活ができなくなるんです。そのため、排水できるように全面の海を干拓して整えていくのがずっと前から続いています。

石川　では、それを続けていく限り1000年経ったら、こうなるという話なのですね？

髙田　今まではすべて陸地化して全部水源化しており、有明海がどんどんなくなっているということです。そのため、干拓はやめられないけれど、使われなくなった土木遺産のようなものを活用し、少しでも生物の住処となるようなもの、自然のためのものをつくる。

石川　ちなみに機能は何ですか？

髙田　機能は生物の住処となるようなもので、干潟は平らで日陰も何もないのですが、日陰を設けることで、干潟が干からびずにアサリや魚、ドジョウなどの生物が生息できます。一応生物のためのものですが、人が干潟を体験できるような施設といいますか。

石川　なるほど。最初からこの造形を決めていたのですか、それとも、周りから決めていき、これが残ったのですか？

髙田　周りからです。

中山　これは何をする場なのですか？ この屋根と屋根に覆われた、人間のためらしき場をつくることが持っている意味は何ですか？

髙田　ここは干潟というか漁港跡地に建っており、干潟は生物が住んでいることと人が利用していくことが必要なのですが、有明海は堤防が6mくらいの高さがあるため、あまり干潟に行く機会がありません。そのため、このような形でスロープを設け、堤防から干潟に降りられるようにします。

中山　屋根付きの建築物が必要なのですか？

髙田　屋根により干潟に日陰を落とすことで、干潟が乾かないようにします。それにより、そこであさりが育つことができます。一番良くないのは、干潟で潮の満ち引きにより水が浸らず干からびてしまうのが——。

中山　それでも、干からびるのを抑えて潤いを守ってくれる建築形態にあまり見えない。ちなみに、私はよく知らないのだけれど、何故今、干拓地が増えなければいけないのですか？

髙田　有明海というのは、海岸線に沿って干潟が堆積するんです。堆積した干潟が、陸からの排水をすべて邪魔します。その排水を整備するために、干拓という陸地化をしており、見てもらうとわかりますが、すべて陸地化して水田になっています。

中山　後ろのこのように流れてきた土砂に対して、ところどころ水の抜け道をつくってあげる作業をすることで、のぺっとした干潟にならないようにする作業をコツコツやっているということですか？

髙田　今まではそうです。一方で、全部埋め立てたことで、水域が川しかなくなったんです。そのため、使われなくなった漁港など、土木的なものを自然に戻し、湖のような水域として残していく提案です。

中山　モチベーションと方法論はわかりましたが、計画したものが、人間に対しても環境に対しても、存分に働いているメカニズムがまだイメージしづらいかもしれないです。パースはすごく綺麗ですね。この環境と一体になり、人が訪れる場が何かできそうな予感がします。

Slopescape
新阿蘇大橋における自然共生型法面の提案

熊本地震から6年が経った現在、「復興の象徴」となった新阿蘇大橋の下には、橋の建設に伴いつくられた大規模なコンクリート法面が広がっている。この土木的スケールで広がるコンクリート法面を解体、治水機能を持つ建築の集まりとして再構成することで、さまざまな場面の集まりとなり、ヒューマンスケールの空間へと落とし込まれる。その法面には、人と自然、機能が共生する風景「Slopescape」が生まれるだろう。

No.35
東英和
九州工業大学工学部
建設社会工学科B4

A1. Illustrator, Photoshop, ArchiCAD, Lumion, CLIP STUDIO PAINT　2. 4万円程度　3. 2〜3ヶ月　4. その他　5. 実家のリフォームを目の当たりにして　6. 地中美術館

本提案ではこれからの新しい共生の在り方として、コンクリート法面に生まれる、人と自然機能が共生する空間、「Slopescape」を提案します。そこでは実際に地形を感じ、自然に触れ、滞在するという体験を通して、その土地の歴史と自然を感じられます。現在地球温暖化による気候変動により、毎年のように大規模な災害が全国各地で発生しています。その自然災害に対し、人はダムや堤防などの建造物を持って対処してきました。しかしそれらの建造物が生み出す空間は巨大化し、人々の暮らしから乖離してきました。そこで本提案では、自然災害がより身近になっている現在、自然を対象とした土木的スケールの建造物を、ヒューマンスケールの空間へと落とし込み、より暮らしに寄り添った自然との共生空間を提案します。対象敷地である南阿蘇村は、阿蘇の火山活動がつくり出した、自然豊かな場所です。しかし、2016年熊本地震により大きな被害を受け、現在も災害の爪痕を残しています。現在は、崩落した阿蘇大橋に代わり、新阿蘇大橋が新しく建設されました。新阿蘇大橋は開通当初から多くの観光客が景色を見るために足をとめ、崩落から一転、復興の象徴とされています。しかしその一方で、橋付近の斜面は橋の建設に伴い、大規模なコンクリート法面で覆われており、自然が排除され、灰色の風景となっています。ダムや法面などの自然を対象にした建造物は、巨大化したその構造体一つで全体を成します。それに対し、ヒューマンスケールの空間は、思い思いに過ごす空間や、人々の賑わう声が聞こえる市場といった場面の集まりで全体を構成します。この構成の違いが、スケールとのズレにつながると考え、本提案では既存の大規模法面を解体し、建築のボリュームとして地形に合わせ、変形させ、法面を建築群として再構築します。またそれらの建築群は、治水機能を持ち、貯水した雨水を循環させることで、失われた自然が芽生え、親水空間をつくり出すことで、循環の中で治水と親水がつながり、共生

の風景が生まれます。続いてプログラムとなりますが、本敷地は恵まれた自然環境からジオサイドに認定されていますが、現在は休憩所と展望台だけがあり、自然を眺める、写真を撮るという体験だけにおさまった空間となっています。そこで本提案では、自然に対して触れる・つくる・持ち帰る・滞在するといった体験ができる場を提供するために、ギャラリー・マルシェ・宿泊施設を取り入れ、実際に南阿蘇での暮らしや歴史、文化を肌で感じることで、新たな地域資源として生まれ変わります。空間構成として、親水空間は水をただ流すだけでなく、3種類の距離を設けています。建築のボリュームに対して水を放つことで、建築と水それぞれが強調されます。ボリュームの前に水があることで、建築の境界面の欠如、揺らぎを生み、ファサードの与える圧迫感を緩和します。そして、ボリューム内に水が介入することで、建築の境界線はさらに揺らぎ、水位の上昇、床面積の変化など、環境として振る舞います。また自然と共生することで明確なスケールの差が、植物の成長とともにヒューマンスケールへと近付きます。これらの親水空間と芽生えた自然により、さまざまな体験ができる空間が生まれます。ギャラリーでは室内に飛び出した看板を触ったり、雨が降った後は水たまりとして室内に残ったり、そこで子どもたちが遊ぶ体験が生まれます。マルシェでは特産物を持ち帰り、流れてくる花びらで季節を感じるといった体験が生まれます。宿泊施設では貯水量によって部屋の明るさが変化するように、貯水槽を通した採光を用いています。水田では農業体験を通し、訪れた人々と農作物をつくりながら地域住民が交流することとなります。それらの空間は区切られ、視覚的に風景として連なります。このようにして無機質で灰色だった法面に、さまざまな水と自然が織りなす体験空間が生まれ、それらの場所が集まり人と自然機能が共生する法面の風景、「Slopescape」が生まれます。

Slopescape

～新阿蘇大橋における自然共生型法面の提案～

00. 背景　共生の風景

気候変動により自然災害が身近なものになりつつある今、人と自然の共生について再考する必要がある。しかし、自然との共生を考えるうえで問題となるのは、自然を対象にした建造物の巨大化によるヒューマンスケールとのズレである。自然を対象とする建造物は、広大な自然に対応するべく、機能性を優先した形状、土木的スケールの巨大建造物となり人々の暮らしを支える一方で、ヒューマンスケールからかけ離れた空間が、圧迫感を与え、人々の暮らしから遊離し、非日常的な存在となっている。本提案では、人と自然の共生の新しい在り方についての提案を行う。

01. 対象敷地

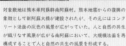

対象敷地は熊本県阿蘇郡南阿蘇村。熊本地震からの復興の象徴として新阿蘇大橋が建設されたが、その先にはコンクリート法面の灰色の風景が広がっていた。人と自然の共生が織りなす風景が広がる南阿蘇において、大規模法面を再構成することで人と自然の共生の風景を形成する。

02. 場面の集まり　～ diagram ～

自然を対象にした建造物は、その大きな自然に対向するべく、巨大な構造一つで全体を成す。対してヒューマンスケールな空間は様々な「場面」の集まりだと考えた。本提案では、法面を解体し、「場面」の集まりとして再構成することでヒューマンスケールなものとなる。

03. 治水と親水　～ Story ～

本敷地の下を流れる黒川は、過去に大洪水を起こした白川に合流する支流であり、当敷地付近ではダムの建設が進められている。しかし、従来の治水手法は、発生頻度、規模ともに増大する災害に対応することは困難であると予想されるため、白川流域全体における治水整備が必要となるだろう。

そこで本提案では、流域治水の拠点として治水機能をもつ建築を提案する。治水機能を発揮するだけではなく、貯水した雨水を循環させ、親水空間を生み出すことで、人と自然、機能が共生する風景「スロープスケープ」が法面に広がる。

04. 空間構成　～水と建築の距離～

水は水路流れ、お互いに強調される　　建築は流れる水により境界面が欠如、境界が揺らぎが生まる　　建築の境界線はさらに揺らぎ、環境として振る舞う

Nakayama's poster session

中山　既存はどうなっているのですか？

東　既存はコンクリートの法面で、橋の下まで法面で固められています。

中山　これですね。ちなみに、このメカニズムを少しだけ解説してもらいたいです。

東　この高さの分解は既存のダムや堤防も当てはまりますが、近くに人とその構造物しかない形になってしまうと、大きさに明確なずれが感じられるので、そこに自然が共生することで自然は時間的に成長していき、大きくなるところも現れるので、この面が伸びると、どんどん壁が見える面積も小さくなっていきますし、この木はどんどん横に切って……。

中山　そこはいいです。このミニダムの説明が欲しいです。

東　こちらは、今はもう完全に法面という、いわゆるグレーインフラのままになっていますが、グ

リーンインフラとして入ることで、コンクリートの下は地面でそこの木の根っこが伸びて生え広がって……。

中山　どういう仕組みになっているのかが知りたいです。雨が降ると、表層に伝う水とか屋根の上に降った水を貯水して下に溜めるとか。

東　そうです。

中山　おおよそ、このくらいの面積の貯水タンクがあらかじめ設定されているんですね？

東　そうですね、はい。

中山　そこで水を溜める理由は何ですか？

東　水を溜める理由としては、この下にある黒川が、白川という過去に大洪水を起こした場所につながっているので、その流域治水の拠点として……。

中山　要するに、土があって木が生えている地面の持つ保水力のようなものと拮抗するような、一

定期間水を蓄えるような仕組みを、建築を使って考えようということですか？

東　そうです。

中山　そう言ってくれると、すごく強いですよね。

東　はい。

中山　人工的な地面だけど、土と同じように水を一定時間溜め込むことで、水害に対するピークカットができて、その水を少しずつ緑のランドスケープに使いながら、その緑のランドスケープの中にいろいろな建築施設が点在しているということですね。ちなみに、一番下から一番上は橋のたもとからアクセスするこの施設は、一番下まで行く交通路は何でできているのですか、ひたすら歩くのですか？

東　階段があるのと、一番左側に斜行エレベーターで通るようには……。

中山　わかりました。面白いと思いました。

Tsugawa's poster session

津川　自然と共生するということは自然と距離が近くなる建築的な操作だと思うのですが、何故都市が自然と距離を置くかというと、第一の大きな目的として災害に対する懸念だと思うんですよね。これだけ自然と距離が近いことに対して、例えば土砂崩れや地盤に手を加えることによる不安定さなど、災害に対する考えは同時に考えていますか？

東　機能としては、表面量が増えて、建築が貯水するところは現在の法面と同じ機能でいけるの

と、コンクリートの下は地面になっているので、木がどんどん成長していくことで根っこも入っていくし、それによってコンクリートの劣化などを互いに補完する、グレーインフラとグリーンインフラの間のハイブリットとして災害にも対応する仕組みはしています。

津川　これが既存の状態ということですか？　そうですね、このような状態からこのようになるのは、とても魅力的だと思います。もう一歩先を考えると、自然と共生する法面の考え方として、既存のコ

ンクリートの一面に少し引っ張られ過ぎではないかという気もしています。コンクリートのマッシブなものが立ち並ぶことで、自然と建築の強度だと建築のほうが今は勝っているようで、それが果たして、自然と共生することを本当に意図しているのかが少し気になる。一度その先入観を外した時に、この斜面で自然と共生するというあり方が、どういう建築的な素材や操作が自然と共生することを意味しているのかは、さらに再考しても良かったかなというのが所感です。

個性のあいだ
違うものを、違ったまま共存させる手法

違うものを違ったまま、共存させることはできないか。ただの集合体ではなく、それぞれがその場の場で反応しあい、豊かに関わりあって立ち現れる建築を実現するために、つなぐ部分である「個性のあいだ」に着目し、そのつくり方を考えることで共存させる手法を提案する。この手法はさまざまな建築パターンに適応可能であるが、今回はこの手法を通しパブリックな空間の在り方についても同時に再考した。

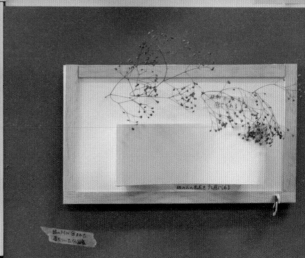

046
柴田智帆
九州産業大学建築都市工学部
住居・インテリア学科B4

1. Illustrator, Photoshop, 手描き, ArchiCAD, SketchUp, Twinmotion　2. 5万円程度　3. 6〜7ヶ月　5. 意匠　5. ユハ・レイヴィスカの作品を見て、他の分野を建築に昇華してデザインできるところに感動したから。　6. マンニスト教会

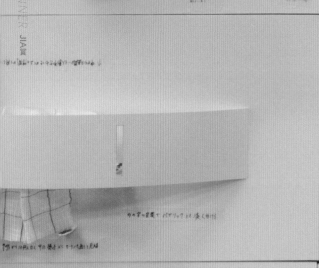

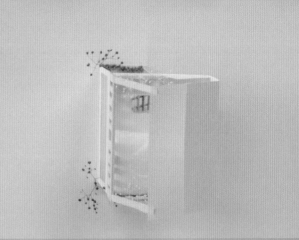

外だけど外じゃない
天窓は読書のため
足のカーブな圧迫感に

2Fは ガーデニング
1Fは リラックス
ここは 床に 座る
廊下と 少し 抜ける

違うものを違ったまま、どう共存させるのか。その際に、ただの集合体ではなく、建築家としてどう関係性を持たせながら豊かにつなげることができるのか。私はその手法として、つなげる際の個性の間のつくり方に着目し、また、それによってつくられる空間やそのあり方を提案します。個性の間とは2つの個性に影響を受け、その間にできる曖昧な領域のことです。特質が固定化されないため、個性が機能や人の価値観と同じであっても、人が自発的に機能や場所を発見できる空間の豊かさを持ちます。個性の間を考えることで、その場その場で反応して関係性をつくる、共存した個性を全体性とする建築をつくることができ、個であることと共有した状態であることが同時に起こります※。また、結果的に増改築への対応や遠近化しない公共空間を実現できると考えました。さらにこの手法は個性を置き換えることで、住宅や商業空間、フリースペース等さまざまな建築パターンに適応し、そのあり方を再考することができます。今回の個性を、人の価値観と空間の質という特質を持った、ある人にとっては本を読むのに居心地の良い空間の質としました。その個性を使い、街の延長として「本を読むことを中心とし、その他の活動も許容する建築」を設計し、それによってパブリックのつくり方とパブリックにおける個人とみんなの空間の関係性を再考していきます。まず結果として、最終的にこの手法によって見えてきた、パブリックのあり方として明確な目的を持って構成された従来の施設とは別に、目的がなくとも自由に振る舞える、共存する価値観の全体性をパブリックとするものが挙げられます。また、この個性の間は、建築家が完全にコントロールできない部分であり、同時多発的に起こることでまるで好きなほとりを見つけてレジャーシートを敷くように、空間の質によって人それぞれの「ここでこれをしたい」という欲求が先に来る建築を考えました。具体的な提案に移ります。敷地は福岡県福津市にある海岸沿いの一角です。この建築は、車椅子の人が自走できるスロープや、メインの道以外の小さな路地を多く持ち、街と海をつなぐ遊歩道的な役割を果たし

ます。手法は、大きく2つのフェーズに分かれます。第1フェーズでは、個性を集めるために70名に実際に本を読むのに居心地の良い空間を尋ね、その際、言葉よりもより空間の質や体感を表現しやすい模型で答えてもらいました。これは多様な心地よい空間をあぶり出すことが目的です。私が個性をつくると特質が偏ってしまうため、さまざまな年齢層、専攻の方に協力いただきました。同じテーマであっても多種多様な空間が生まれ、また表現のうまさに関係なく、小さな子も物づくりが苦手な人も自分の思う心地よい空間を持っていたことが印象的でした。次に、敷地の環境やほかの個性との関係性について、できるだけ多様な質の空間を選ぶという軸で70個の中から15個を選出します。第2フェーズでは、選んだ個性の質を保ちながら、それらを共存させる個性の間のつくり方を考えていきます。それぞれの模型を分析し、個性の質を保つ初期段階での配置に関するルールをそれぞれの模型に対して決めます。次にエレメントを分解し、それぞれの役割によって、個性の確保を中心に伸ばしたり混ざったりと動作を加えます。例えば床は、人の動きを誘導する、床との距離を操作するという役割によって、床の意思で伸びていきます。このようにそれぞれの役割で、それぞれの意志で操作されたエレメントが、別の個性のエレメントと多様に重なり合い、個性の間が生まれます。エレメント同士が好き勝手にやっているようですが、その中には街のような縁起や住み分けがあり、それらによって全体性が浮かび上がっていく、そんな建築を目指しています。結果的にできた建築は、街の余白として人々のアクティビティを受け入れるものとなります。また、万人のために平均化された空間ではない、ある個人の思いが詰まった空間は、誰かが共感したり何か思ったりする空間になるのではないでしょうか。私たちでは万人にはなりません。建築も、違うものを違ったまま、違うことを楽しめるものへ。私は今後もこの課題を研究していきますので、この時間を介してさらにジャンプアップするための方法や切り口をみなさんと一緒に議論して考えていけたら嬉しいです。

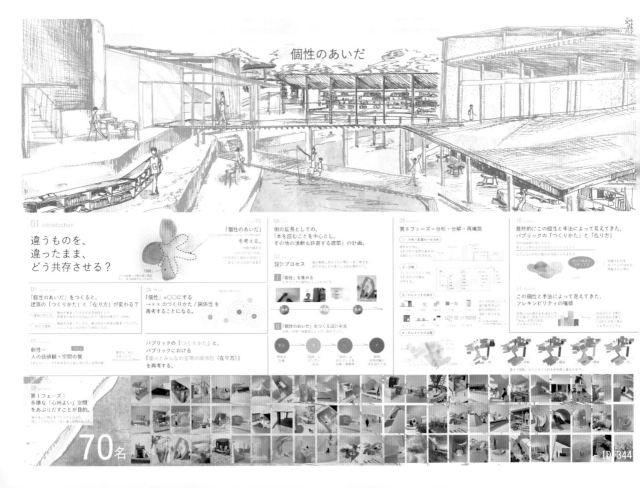

個性のあいだ

01 introduction

違うものを、
違ったまま、
どう共存させる？

津川　個性というのは、それぞれ誰かに意図的に何か形をつくってもらっているということですね?

柴田　そうです。

津川　どういう指示で何をもって、あのような形をみんなつくっているのですか?

柴田　本を読むのに心地良い空間です。食事をするのに心地良い空間もつくりました。そうすると、3パターンくらいに傾向が分かれました。空間の質はとても大事だけれど、機能に直結しない行為。でも、本を読むとかコーヒーを飲むというのが一番多様な空間を——。

津川　70名というのは誰ですか、学生ですか?

柴田　7歳から83歳です。

津川　その人たちとは、どのようにして出会ったのですか?

柴田　運命的なものです。もちろん建築の後輩もいますが、全然違う学科の子なども——。

津川　それです。建築以外の人もつくっているということですよね?

柴田　そうです。建築系は3分の1くらいですかね。

津川　プレゼンの時にそれを言ったほうがいいですよ。要は70人の建築家がつくった建築のような感じですよね。それを編集していったのが柴田さん

ということですよね?

柴田　そうですね。今あるなかで、建築系の人がつくったのは3つくらいです。他は写真科の友達やスポーツ関係の子などです。

津川　どのようにして70個が選ばれたのか、あと、その間をつなぐ時に柴田さんの恣意性が出るけれど、それがどのような意図を持っているかが気になります。あと、個性の間をつくった建築自体に、一体何が起こっているのか。

柴田　はい。

津川　1人の建築家が一人でつくる建築と何が違うのかは、もう1文補足が欲しいです。

末光　模型を使って説明してください。

柴田　模型のこの床が伸びることで、内部に干渉し、それがスラブから下部になるとか、ここはこの模型と模型がここに集約されているというか、個を再現することが目的ではなく、個と個の間が、例えばこの床はこれの床が延長して天井はこれの天井が延長するとか、違うものが延長して曖昧な領域がたくさん多発することで、自分から何か居場所を発見できるような建築ができたらいいなと思っています。そのため、これを再現することが目的ではなく、そういう間をつくるために多様な空間をつくってもらうための70名。だから、私が全部つくると偏ってしまいます。

末光　70は誰がつくったのですか?

柴田　それは建築とか関係なく、下は7歳から上は83歳までの——。

末光　実際に?

柴田　実際に、です。

末光　その地域の人ですか?

柴田　本当は敷地を先に決めて、その地域の人にしてもらうのが1番いいと思うのですが。

末光　それなら、そういう説明をしたほうがいいですよ。

柴田　わかりました。

末光　審査員ではないのでアドバイスをすると、説明が少し良くないかなと思いました。地域の人が本当に愛着を持って使うには、「地域の人が空間のアイデアを集めて限定するでしょう」と言ったほうがいい。その時のアセンブリの仕方として、それぞれのアイデアをプロトタイプ的につくってもらい、それをコーディネートして全体像をつくるのが建築家の役割になってくるし、例えば、その時にその3つの建て方で中間的な場所もできるので、それがこの建築にとって重要なものになるのではないかな。そのように話してくれると、納得できる気がするのだけれど、現状はちょっとわからない。そこが卒業設計の目的だよね。

柴田　間をつくることが目的なのです。だから例えばワークショップなどで公共空間をつくるとかよくあるじゃないですか。それをしたいわけではなく、例えばその間をつくるとなった時に、例えば、これとこれの間で暗い空間と明るい空間をつくろう、その間をつくろうとなると、結局、全体を計画しているのと同義になるじゃないですか。それで、おそらく空間の特性が偏ってくると思うんですよね。そうではなく、人につくってもらった空間など、例えば別に住宅特集などの書斎をピックアップしても全然良くて、その間をつくる手法がとても大事なのではないか

なと思ってつくっています。そのため、この70人につくってもらったことで、パブリックのあり方というのが統制された施設的な建築ではなく、それぞれの価値観が残りながら共存する全体性としてのパブリックというのがあるのではないかと、両軸でやっていたので、それで70名につくってもらいました。

末光　やはり何か僕の意見とずれていると思う。この卒計で1番伝えたいことはどこにあるのかが、「間をつくること」だと言われると、少し疑問に思うんですよね。だけど、街の人の意見を聞いたものをつないでいく中間領域のデザインのようなことが、建築をつくる上で大事だと言ってくれたほうが僕は違和感がないように思います。違っていたら、ごめんなさい。あと、最も気になるのが、70人というのはこの街の人の代表的なイメージなのか少しわからない。そもそもワークショップで公共施設をつくること自体への批評でもあるけれど、この先どんどん人も入れ替わってくるし、例えば、ある人が考えた空間が他の人にとっても居心地が良いわけではないので、そうするとそれをアセンブリすることの意味が何だろうというのはあります。すみません、もう時間がないので質問はできないけれど、そこは答えられるようにしとかないとまずいのではないかなという気がします。

小国の操杉術

熊本県阿蘇郡南小国町は全体の8割を森林が覆う、杉の産地。それらを角材や板材に加工する製材所は存在するが、プレカット業者は無く、職人の人数も限られている。一方で、町営のファブラボがあり、プロでなくても、アイデアをリアルなものとして実現できる。本提案ではファブラボにある加工機械を用いることで、「町内の木材を使用した」、「一般の人でも組み立てられる」構法をデザインする。これを町内で展開し、いつでも気軽に建築できる地域となることを目指す。

id50
三舛正順
九州大学工学部建築学科B4

A1. Illustrator, Photoshop, Rhinoceros, ShopBot, レーザーカッター　2. 5万円程度　3. 1ヶ月未満　意匠　5. 適性が出たから　6. ヒアシンスハウス

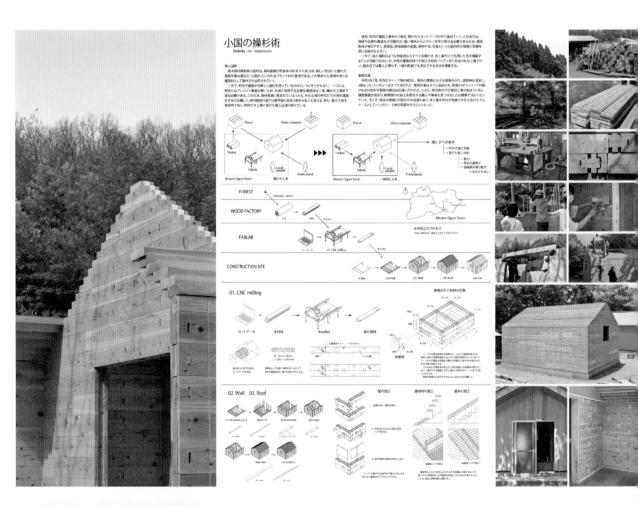

小国の操杉術
Shokoku - no - Sousenyutu

津川　バンガローとは何でしょうか？

三舛　バンガローはコテージです。小さい小屋のようなものです。これは自分でデータを全部つくりました。

津川　すごい。

三舛　このように現場でみんなで組み立てました。

津川　これをつくる工程で、自分の中で工夫したことはありますか？

三舛　まず運び方なのですが、全部人力でつくりたいと思ったので小さい部材を使っています。そうなると、必然的に加工が可能な長さが決まり、軽ト

ラに乗せられる長さである2m前後になります。あと、加工の制約として上から削るしかないので、複雑な敷地の加工が難しいです。いろいろな制約があるので、最終的にこのようなパーツを30mm厚とし、一応誰でも運べるようにしているので、子どもたちが運んでくれています。そのように、誰でもできるようにしています。

津川　なるほど、面白いです。できたやつは、本当に小屋だけなのですか、中には何もない？ シェルターのような感じですか？

三舛　一応トイレと洗面だけあります。同じ敷地

の中に温泉があるので、風呂はつけませんでした。

津川　内部空間の写真はありますか？

三舛　これがリビングです。最終的には、こうなって欲しいです。その場にある素材で全部つくれたらと思っているのですが、今は木材だけが現地のものです。外装材などは外から持って来ているので、現地のもので全部できたらとは思っています。

津川　この模型にキャプションが欲しいですね。これが一体何なのかわかるように。

三舛　「僕の妄想」とか？

津川　いいと思います、面白いです。

中山　これは本当につくったのですか？

三舛　はい、つくっています。

中山　誰の予算で、どのようにしてつくっているのですか？

三舛　敷地はキャンプ場で、豪雨の被害にあったところなのですが、もともと建っていたバンガローを3つ建て直す計画です。

中山　個人的にやっているのですか？

三舛　そうです。

中山　ファブラボは、たまたまあったのですか？

三舛　そうです。ファブラボはここにあります。ファブラボの職員としても参加していて、そういう関係もあり、いろいろ使い回しています。

中山　ちなみに、断熱は見えるのですが、防水はどうしているのですか？

三舛　実際に建てているのには、防水としてガルバを貼っています。こちらの模型は、その別パター

ンで、その場にある素材を拾い集めて仕上げまで、すべてみんなでできるようになれたら良かったという模型です。

中山　ちなみにこの基礎はRCだけれど、これは違うのですか？

三舛　これは林業作業道などによくある、丸太を組んで砕石などを詰めて固める道を建築に応用できないか考えました。

中山　そうすると、コンクリートフリーもできるかもしれない。

三舛　そうですね。使うのは間伐材や杉の葉など、切り倒した後に捨てられるものなので、それを回収していくことで森も綺麗になるという、いろいろな効果があるのかなと考えています。あと、スケールを小さくして誰でも運べるサイズ感でつくっています。写真にもあるように、子どもでも少し手伝えます。

中山　それは、建設現場で持ち上げるという意味ですか、それとも運ぶという意味？

三舛　どちらの意味も含みます。材料が30mm厚なので、一人で難なく運べるのと、長さは2m前後に抑えているのですべて軽トラで運べます。

中山　インフラはバンガローということですね？

三舛　最低限でいいかなと思いました。

中山　ちなみに、偶然このようなことをやっているのか、それとも、何かもっと大きなビジョンのもとにやっているのですか？

三舛　もともと地域おこし協力隊に参加し、林業という範囲内でやっているので、出口として町内でこのようなことをできればいいなと思っています。

中山　建築に興味があるというよりも、地域に興味があるのですか？

三舛　どちらにも興味があります。両方合わせるために何かできることを探している感じです。

FINAL SELECTION DISCUSSION

決勝選抜議論

クリティークによる投票と議論で、決勝に進出する8作品を選出。

クリティークの持ち票は一人15票、1作品につき2点まで投票可能

—— 決勝進出者の選抜を行います。クリティークによる投票を行い、決勝プレゼンテーションをする8名を決定します。持ち票は一人15票で、1作品につき2点まで投票可能です。集計結果をもとに議論し、決勝進出者8名を決定します。末光先生、お願いします。

末光 昨日の審査時に佐藤さんから指令が出て徹夜している子もいるようですが（笑）、対面でやっているので、できるだけみなさんも参加できたらと思っています。それでは、石川さんから自分の入れた票を読みあげていただきます。選考基準や推しの作品などがもしあれば、後々の議論のために話してもらえたらと思います。

石川 全部1点です。1番、2番、5番、8番、13番、17番、18番、20番、22番、28番、36番、38番、46番、53番、64番。プレゼンテーションの水準やプログラムを形にする手際などは、出展しているみなさんそれぞれ文句のつけようのない水準ではあったと思います。そのなかで、複数のものや違う場所を人が移動したり、それを動線でつないだりとか、そこが重層していたりつながっていたりすることによって建築単体ではできないようなことが、より広域なスケールで成り立つことを目論んでいるような案にとても惹かれ、投票しています。

末光 すべてフラットな1点ですか？

石川 今のところは、一旦フラットにしておきたい感じです。

大西 11番、17番、20番、23番、29番、32番、35番、38番、41番、44番、46番、50番、53番、63番です。そのなかで38番の方だけ2点です。選び方としては2つあります。1つは、提案自体が今の時点でうまくいっているかなどはひとまず置いておき、投げかけている課題をこのまま引き続き考えて欲しいと思えるような、共感するような課題に取り組んでいる人に投票しました。あとは、実際にできている空間や模型を見て魅力的だと思った人です。

佐藤 私の場合は、曲がりなりにも技術的な提案をやろうとしている作品を拾いたいと思っています。あと、構造デザインの可能性がありそうなもの。直接は構造デザインの提案をしていないけれど、そういう可能性がありそうなものを拾いたいと思って選びました。なお、昨日の審査で修正を要請したからといって投票するとは限らないです（笑）。他の先生が入れてくださるのを期待して修正を要請したということです。1番、5番、6番は2点、8番、11番、20番、22番は2点、42番、55番、59番、60番、63番、68番です。

津川 5番、11番、13番、15番、20番、25番、33番、41番、46番、48番、49番、53番、63番、66番が2点です。私の選んだ基準は作品によって異なりますが、今の時代性のようなものを汲んでおり、その提案が意味を成すと思ったもの、模型を見ただけで魅力的だとわかるもの、プレゼンを聞いて自分の内的な設計言語を行けるところまで追求しきったと説得されるものです。着眼点自体は面白いけれど形があまりというものもありますが、おおよそ、このような評価基準で選んでいます。

中山 ストーリーと設計の両方を、みなさん一生懸命考えていると思います

が、ストーリーの説明だけあり、設計が希薄に思えるものは選びませんでした。逆に、設計が強くてストーリーが希薄でも、設計がいろいろなストーリーを呼び込む可能性を感じさせるものに票を入れる傾向があるかなと自分では思っています。この評価軸とは異なるものも混じっているので、必ずしもこの基準というわけではありません。全員1点ずつです。5番、6番、14番、19番、30番、33番、35番、36番、38番、41番、43番、47番、50番、63番、64番。

4票以上が4作品、3票が6作品、
2票以上は18作品、この中から8作品を選出

末光　4票以上の作品が4つありますが、5番、20番、38番、63番は議論としては後回しにしましょうかね。次に3票入っているのが、6番、11番、22番、41番、46番、53番。とりあえず今の状況を把握すると、2点以上入っているのが18作品あるそうです。ここから8作品を選ぶことになります。先に4票の作品を議論しましょうか。5番「水トノ共生作法」を推されているのが石川さん、佐藤さん、津川さん、中山さんで、大西さんだけ推されていないようです。どのような理由で票を入れられなかったか、もし一言あれば。

大西　昨日の講評時に本人にも言いましたが、針江に対して、あの巨大さでつくっているのが、どうしても納得できません。おそらくそれは変わらないと思います。

末光　議論しても変わらないですか?

大西　おそらく変わらないです。

末光　票は結構入っていますし、議論としては盛り上がりそうなテーマではないかと思っています。それから20番「今日はもうすぐ雨が降るらしい」。

中山　私は票を入れていません。

末光　では、中山さんより、どうして票を入れなかったのかと、決勝に残しても問題ないかどうかをお願いします。

中山　雨の処理に対する形態という意味では、現在の都市のほうがよほど優れています。それに対し、あの建物に雨が降ると地獄のような光景しか残りません。これはもう決定的だと思います。それは本人にもストレートに伝えました。それを超える何かを、他の先生方から応援演説で聞けるのを楽しみにしています。

末光　議論にはなりそうですね。

佐藤　票を入れてはいますが、4票も入ると思わなかったんですが。構造デザイン的な提案の可能性として、イチョウ型の幅広な部分と、細い部分でコントラストが生まれそうなのと、スラブの曲面の可能性などなどを考えて入れてみました。ただ、これほど票が集まるとは。

末光　今の話からすると、1点入れていても、1点に満たない人もいるということですね。他の先生方はどうですか。もし1点ではないかもしれない人がいれば教えてください。

大西　やはり模型がないのがハンデとしては1つあるかなと思っています。ドローイングがすごく魅力的だったのですが、模型を見ると、よくも悪くも、おそらくいろいろ評価が変わるかもしれない。

末光　あとは38番「隠れ里のイマをつなぐ」。これは大西さんが2点、石川さんが1点、中山さんが1点を入れています。入れていないのは、佐藤さんと津川さん。激推ししている大西さんに一言もらったほうがいいのではないでしょうか。

大西　やはり話の想いに感動したことと、話を聞いていく中で、敷地が出身地と伺ったのですが、街に対する実感に基づいて今の提案が出てきたのがすごくわかりました。本人の話を聞く前はノーマークだったのですが、話を聞いて推したいと思ったので、この案はぜひ8選に残したいです。

佐藤　私は票を入れていませんが、増築部分と既存部分が割と似た感じにつくられているので、もう少し違いを表した素材などを用いて、雰囲気の違いが出ても良いかなと思いました。あまり技術的な提案をしていなかったので投票しませんでしたが、決勝の8人に選ばれるのは反対しません。

中山　0.5に近い1と、1.5に近い1があるならば、私は1.5に近い1です。大事な作品だったと思います。

末光　では、この案は決勝に確定しそうですね。4票の作品は、63番「私小説『家』」もあります。石川さん以外は入れています。それでは、議論に挙げて問題ないか、それとも外すべきかを石川さんからありましたら。

石川　議論に挙げて問題ないです。

末光　他の先生方も議論に挙げて問題ないですか？ では、今の話から、「水トノ共生作法」、「隠れ里のイマをつなぐ」、「私小説『家』」の決勝進出を確定したいと思います。

まずは3作品が決勝進出決定、残り5作品の選抜議論へ

末光　次に5作品を選ぶことになりますが、審査員それぞれ激推しの作品から考えるのはどうでしょうか。まずは上からいくと、6番「ECHOING NATURE」は佐藤さん。

佐藤　実は、他の人は投票しないのではないかなと思って投票しました（笑）。きちんと最適化のアルゴリズムを試しているのはこの作品だけでした。それで推したいと思っています。ただ、全体的にいいかはわからないので、他にも推してくださる方がいれば推したいという感じでしょうか。

末光　そうすると、もう一人推されている中山さん。もう一つ応援演説を。

中山　私も同じ意見です。これは今後外せない領域であり、そこに技術を修得するという枷をかけてステップアップしようとしている。自分の知っている言語で綺麗な絵を描くということではない、まだわからないことでステップアップしようとしている。そういうアティチュードを持っている作品だと思うので、私も佐藤さんと意見が近いです。

末光　なるほど。結構強めの推しがありました。

佐藤　残したいです。

末光　わかりました。決勝はテーマ別になる可能性があるので、技術的な対戦もあったほうがいいかもしれませんね。他に、激推しの作品はありますか？

津川　私は11番「都市を停める」をちょっと推したいです。

末光　1点だけれど2点に近い1点ですか？

津川　そうですね。駐車場をテーマにする作品は他にも見られたのですが、今後、都市の中で自動車社会が見つめ直されるなか、駐車場という機能が時代に合わせてどのように変わっていくか、その機構を残しながら、どういう簡易的な操作でそれに対応していくか。これからの時代に私自身も考えてみたいというのもあります。他の先生方と議論してみたいという意味で、この作品を推したいです。

末光　「都市を停める」は比較的票が入っていますが、入れていないのは石川さんと中山さんですね。決勝の議論として、この案はいかがでしょうか？

石川　議論に載せる分には問題ないです。

中山　ご本人も、たくさん話したいことがありそうでした。

末光　わかりました。それでは今から5作品を選びますが、佐藤さんと津川さんから推したい作品が出たので、残りの3名からも言ってもらい、それを議論するのがいいかなと思いますが、いかがでしょうか？

石川　佐藤さんが2点入れられている22番「泪庇」。1.5気味ですね。

末光　アジールですね？ どのあたりが1.5票でしょうか？

石川　アジール性（笑）。

末光　では、佐藤さんから応援演説してもらってよろしいでしょうか（笑）？

佐藤　他の先生が入れていなければ、しょうがないかなと思っていましたが、幾何学的なアルゴリズムの可能性があるので、本人から今日説明を聞きたいです。

末光　それは宿題を出されたのですか？

佐藤　はい。

末光　では、本人の努力が報われるという意味で、いいかもしれませんね。

石川　アジールというのは要するに、他のところをつくることによって、その残りがアジールと呼ばれる方法でしか、通常は提案できないですよね。絵の具のじわっとしたゾーニングで、そのつくらないのをどうやってつくるのだろうかと思いましたし、面白いことをしていると思いました。ランドスケープ的にも注目しています。

末光　ランドスケープとして推してもいいですか？

佐藤　正直なところ、決勝に進めるのはどうかという先生がいれば落ちても納得できます。最終的な形がどうだろうかというのも少しあります。

末光　どうですか、津川さんから「泪庇」について何かあれば教えてください。

津川　このような心象風景というか、アジールというよりかは、そういう空間体験を通して感情的に何か伝えたいという提案が他にもありました。「泪庇」を推せなかった理由としては、具体的に自らの造形をどのようにつくるかが肝になってくると思いますが、そこに対する具体的な提案が少し弱かったかな。あとは、深く聞いていくと、いろいろと機能が入っていたのですが、都市のためのアジールにするという時に、心象風

景を用いて人のアジール的な存在になり得るかという時に、結局そこで呼び込むために少しだけ自分の弱みに走ってしまったのを本人はすごく悩んでいました。ここでは言いませんが、そういうのもあり、強くは推せないかなと思っています。

末光　いずれにしろ、アジールをやや深読みしている傾向があるかなという気がします（笑）。

中山　私が入れていない理由は、建築の卒業制作なのに図面がないことです。あれほど巨大な地下を掘って新しい水路を流すことを、どういうエンジニアリングで解こうとしているのか。それに対するショートセクションが1枚もないので、巨大な地下と空間、巨大な土圧が線1本で処理された図面に建築的評価をくだす材料が足りない。

末光　なるほど。佐藤さんの宿題は、図面を描いてくることではないですよね（笑）。

佐藤　違います（笑）。

石川　深読みをもう1個言ってもいいですか。敷地のセレクションがすごくいいと思いました。本来はアジール的な役割を負わなくてはいけないのに、都心にこれだけものすごい空地を用意している新宿御苑は夕方には閉まってしまいます。公園の良さというのは、排除のシステムで維持されているところがあるので、その横側の細いところに提案するのは、その公園に対する批評にもなっていると思いました。

中山　それは読み過ぎかもしれませんね（笑）。全く同じ理由で、大学の課題の敷地としてこの場所を選んだことがあります。夜になると線1本で公園と街が分断される場所に、グレーのおかしな場所がある。そこに、公園という輪郭を批評する新しい公園を設計する課題を10年前に出したことがあります。

石川　同じ内容ですね。

中山　ストーリーや建築の提案の拮抗と私は言いましたが、建築の提案が拮抗していないのが悔しいです。

末光　ただ、広域の視点で語れることや議論できることがあるかもしれない。もしくは、佐藤さんや石川さんの深読みの視点で何か可能性があるかもしれないということですよね。他に、中山さんや大西さんが絶対決勝で議論したい作品があれば。

中山　ちょっと30秒欲しいです。

石川　津川さんが唯一2点を入れた66番「『閾』『襞』そして『ユートピア』」の愛を聞かないといけませんよ（笑）。

津川　最後に言おうかなと思っていましたが、今ですか（笑）？

石川　最後でもいいですよ。

末光　現状として、残り2作品のような雰囲気なので、中山さんと大西さんが激推しの作品が決定したら、決勝の作品が決まるのかなと思っていますが、まだ推したいですか？

津川　53番「地に生きる」はどうですか？

大西　土木と建築という切り口は何人かいらっしゃいましたね。「地に生きる」や35番「Slopescape」など。

津川　「地に生きる」に関して、人と土木の接点を考えるうえで、土木という機能的なものしか要求されない場所に、人の居場所などの情緒的なものをどうつくるかというアプローチとしては、建築的な操作はしていませんが、繊細な操作をするために膨大なリサーチをした資料があり、これを1枚1枚見て聞くと、彼なりの独特な感性でその周辺などを読み取っていった結果、土木と人をつなぐヒントのようなものを身体化してアウトプットしているんですよね。だから、やっているアプローチは建築ではないので基礎もないし構造もないけれど、ただ、そういう微弱な操作が大きなものと人をつなぐ可能性があるのではないかというのは、昨今議論されている都市的な文脈でもあり、議論に挙げてもいい説得力のある背景があったのではないかというのが、私としては面白いところではあります。ただ、中山さん的には図面がないことへの意見があると思いますが、私としては話を聞いてみたいと思います。

佐藤　議論として挙げるのには反対しませんし、提案された家具スケールの構造物たちが場をつくるという提案もいいけれど、実際に置かれていたものがありたりなもののように見えました。デザイン的にはどうかなという思いはあります。

大西　私は「Slopescape」を推したいです。敷地に、土砂崩れを解決するためのとても大きな擁壁のようなものができる時に、あの空間の迫力と取り組もうとしていることが面白いと思ったので推したいと思います。

中山　私も推したいです。土木的なスケールで建築をどう考えるかということに、水の流れに対して建築がどう介在できるかという、表層に見えていないものに対する思考を形に表そうと努力しているところがいくつかあり、この案に可能性を非常に感じました。それに対し、「地に生きる」は、土木ではなく道端に転がっている目についたものに身体スケールが宿れるような操作を少しずつ加えていくと、道路や土手などが私たちに少し近づいてくれるのではないかという案ですね。確かに、模型を見てみると、これだけのドローイングがあるのに、アイデアとしては倒木が階段によくわからない方法で固定されてできた椅子など、いたずらのように感じられるもので、構築されているものではありません。もちろん、構築が良いことではないのを美学にされている方だとは思うので、そのあたりの機微はよくわかりますが、それ以上でもそれ以下でもないかな。

末光　その意見は昨日も出ていましたので、今日は作戦を練って対抗できる意見を用意しているかもしれません。決勝に進む作品に選んでもいいかもしれませんね。一度整理しますと、4票以上の中で推されたのが3つ（5番「水トノ共生作法」、38番「隠れ里のイマをつなぐ」、63番「私小説『家』」）、それから先ほど挙がった5つ（6番「ECHOING NATURE」、11番「都市を停める」、20番「今日はもうすぐ雨が降るらしい」、22番「泪庇」、35番「Slopescape」、53番「地に生きる」）ですかね。では3票を獲得した41番「積乱の橋梁区」を議論しましょう。

大西　これは私が推しています。言葉で語っている中に理解できないところがたくさんありましたが、橋が演劇の空間になることが直感的にわかる建築としてできていたので、ものすごい力作だと思いました。

末光　模型も大きなものをつくっていたし、力作だと思いますが、推していないのが石川さんと佐藤さんでしたよね。

佐藤　鉄骨感は好きです。模型の接合部もよくできていると思いますが、構造デザイン的には少し単純だと思います。今の時代なら、もう少しできそうだなと思っていて、まぁまぁ推してもいいかなと思いつつ、次点です。

末光　橋自体は単純だと思いますが、ステージなどは上から吊っているので、そこを含めると良い提案かなと思います。

佐藤　惜しい気はしますが、8案に選ばれなくてもしょうがないかなと思っています。

末光　ちなみに、「今日はもうすぐ雨が降るらしい」と比べた場合はどうですか？

佐藤　うーん。

末光　「今日はもうすぐ雨が降るらしい」も深読みが結構入っている気がします。それでは石川さんにも聞いてみましょうか。

石川　劇場という観点で街を見た時に、橋を渡る人というカテゴリ、「渡橋者」をつくっているところが面白いと思いました。8案に入れていない理由は、点数の順番でしかないです。

末光　今話を聞いた限り、「積乱の橋梁区」の点数は高いようですね。では46番「個性のあいだ」について聞いてみましょう。

石川　推し作品の一つですね。点数の配分としては、2点にはしていないけれど気に入っています。

末光　逆に、推していないのが中山さんですね。

石川　同じようなつくり方を追求したものがいくつかあり、例えば、オノマトペをテーマとした「私小説『家』」などはすごく美しくできていますが、「個性のあいだ」は複数の人をまとめようとチャレンジしているところを買っています。いうなれば、この案はスーパー合意形成ですね。

大西　石川さんがおっしゃっていたように、「私小説『家』」と「個性のあいだ」は、1人で声の部分を集合させるのと、多様な人の声の部分を集合させるという違いがあります。そして本来、多様な人の声を集合させた建築が1人の声を集合させた建築よりすごいものになるべきだと私は思いますが、その点で「個性のあいだ」は少し惜しい。アッセンブルの仕方として、「私小説『家』」の空間のほうがすごくいい場所が生まれていたので、ちょっと弱いかなと思います。

末光　確かに、提案が弱いけれど、議論のしがいはあるかなというところですかね。

佐藤　票を入れていないですが、「個性のあいだ」は、雑多に並べたにしては雰囲気が良かったかなと思いました。センスを感じたのですが、「Slopescape」を入れて「個性のあいだ」を落選することになったとしても妥当かなと思います。「Slopescape」を推される方々に話を聞いてから決めたいと思います。

末光　なるほど。議論のテーマで決めるか、それとも作品で決めるのか。復習しますと、「水トノ共生作法」はテーマとしては水ですかね。「ECHOING NATURE」はバイオミミクリー、技術がテーマ。「都市を停める」は駐車場で、テーマとしては何ですかね？

佐藤　決勝から外すことになりそうな「積乱の橋梁区」より、「都市を停める」の構造のアイデアのほうが推せるかなと思っています。

末光　構造技術としては、ですね。次の「今日はもうすぐ雨が降るらしい」は雨で、これもテーマが水ですかね。決勝で戦わせるとしたら、テーマとしてはランドスケープですかね？

佐藤　曲面の構造形態もありますよね。

末光　この作品で構造を語れるのは佐藤さんくらいです（笑）。水と構造。「泪庇」がランドスケープ。「Slopescape」は阿蘇大橋で、土木ですかね。それで土木と水。「隠れ里のイマをつなぐ」が土地の歴史と集落かな。「積乱の橋梁区」は鶴見川ですが、佐藤さんの話からすると、構造だとちょっと弱いので他のテーマがあれば……。でも、「都市を停める」も鉄骨で劇場つながりでしたね。「個性のあいだ」がアッセンブルの作品で、先ほど石川さんがおっしゃられていたスーパー合意形成。「地に生きる」は土木ですか？

中山　ささやかな土木。

末光　ささやか土木……ポエムのようですね（笑）。「私小説『家』」でオノマトペ。今、テーマを話した作品は11個なので、ここから3つ落選します。テーマで括ると、おそらく鉄骨劇場（「都市を停める」、「積乱の橋梁区」）があり、スーパー合意形成（「個性のあいだ」）とオノマトペ（「私小説『家』」）が比較的テーマを立てやすい。あと、技術的な話としては、バイオミミクリー（「ECHOING NATURE」）と何を組み合わせましょうか？

佐藤　それは単独でもいいのではないかな。雰囲気的に「個性のあいだ」を入れ、私の勝手な意見としては、「地に生きる」を落選させたらどうかと思っています。

末光　なるほど。いかがでしょうか？

津川　私も勝手な意見を言えば、「個性のあいだ」を入れたいので、「泪庇」がちょっと推せないですね。

末光　「泪庇」は否定的な意見が中山さんと津川さんから出ています。

津川　私的には「地に生きる」は推したいです。このようなスケールの建築が他にはありませんでした。

佐藤　2点入ってはいますが、今までの話の雰囲気的に「泪庇」は外してもしょうがないかなと私は思います。

末光　なるほど。今出た確定の作品をまとめましょうか。バイオミミクリーの「ECHOING NATURE」は決勝進出でよろしいですね。あとは「都市を停める」ですが？

佐藤　決勝進出でいいと思います。

大西　阿蘇大橋の「Slopescape」は決勝進出を決定して欲しいですが、だめでしょうか？

末光　わかりました。そうすると、「私小説『家』」、「隠れ里のイマをつなぐ」も決定。

佐藤　「個性のあいだ」は議論として入れておき、他は落とそうということですよね？

末光　「個性のあいだ」も決定でいいですかね。それでは落選作品から決め

ましょうか。津川さんは、「地に生きる」を残したいという話ですよね。この作品を議論として入れてよろしいでしょうか?

佐藤　いいと思います。

末光　では決勝に進まないのが、「今日はもうすぐ雨が降るらしい」、「泪庇」、「積乱の橋梁区」となりますが、みなさん納得はされていますか?(現時点での決勝進出候補:「水トノ共生作法」、「ECHOING NATURE」、「都市を停める」、「Slopescape」、「隠れ里のイマをつなぐ」、「個性のあいだ」、「地に生きる」、「私小説『家』」)

佐藤　「今日はもうすぐ雨が降るらしい」が4票入っていながら決勝に行かないのはかわいそうといえばかわいそうですよね。ただ、入れ替える作品があるかどうか……。

津川　「今日はもうすぐ雨が降るらしい」は私も投票しています。昨日のプレゼンを聞いてすごく胸に響くものがありました。都心では雨が降ることをネガティブに捉えられているなか、その自然現象をポジティブに捉えられるきっかけをつくりたいというのが設計のモチベーションであり、それを現象的に解こうとしていたのが面白かったです。ただ、それ以上のものがあるのか。雨を楽しむという行為自体を、割と奇抜というか、すごく強力な造形力によって引き立たせることが、本当に雨をポジティブに捉えることにつながるのか。そういう意味で、決勝で議論が大きくなったり深くなったりする可能性は少し感じづらいかな。動機はとても美しいと思ったけれど、私の票は0.5点かもしれないです。

末光　それでは、この結果にみなさん納得されていますか?よろしいですか?石川さんは発言されていませんが……。

石川　「今日はもうすぐ雨が降るらしい」や「泪庇」は、議論としては面白いと思うんですよね。結局そこで大切にしようとしているものが、建築という形で翻訳できないかもしれないということなんですよね。だから、つくった作品の強度として戦えないかもしれないけれど、その戦えないことが示されたのがとても意味のあることだと私は思いました。

末光　すごい(笑)。とはいえ、決勝の枠が限られているのでクリティーク賞などで選んでいただければ。

中山　「積乱の橋梁区」は議論し尽くされましたか?

末光　あまり議論がなされていないかもしれませんが、とても力作だと思い

ました。

佐藤　惜しいですよね。

末光　惜しいは惜しいですよね。「都市を停める」と比べて、そちらに軍配が上がったような気がしますが……。

石川　応援演説というわけではないのですが、「積乱の橋梁区」の模型は、選んでいる素材とスケールがすごくマッチしていて効果的でしたよね。物体として説得力がある模型だったと思います。

末光　やはりよくできていると思いますよね。かといって、それを推すと何かを落選させないといけない。

中山　比べるとしたら、やはり「都市を停める」ですかね。どちらも、駐車場や橋という機能的な切実さに向けて洗練されていくべきものに劇場性を見出すというもので、そのぶつかり合いをどうつくっていくのか。そこにキネティックな装置を入れていく。なんていうか、セドリック・プライス的な世界観ですよね。仮設的なものが動いていくのと、そこで起こっている演劇性のようなことを風景化していくという道具だては似ていますね。

津川　「都市を停める」を推しましたが、「積乱の橋梁区」と一緒に、最後に議論したいですね。

末光　その2つはマッチングという意味ではいいですよね。どうしましょうか。

中山　2種類考え方があります。「都市を停める」の方と「積乱の橋梁区」の方の議論を見たいという考え方と、同じような方法論で同じようなテーマを扱っている2つのうち、どちらが優れているかを私たちが決めようという2つ。おそらく今2つに分かれていますが、どちらでしょうか? 私はどちらかというと後者のつもりで話していました。

津川　私もそうです。

中山　ただ、司会者としてはこの2人をリングに上げたい。

末光　Design Reviewの趣旨としては、リングに上げて戦わせたいと思うんですよね。

佐藤　他に落選させていいのがあるかどうかですよね。

中山　また辛い話になりますね(笑)。

末光　決勝に進ませるのが怪しいのは「地に生きる」ですね。ただ、津川さんが推されています。

中山 では、「都市を停める」、「積乱の橋梁区」、「地に生きる」から2作品を選びましょう。

末光 テーマ別という意味では、「Slopescape」と「地に生きる」で、土木のあり方を議論できるかもしれませんね。

佐藤 「地に生きる」以外に落選候補があるという先生がおられたら、それを議論しても。あと、また混乱させるかもしれないけれど、「隠れ里のイマをつなぐ」は残したほうがいいですかね？

大西 私が激推しです。

佐藤 わかりました。「都市を停める」、「積乱の橋梁区」、「地に生きる」より2つ選ぶのでいいのでは。でも、「地に生きる」を津川さんが残したいかどうかですよね。

津川 残したいです。「地に生きる」と「Slopescape」が土木枠だと思いますが、私は前者を推したいです。

佐藤 そうすると、「都市を停める」と「積乱の橋梁区」から、どちらかを選ぶことになりますね。

中山 その2つで一度挙手してみましょうよ。

末光 決勝戦がすでに始まっている感じですね。挙手でいいですか？

大西 先ほど「水トノ共生作法」に反論したつもりでしたが、決勝に進む作品としてさらっと決まってしまったような印象です。みなさん、「水トノ共生作法」を強く推されているのでしょうか？

末光 現在、4人から「水トノ共生作法」へ1点入っていますが、これは1点でしょうか。0.5点という方はいらっしゃいますか？

佐藤 はい。

中山 私もそうです。2に近い1と、0に近い1でしたら、若干0に近い1です。

末光 まさか、このタイミングで「水トノ共生作法」が落ちるとは思わなかったです。

津川 でも、私も「Slopescape」は推せません。

中山 「Slopescape」は強く推している人がいますからね。いろいろな問題軸が設定されて面白くなっているけれど、例えば大西さんは「水トノ共

生作法」に批判的な意見ですよね。私も推せない作品はあります。9作品から外すならこの作品というのは、全員の中にあると思います。

佐藤 それでは、9作品の中で外す作品に挙手しましょうか？

末光 では、決勝に推さない作品を1つだけ挙手してください。

5番「水トノ共生作法」 …大西（1票）
6番「ECHOING NATURE」
11番「都市を停める」
35番「Slopescape」 …津川（1票）
38番「隠れ里のイマをつなぐ」
41番「積乱の橋梁区」 …石川（1票）
46番「個性のあいだ」
53番「地に生きる」 …佐藤、中山（2票）
63番「私小説『家』」

津川 決勝に進みませんでしたが、「地に生きる」について話すとしたら、土木はこの10年で、特に日本において、すごく変化しています。そのような中で、今までの土木の提案ではいけない気がしました。この作品を土木と呼ぶのかという意見はもちろんあると思いますが、建築学科だから建築をつくらないといけないという縛りに囚われず、社会を変えるために建築的な思考で何ができるかを、できる限りの力を尽くしてやり切ってくれたと思うので、私は評価したいと思いました。

末光 ありがとうございます。それでは、5番「水トノ共生作法」、6番「ECHOING NATURE」、11番「都市を停める」、35番「Slopescape」、38番「隠れ里のイマをつなぐ」、41番「積乱の橋梁区」、46番「個性のあいだ」、63番「私小説『家』」が決勝進出となりました。おめでとうございます。

FINAL
TOURNAMENT

決勝トーナメント

決勝選抜議論で残った8作品による決勝トーナメント。
発表者2名が5分ずつプレゼンを行い、次に10分間の質疑応答。
その後、5分間の審議ののち多数決により勝敗を決定。
これを合計4ペア行う。

ID46
柴田智帆
個性のあいだ

—— ただいまより決勝トーナメントを始めます。決勝トーナメントでは、まず発表者2名が5分ずつプレゼンを行い、次に質疑応答を10分間行います。その後、5分間の審議ののち多数決により勝敗を決定します。これを合計4ペア行っていきます。1組目として、46番、63番の方よりお願いします。

柴田　〈プレゼンテーションは68ページ参照〉

—— 次に63番の方、お願いいたします。

飯田　〈プレゼンテーションは36ページ参照〉

—— 2名の発表が終わりましたので、ただいまより10分間の質疑応答を行います。その後、クリティークのみなさまによる5分間の議論を行い、決勝に進出する作品を多数決により決めていただきます。よろしくお願いします。

末光　では早速、質疑に入ります。審査員の先生方、何か直接の質疑があればお願いいたします。

津川　お二方にお聞きしたいのですが、まず柴田さんから質問します。今回の2案は、公共を求める人と、ものすごい超主観で個人の空間を求める人という、一見、対立的に見えたところもありました。ただ、柴田さんは

70名の人につくってもらうことで、その間にある余白部分に新しい公共性を見出そうとした、つまり、通常の公共は大きく含み過ぎてすごくゆるいという批判的な姿勢を持っているのかなと思いました。ただ、柴田さんが求めた公共は2人の間のものだから、限定的な個人と個人の間をつなぐことでどのような新しいパブリックセンターを考えていたのか、もう少し深く聞きたいです。

柴田　そもそも、今の方向に対する批判というか疑問のようなものがあります。例えば図書館であれば、70名に模型を実際につくってもらった時に、みんながどのようなところで本を読みたいのか、その気持ちというか平均的なところを取ると私は思っていましたが、図書館のような空間と答えた人が3人しかいませんでした。実は、公共で固定化されている今の空間は、経済的な面や機能的な面が大きなフィルターとしてあり、体感的なところをもちろん留置することは可能であるし、実際にそういう公共建築もあると思うのですが、もう少し個人たちに寄り添う空間というのは本当にいろいろな種類あり、例えば押入れの中のような暗いところで本を読みたいと言う人もいますし。でも、少ないように思える意見が実はほかの人も共感できるものになっているのではないかと考えました。個人たちの間を考えていくことで、さまざまな空間がグラデーションのように起きたり起こらなかったりという、その空間体験が人を共感させる居場所を発見でき、その空間をつくるのにつながるのではないかなと思いました。

大西　今の話に続けて聞きたいです。ただ、いろいろなものがワーッと集まってきて、その間が大事だと言っていたと思いますが、その際に全体をつくる時のルールや形式性はあるのですか？ これとは別の合わせ方もあると思いますが、このような形になったのは、あくまでもランダムにやっていく手法なのか、ルールのようなものがあるのか。スケールレスの模型でもあるので、例えば高さ方向や大きさなどで相当自由だと思うけれど、それをここに持って行く時のルールや形式はありますか？

柴田　まず配置やゾーニングをする時に、敷地に対してそれぞれの模型が持っている質というか、例えば光の入り方や、人がどのくらい近くにい

MATCH

ID63
飯田夢
私小説『家』

ても大丈夫なのかをヒアリングの段階で選択しました。それにより、模型を配置できるパターンが限られてくるので、その中で私が一番豊かになるだろうと感じたもので、まず配置しています。全体の動線としては、例えばメインの動線などをつくる時も、それぞれの個性、例えばAの模型とBの模型があり、Aの模型の床がこちらに人を誘導したいというものがあり、BとCの間ではCの床はこちらに人を誘導したいというのが連続していくことで、全体の計画が浮かび上がっていくようにしています。

石川　2人に聞きたいです。どのような空間が好ましいとか、この時はこの空間がイメージされるとかは、変わっていくものですよね。個人の中でも変わっていくし、自分と社会との関係においても変化し続けていくと思うけれど、このように建築にすると、その瞬間の自分の思いのようなものが空間に固定されてしまう。変わっていくという時間の中に建物を置いた場合、どのようなやり方や対応などが今後考えられますか？

柴田　この空間にはそれぞれ個性があると思いますが、それらが合わさった時に、いろいろなところでいろいろな個性が合わさっていくという。そもそも、もう少し多様な空間をたくさんつくれるとよかったと思います。例えば「せんだいメディアテーク」のコンペにおける古谷誠章さんの案のように、本なども理論的に動いてもいいようなシステムにすると、おそらく実際に行った時は「いつもはここにいたいけれど、人がいるからこちらに行こう」となるとか、海を見ることが好きな人たちが読んだ本がある場所に集まってくるようになるとか。本とものが入ってくることで、行く度にその空間の印象が変わっていくような建築をつくれたらいいなと思っています。

飯田　オノマトペをつくった時は、この空間にこのようなオノマトペというようにつくりましたが、住んでいくなかで気付くことはあると思います。長年住んでいくなかで、この空間で違うオノマトペを感じることが増えていけば、住んでいる人がどのようにしてもいいと思います。だから、住み手自身が感じたオノマトペや、新しく感じたオノマトペに、どんどん変わってもいいと思います。

石川　つくり替えるということですか？

飯田　大きくつくり変えるのは難しいかもしれないですが、小さな変化はあってもいいと思います。

中山　おそらく多くの人が同じ疑問を抱いていると思いますが、自分の中にある感情や感覚からつくり始めているという疑問にさらされる種類の作品だと思います。ザーザー降る雨を凌ぐために屋根があるけれど、ちょうどいい大きさの屋根をつくると、その下でいろいろなことを考えたり思ったりすることができます。その際に、屋根の下にいる人の思いに寄り添うというよりは、雨やカンカン照りの太陽に対して、どのような角度や大きさ、材料で立ち向かえば、いろいろな人の思いを受け止められる場所がつくれるか考えるほうが建築家的な思考だと僕は思います。人間や行動については、その後にそれぞれの中で生まれてくればいいもので、太陽と対話しよう、風と対話しよう、気候と対話しよう、材料と対話しようというのが、基本的には建築家の仕事だと思う。それに対して、その中で起こる人間の思いを起点に形をつくるのは、ずいぶん高慢でわがままな姿勢だという批判をどちらの作品も免れない。当然こういった批判はそれぞれの学校の中でも受けていると思い

ますが、それに対して考えていることがあれば、それぞれの口から聞いてみたいです。

柴田　今これをつくるうえですごく悩んでいることがあります。おっしゃる通り、雨を凌ぐことや構造的なことなどは建築家が考えなくてはいけないことであるのに対し、模型をつくってもらった人たちは建築の勉強をしていないので、模型はスケールレスになっているし、このまま建築化するのにはすごく問題が出てくる。その割合をうまくするにはどうしたらいいのか、すごく悩みました。ただ、私が本当にしたい方法は、出てきたものたちをどうやって私が用意し、どう建築的な空間にするか。その用意をする時に、もっと建築家的な目線で調整するとか、構造なども考えたかったのですが、今回はまだ、うまくいきませんでした。思いから始めることへの異議に対して、おばあさんや子どもなどが感じていることから思ってもいないような空間が生まれたり、ワークショップでも床の素材が非常に大事なことに気づかされたりしました。裸足と靴下と靴はすべて異なりますし、そういう私がわからないようなことを丁寧に切り上げて、もっと空間を豊かにできないか考えていました。

飯田　雨を凌ぐといった建築家として考えることに対して、感情から考え始めたらどうなるかを、実験的な思考でやっています。2つの思考法による、ギャップというかその差にいいものを見出したいと思っています。

中山　そういう意地悪なことを何故言ったかというと、どちらの作品も私が言ったようなことを建築で応えている面がすごく強く、きちんと現れていると思うんですよね。だから、きちんと実験になっている。だから、逆サイドから自分の作品を説明しても面白い説明ができる。例えば、足の裏からの感覚が非常に重要で、靴を履いているか履いていないかの一線のようなものが重要な場合に、その気付いたことを建築家なりにどのように建築にしているか、それがわかる箇所とともに説明を受けると、すごい建築だと思えます。水の流れと光の入り方が巧みに計算されていたのも非常にうまいと思っています。そこのアイデアを披露してもらえると、ほかの人たちも納得して、あなたたちが切り開いた道を辿れるのではないかな。

末光　ありがとうございます。質疑が10分で、その後、審査員同士で2作品の優劣をつける議論が5分となっています。ここからは審査員同士での議論となります。今の話の通り、実験的な側面という意味で、両作品にどのように可能性があるのかが、1つの評価軸ではないかと思います。それぞれの案の可能性について、いかがでしょうか？

佐藤　大西さんや中山さんがおっしゃっていた通り、2人とも構成がうまいと思います。ただ、飯田さんはあまり発言していなかったので本当はもっと聞きたかったのだけれど、ほんの微調整などはもう少し総括的に関わってもよかったのではないかと思いました。部屋のちょっとした大きさや光の入り方などが非常にうまい。そこをどのように調整したのか。なんとなく自分でやっていると思うと言っていたので、なんとなくやってうまくできる人たちだと思うのですが、それをしっかり説明できるようになると、さらにステップアップできるのではないかな。飯田さんの光のコントロールはすごくうまくできており、そこを本当は聞きたかったで

す。

飯田　なんとなくやっている側面はありますが、例えば、東側の光だけここに集中して取り入れるとか、どこかを開いてこちらは全部閉じるなど、光の入り方に関しては考えています。

末光　模型を見るとわかりますが、63番は基本的に白模型で、46番は色のついた模型なので、63番の模型は抽象化というかフィルタリングがかかっている分、光の話などにも行きやすいのかなと思うんですね。おそらく46番はいろいろな情報がまだ整理しきれていないので、もしかしたらそのあたりに、ここから先の展開へのミソがあるような気がします。

佐藤　そうなんです。飯田さんのほうが、それらをまとめ上げられる度合いがだいぶ進んでいると思いました。一方で、柴田さんもいい線いっているので、もう少し組み合わせ方について自分の中でアルゴリズムとしてきちんと構築できるといいのかなと思いました。

大西　先ほど、どうやったらいいか最初に考えようということでしたが、「間」というのがやはり少し投げ出されているように見えるのと、部屋単位やゾーン単位のようにならないほうがやりたいことに近いのではと思っています。この模型を覗き込んでみても、「ここで本を読みたいな」みたいな、ちょうどいいスケールのコーナーがあまり見つけられない。もっと、「ここで本を読みたい」「こういう学べる本を読みたい」というのがワーッと集まると、すごく面白いものになるんじゃないかな。だから、多性的な建築というか、いろいろな人の声が集まってできる建築を目指す時に、もう少し部屋ではないようなものがあるのではないかと思います。

末光　おそらくスケールの問題があると思います。身体に対してスケールが少し大き過ぎるというか、身体から離れている分、居心地のよさとして反映されていないのでは。そこも、もう1つのミソなのかもしれないですね。でも「多性的な建築」という、いい言葉をもらった気がします。ということは、大西さんはどちらかというと63番のほうがいいのではという話ですか？

大西　互いの作品を一緒に見て、互いのよいところを学び合ったり……。模型を覗くと、窓辺のコーナーはいいなぁと思ったりもするので、だから、それこそ広がる……。

末光　どちらの作品を推すかという話を含め、話していただけると。

石川　気が付いたことがあります。2作品で、プライベートなものとパブリッ

クなものという対立をさせようとしたのですが、よく考えてみると、63番はプライベートなところからパーソナルな家をつくるプロセスの提案であり、46番はできていたパーソナルのものを統合して新しいパブリックをつくるという作品なのです。だから、これは違うスケールなので、ひと続きだと考えられるのではないかと思ったんですよね。どのスケールに照準しているのかのみで、おそらく子どもたちやおばあさんたちがつくられた一つひとつが実はオノマトペの家のようになっていて、照準している解像度の違いの話だけであるように思いました。

末光　発展可能性としては、いかがですか？

石川　発展可能性としては粗削りだけど、私は46番のスーパー合意形成のほうが、手法がいろいろ考えられると思いました。そして46番の柴田さんは、63番のオノマトペからたくさん学んでもらいたい。あと、用意されている模型の材料が違えば、また異なることが起きるだろうし、手法としてもう少し洗練されていくと、すごく面白いと思います。一方で63番の飯田さんにも学んでほしいというか、次は2人称をやってほしいと思います。

大西　結果的に自分ではない人が住みたくなるような家になっているので、それがいいですよね。

末光　それでは、どちらかというと、大西さんと佐藤さんは63番推しで、石川さんは46番推し。

中山　私は図面が多いほうを選びたいです。なぜなら、建築家が後を追えるからです。46番は、建築を専門としない人がつくったものに対して、専門的な知識が不足しているところを自分の言葉に翻訳しているわけですが、その際に、おそらくこのような模型が一度つくられるわけで、そのプロセスはブラックボックス化されている。綺麗な水彩画のドローイングのような形になっていますが、図面がないので建築家の手続きとして追えない。小さなスケールなのか大きなスケールなのかに関わらず、建築のスタディの仕方はさまざまなスケールで建築化された言語が実際にあるので、それを紐解いて公開しながら自分のプロセスを見せていかないと、みんなにとっての建築になり得ない。そういう意味で、ブラックボックスがちょっと多過ぎる印象です。ただ、どちらが遠くまで投げかけているかという話になると、46番は問題点を広く取り上げている。でも、今日の段階で断面を切って選ぶとなると、私は46番ではなくて63番だと思います。

末光　今のは非常に大事な話だと思います。みんなが追える手続きを踏んでいないと、結局、一過性で終わってしまうのではないかということです

ね。そこも大事なポイントだと思います。

柴田　図面というのは平面図などですか？

中山　いろいろなスケールであると思います。配置図のようなものも当てはまりますが、おそらくダイアグラムの中にも建築的な要素があると思います。この場合は図面ですね。

柴田　発表の時には使いませんでしたが、ポートフォリオに入れていました。それを前面に出せなかったのがおそらくよくなかったと思います。

末光　そういうのもあるでしょう。ただ、そういう指摘は真摯に受け止め、そういうツールを介してコミュニケーションしていく必要があるということです。最後、津川さんにもどちらかに優劣をつけてお話しいただけますと。

津川　ほとんど言われてしまったのですが、現段階の完成度としては、やはり63番のオノマトペのほうが高いし、ある意味完成されてしまったように思えます。このオノマトペは、他人へ渡ると、その人のオノマトペに変わるということだと思いますが、そうなると正直、飯田さんがどのようなオノマトペを挿入したとしても、どのようなオノマトペにでもなり得るし、他人に渡ったら必ず何かしらのオノマトペになると思います。では、この設計手法を徹底的に価値付けるものが何かと考えたら、正直私はそこに意味をあまり見出せなかった。ただ、唯一私が評価できるのがこの完成品なのですが、それは圧倒的に強いと思いました。それで評価すべきかどうかをすごく悩んでおり、一方で柴田さんの作品はプレゼンを聞いていてもまだまだ自己矛盾を感じました。質問してもシンプルにはまだ答えられていない分、この手法に対して解け切れていない。だから完成形の建築を提示できなかったと思うんです。その意味では、建築家にとって、設計言語を他者に委ねるというのは非常に難しい行為であり、公共を考えるうえで、それを紡ぐのもプロでも難しいと思います。それを、ワークショップなどの言語でもないもので形をつくらせ、そして、それらをまとめるという相当ハードルの高いことをやってしまった。でも、その挑戦的な姿勢を私は評価したいです。そして、これを今後どう展開していくかを私は期待したいと思います。つまり、私は基本的に建築の最終形で評価したい人間なので本来の価値観であれば飯田さんを推したいのですが、今回は柴田さんを推したいです。

末光　46番も可能性としてはあるけれど、現時点では63番のほうがクオリティも含め、高いのではないかという意見が多数だったと思います。我々も合意形成的には多数決ではなくても、これでいいですねということで進めたいんですけどよろしいですかね。では、第1ラウンドは63番「私小説『家』」に決定しました。おめでとうございます。

TOURNAMENT 1st MATCH　トーナメント第1試合

ID11
新美志織
都市を停める

—— 次に11番「都市を停める」、41番「積乱の橋梁区」の方、お願いします。

新美　〈プレゼンテーションは30ページ参照〉

—— 続いて41番の方、お願いします。

長井　〈プレゼンテーションは169ページ参照〉

末光　第1ラウンドは「集合知」のようなテーマだったと思いますが、第2ラウンドは打って変わって「構造美」というか、スケルトンと仮設性から導かれる公共性についての議論ではないかと思います。質疑のある審査員の方は挙手してください。

佐藤　この鉄骨対決はいいですね。最近は木造の提案が増えているなか、私は鉄骨の研究室出身なので、このゴテゴテの鉄骨対決をいいなと思って見ています。それぞれ非常に凝った鉄骨の構造を提案していますが、そのあたりの話が2人ともなかったので、一言ずつでいいので鉄骨のデザインで頑張ったところを聞きたいです。

長井　簡単に説明しますと、こちらの橋を活用するために、まず大地の代わりとなる柱をつくり、そこから橋の顕在化となる大屋根をつくりました。それから、その上を鶴見の人たちが渡っていくために、グリッド上に5mスパンでワイヤーを吊るして橋をつくります。その中に、鶴見の人たちが使っていくような舞台を創造しています。特徴としましては、この橋の環境をつくるためにつくっているということです。

佐藤　床の部分を屋根から吊り、屋根自体をポールから放射状にぶら下げていますよね。その放射状の部材で、屋根のエッジから吊っているところに工夫が見られると思います。屋根の中央部分には吊材を引っ張っていないのが工夫のポイントではないかと思いますが、いかがでしょうか？ それと同時に、屋根中央あたりから床を吊っていますよね？

長井　今回、橋という構造体をつくることから、この橋のスケッチなどを行って分析をしました。橋らしさを保ちつつ、力の形を顕在化させることから、現在のような形を採用しています。

新美　私の場合は、まず駐車場を扱うにあたって、駐車場のストラクチャー自体に美しさを感じました。駐車場というストラクチャーが街の工事仮設物を取り入れる、プレーンの構造体として魅力的だったのもありますし、私の建築で言うと、奥の吊りにしている部分や中央の大きな昇降といった駐車場の構成要素自体も1個のストラクチャーの種類となっており、そういうものの集合体としての建築の美というか、ストラクチャーの美しさ自体もありました。また構造面では、模型で言うところの赤い工事仮設物を、私の中では構造のストラクチャーとして、線材として美しいものとして取り扱っています。そういったものを受け入れる器として、模型の白い部分、つまり最初につくった駐車場のストラクチャーは欠かせない存在なので、この設計において……。

佐藤　模型の白い部分は、どこかにあったものを持ってきたという想定で、赤い部分は自分で考えたということですか？

新美　白い部分は私が設計したベースの部分で、赤い部分は、この都市計画

MATCH

ID41
長井一乃眞
積乱の橋梁区

において想定される工事仮設物の他の部分から持ってきたものになります。白い部分は、いわゆるベースの建築であり、そこに都市計画で副次的にこういった赤の工事仮設物を……。

佐藤　赤いところはわかりました。一番奥に、背の高いポールたちで庇を吊っているところがありますが、それは参照してつくられたものなのか、それとも自分で吊る構造を考えたのかを教えてください。

新美　自分で吊る構造を考えました。

佐藤　そうなんですね。この模型だと、参照したところと自分で設計したところが少しわかりづらかったのですが、わかりました。これだけたくさんの要素をよく組み合わせていると思います。

新美　ありがとうございます。

中山　20世紀初頭から現代にかけて社会の分業化が進み、以前のように歩いている人を見れば何の職業の人かわかる時代から、人間が社会の中のほんの一部になり、その人の姿からその人の生き様がわからないような人間が現れた時に、もっと人間主体の新しい世界のつくり方が必要ではないかという議論が起こりました。サミュエル・ベケット（『ゴドーを待ちながら』の作者）の小説も、そういう虚無感を抱えた人間を批評的に扱う視座からつくられたものなのです。例えばセドリック・プライスという建築家の「ファン・パレス計画」という有名なプロジェクトがあるのですが、この駐車場のプロジェクトは「ファン・パレス計画」そのものだと思います。変わり続ける私たち人間の活動や社会形態のようなものを固定的な建築で閉じ込めてはいけない、私たち一人ひとりがこうあるべきだと思ったら、建築を含む社会構造のようなものも、どんどんどんどん人間主体へと、コントロールする側の論理ではなく、その場所にいる人間が主体性を持って変えていける未来を建築家も一緒につくっていかなくてはいけない。どちらの作品も、20世紀型の新しい人間に対して新しい建築家が応えていかなければならないという問題意識を現代的な視点からアップデートしようとしている視点に思えました。それで、文学的なことでも哲学的なことでも技術的なことでもいいのですが、私たち個性を持った人間の未来がどうあるべきな

のか、建築を通じて表明しようとしているプロジェクトだと私は思っています。わからなければ、それはそれでよいのですが、もしその通りだと思う部分がお二人にあるのならば、それをどのように自分なりの新しい方法でアップデートしようとしているのか。1920年代から100年経った今、どう考えるのかをぜひ表明して欲しいです。

長井　昔は、例えば近くのお店などで、働く人の後ろ姿を見て育ってきたと思います。それで、将来はこのようになりたいとか、目標とするような後ろ姿があったと思いますが、今はすべて潜在的になってしまっている。その状況の中で、建築・土木の顕在化とともに、鶴見の人の、裏から出てくる形や後ろ姿を、この場所で顕在化させたいと思って今回設計を目指したのもあります。それと「ファン・パレス計画」も設計において少

し参考にした部分もあります。あとはコンスタント・ニーヴェンホイスの「ニュー・バビロン」などを見て、現代的に都市の中でそれを顕在化させていくものは何かを考えて橋にたどり着きました。

新美 私の場合は、「都市を停める」について、全国のいたるところに駐車場が普遍的にあることがまず1個のポイントとしてあります。この建築の場合は、建築家が街の様相やコンテクストを読んで建設するのではなく、最初にこういった大きな駐車場をつくったら、設計者ではなく工事現場の現場監督のような人を中心に置いて、今回のプレゼンでは第1場から第5場まで発展していきましたが、そういった発展においてどういう空間をつくっていくかを現場監督が街の人やユーザーに示す。そして、こういった空間がどんどん有機的になっていきます。建築家が読み取ってそこからつくるのではないため、現場監督のように場所を管理できる人が確実に必要だと思いますが、その先の空間をどうつくりたいかは、ユーザーが考えるべき、要望するべきであり、その要望を現実化できるのが駐車場と工事仮設物という組み合わせではないかと考えられます。

末光 10分経ったので議論に移りたいと思います。まだ発言されていない先生方は、いかがでしょうか?

津川 議論なので私なりの考えを述べさせていただけたらと思います。一見、すごく類似性のある2作品だと最初は思っていました。基本的には大きな鉄骨造のスケルトンがあり、割とインフィル的な操作で、演劇的な要素を見出していく。ただ、大きく違うと思ったのが、「都市を停める」は建築が演劇的だと思う一方で、「積乱の橋梁区」は人が演劇性を持っているところ。それで、「都市を停める」の新美さんは質疑がすごくうまくて、聞けば聞くほど面白いと思うのですが、初志貫徹でいくのであれば、十何年に一度、誰かが操作を加えて建築が演劇的に変わっていき、社会的な需要に応えるというパターンよりか、どちらかというと、日常的な演劇性を動かない建築物でつくり、その要素を演劇として捉えるという「積乱の橋梁区」を推したい。割と普遍的な何か、先ほど中山さんがおっしゃられていたような部分があり得るのではないかという意味で、こちらの作品を推したいと考えています。

末光 発言されていない石川さんもいかがでしょうか?

石川 どちらもいいですが、どちらかを推すなら「都市を停める」かな。つくられてしまった駐車場を、街の中でどのようにしていくかに挑んでいる部分が、より都市の中で意味があるのではないかと思います。どちらが劣っているとかではなく、「積乱の橋梁区」も非常に魅力的であるし、特に川をステージとして再発見しているところが非常に冴えていると思います。

末光 票が割れそうな気配がしてきましたが、大西さんはいかがでしょうか?

大西 私も甲乙つけがたいと思っていましたが、どちらかと言われたら、「積乱の橋梁区」を推そうと思っています。質疑応答を聞くなかで、やはり想いの部分で推したいと思いました。ただ、どうしても一番下の床の面はないほうがいいのではないかな。模型は全体を見てもすごく魅力的で、床は必要であるけれど、もう少し細いとか間を抜けていくとか、上

から少し浮遊しているような感じが橋全体にあると。橋の下が地面と同じようになっているよりも、渡ったり少しつながって通れたりとなっていたら、もっと面白いのではないかと個人的に思います。無理ですか、佐藤さん(笑)?

佐藤 全部ではなく、一部分が床でいいのではないかな。

大西 ……という意見です。あと、「都市を停める」で思い出すのが、ブラジルのセスキ。ブラジルの労働組合のような人たちが、政府がつくった公共建築とは別に、自主的に公共として古いビルなどを改修してつくっており、この作品からはパウロ・メンデス・ダ・ローシャの古いビルを改修してつくったものを思い出させられます。もしよかったらその作品を見て欲しいと思います。

末光 佐藤さんはどちらがいいかをまだ表明されていないと思いますが?

佐藤 先ほど8選を選ぶ際にも話しましたが、構造デザイン的な観点から「積乱の橋梁区」は少し単純に思えて、どちらかというと「都市を停める」を選んでいます。その差は少しのため、全体的に見るとなんとなく「積乱の橋梁区」のほうがいいかもしれない気もしますので、審査員のみなさんのご意見により、「積乱の橋梁区」になっても構いません。私個人としては「都市を停める」を推しているという感じです。

末光 「都市を停める」のほうが構造デザイン的に素晴らしいと思えるというのは……?

佐藤 例えば、「積乱の橋梁区」のポールやトラスの部分が少し単純だなと思うのと、先ほど吊り方に少し工夫が見られるという話をしたけれど、本人の回答から、それを認識している度合いが少し低いように思ったので……。無意識にやっているのも才能かもしれないからいいのですが。一方で、「都市を停める」は背後にあるポールから吊っているところがいいとか、あと、本人はおそらく気が付いていないのですが、昇降式の頑丈なところが耐震になっていて、他は純ラーメンなのだけれど、この細い純ラーメンが意外とうまくいっています。少し古いタイプですけれども、各種鉄骨の組合せがよくできています。

末光 今のところは2対2となっています。あとは中山さんに委ねようかと思いますが、先ほどの質疑への回答も含めていかがでしょうか?

中山 15票の中で、2つのどちらにするか迷い、「積乱の橋梁区」を選びました。それは、私が最初に言った20世紀性のようなものをやっているかどうかという話なのです。先ほど津川さんがすごくいいことを言いました。「人間が演劇をつくるのか、建築が演劇をつくるのか」と。そういう見方があるんだと思って納得した時に、新美さんが「舞台監督は工事監督」と話され、それで一発でやられました(笑)。舞台には必ずオペレーターがいるんです。アクターはオペレーターなしでは何もできない。新美さんはオペレーターがいて初めてこの建築はまわると言うんです。そこで完全に心を打ち抜かれました。立体駐車場には、位置エネルギーを稼ぎ、クレーン以外で自走してどんな重いものも上まで登っていける利点があるので、アクターとしてのクレーンで賑やかしをしているようなところが私は少し嫌でした。それから、車のために階高がすごく抑えられているので、上のほうまで人が行ける楽しみとか、重たい

ものを上げられるポテンシャルはあるけれど、そこで何かイベントをすると頭打ちになってしまう。それで、それらをバサッと取ってもう一度劇場を建てているのも嫌だったんです。床版を上手に外して、車で自走させながら下に囲んでいくと、中央の車を停めなくてはいけないところに吹き抜けができ、そこにいろいろな舞台装置が置かれ、周りを囲ったり客席を囲ったりしながらスロープ性を使って劇場ができるほうが、駐車場のリノベーションとしてよりスマートで大人だと思ったのに、アクターをたくさん入れているので賑やかしに見えてしまった。それが嫌だと思ったのですが、それを動かしているオペレーターの姿を模型の中に想像した瞬間、カッコいいと思ってしまった。それで、最後の1票は、ごめんね（笑）、最初と変えます。質疑は大事なんですよ。すごく大事なことを言ったと思います。

末光　非常にいい講評だと思いますが、そのような視点で見ると確かに見え方は変わってきますね。「都市を停める」は人の意思というか、このようにつくりたいという人の意思がすごく見えてくるような気がします。そういう意味では、「積乱の橋梁区」よりも少しだけ可能性があるような気がしました。「積乱の橋梁区」を推した津川さんと大西さん、現状として「都市を停める」が優位なのですが、いかがでしょうか？

大西　中山さんがおっしゃったように、先ほど話したセスキもそうですが、中央に抜いて、そこに階高が必要なものをつくるほうが自然だと思うんですよね。でも、実際にはあれをつくっていますが、それはいいんですか？

中山　良くないですね（笑）。良くないとは思うし、私も床版がすごく気になっていたんですよ。

大西　そうなんですよね……。

中山　一方で、橋というのはすごく面白いのですが、川もすごく面白い。20世紀の人間は川を捨てて陸に上がりましたが、昔の中心は橋や川でした。物流も出来事もすべて川がGLで、橋は上だったのです。だから20世紀以前の橋は必ず川から見られるデザインが施されていました。それが、20世紀になると道路型に変わったので、すべての橋がのっぺりとしたフラットな形状になり、川の下から見上げる視点を失ってしまいました。その点から、「積乱の橋梁区」の劇場は一体誰がどこから見るものなのかがどうしてもわかりませんでした。どう見ても、橋の下を船がくぐることもできない。そこに何か新しい未来都市の在り方のようなビジョンを固め、川側から見られる視点と陸側の21世紀的な新しいモータリゼーションが、この先どう交差する場面として露呈化されるのかを考えた時に、答えを持っていないという意味で、この作品は引き分けになるかな。

大西　確かに。

中山　引き分けかな？

津川　先ほどの新美さんの回答を聞いた時に、中山さんが興奮されるほどのものを感じられなかったのは正直悔しかったのですが（笑）、心にグッと来るものはありました。現場監督をオペレーターにして、要は演劇のステージマネージャーのような役割を建築サイドに見出すというのはグッと来るものがありますが、一方で「積乱の橋梁区」のオペレー

ターがいないかというと、実は長井さんがつくられた建築自体が演劇性をはらむためのオペレーターになっているのではないかと私は思いました。ただ、それはこちらの過剰解釈にもなり得るので、お二方に、インフィルの操作をどこまで意図してやられているのか、何を具体的にすることで演劇性がはらむと自覚的にしているのかを本当はお聞きしたかったです。特に長井さんには、そこにしっかりとした建築的な意義があれば建築がオペレーターになり得るという状態があり得ると思ったのです。私はあの模型から勝手にそう解釈したので、実際にそうであるならば、「積乱の橋梁区」を推したかったです。ただ、お任せします（笑）。お任せしたら、本当は駄目なのですが。

末光　今のコメントにあった「建築家がオペレーター」というのは、中山さんはどう思われましたか？

中山　また良いこと言いますね（笑）。でも、舞台というのはアクターと観客だけではまわらないんですよね。それに対し、「ゴドーを待ちながら」という作品は、椅子1脚あればどのような場所でも舞台ができるんです。何もないところでも、あなたは演者で、私は観客だという合意が現れた瞬間に劇場性が現れるという……そこに何か醍醐味がある。それに対して、キネティックな動くもので追いかけるという建て方はやや古い。セドリック・プライスの頃からアップデートされていない。ただ、そこに専門技術者としてヘルメットをかぶって危ないところで現場の重機をオペレーションしている人がいないと、都市は一歩も動きません。それで、その人たちが持っている技術をパフォーマンスされる空間があり得るというのは、ずいぶん面白い設定であり、そこに単純に惹かれます。

津川　確かにそれは圧倒的にかっこいい（笑）。

中山　タワークレーンに登っている人などは、トイレがないので自分の生理現象などもコントロールしながら1日中動いている。それはある種プロフェッショナル、アスリートなんです。そういうアスリート性のようなものが、誰も知らない裏方にならずパフォーマンスされると思った瞬間に、タワークレーンもあっていいかなと私は思いました。

末光　新美さんの回答に大分やられていますね（笑）。大西さんはどうですか？

大西　私の場合は、新美さんの作品は公共建築なのか、どういう枠組みなのかを知りたいです。納得できるようなのがあると……。

津川　実際にどうするのかというところですよね？

大西　実際に誰がどのようなことをするのか、想定されていたら聞いてみたいです。

末光　聞いてみましょう。新美さん、これは誰がつくるのですか？

新美　管轄するのは、やはり名古屋市の方かなと思っています。理由としては、今回5個を使って「〜を停める」という主題でお話しましたが、今回取り扱ったのが公共建築というのもあり、そういった建て替え工事が発生する時の工事仮設物が入ってくるという意味では、取り扱うのは市が使い、実際に工事仮設物を持って来るのは、例えば名古屋なら金山で工事が行われているところであり、同時並行でこのプロジェクトは進んでいくのかなと考えています。基本的に、この建築をつくるためというわけではなく、街が変容していくなかで副次的にどんどんつくり上げられて有機的に変化していく建築という解釈をしていただきたいです。

佐藤　名古屋市主導のもと、アミューズメント的な民間のものを招致する？

大西　そうですね……うーん……。

末光　時間が迫ってきているので挙手をしますか？

大西　私と津川さんだけが「積乱の橋梁区」ですね。

末光　津川さんはどちらですか？

大西　津川さんはどちらもという感じですよね？

津川　ばれていました（笑）？

佐藤　「都市を停める」が決勝に進むのには反対ですか？

津川　それはないです。

末光　では、このラウンドは「都市を停める」に決まりました。おめでとうございます。

ID06
小原可南子
ECHOING NATURE

—— 6番「ECHOING NATURE」と35番「Slopescape」の方、お願いします。

小原 〈プレゼンテーションは23ページ参照〉

—— ありがとうございました。続いて35番の方、お願いします。

東 〈プレゼンテーションは64ページ参照〉

末光 審査員の先生方、質問あればお願いします。

佐藤 ヒアリングした時にも話しましたが、最適化の話をする時には、幾何学的なパラメーターの何をどのような操作したか、目的関数や指標となるものをもう少し具体的に言ったほうがいいです。特に風に対してみなさんチャレンジしていますが、目的関数の設定が難しいんですね。風に対してどういう環境をつくるのがいいのか。川下の中に引き込むという話なので、そのあたりをもう少し具体的に話してもらいたいです。

津川 同じような内容なので、同時に答えていただけるとありがたいです。サンゴという環境の要素から、どういう環境言語を抽出してパラメーターを設定したのか。最適化を図るうえで決定を下すのは人間だと思うので、何をその判断にしたのかも併せて話していただきたいです。もう少し具体的に、サンゴと風という要素と一緒に答えていただきたい

です。

佐藤 確かに。バイオミミクリーと言いながら、サンゴの性質や形の特徴からの関係性が少し薄かったかな。

小原 まず形態の操作の話からすると、佐藤さんには昨日の時点でお伝えしたのですが、これは多角形になっていて正方形を底辺にしており、多角形の辺の長さと、正方形の底辺に対するアングル、その具合をパラメーターにし、どれくらい表面積が出てくるかを基準にしながら考えました。津川さんが言っていた、最適化のパラメーターを何に使うのかは少し難しいですが、日射量の合計が、例えば距離の場合は多いほうが暖かくなって快適だと思われるので、冬場は値を高めに設定し、逆に夏は値が低いほうが涼しいと感じられるので、そのようになるよう今回は解析をかけています。他の手法もあるのですが、パソコンのスペックの問題もあり、煩雑になり過ぎないよう今回は簡易的にしました。サンゴの関連性については、まず形態の複雑さなどのモチーフをある程度使っています。あと、サンゴが光合成するという要素を書いていましたが、裏側が太陽光パネルになっているので、南側の光が当たるところを積算日射を解析して光を取り込めるように……。

佐藤 そうすると、光合成のためにサンゴが表面積を増やしているはずで、それと対応しているということですね？

小原 そうですね。

大西 内部空間のスタディは、どのようにやったのかを聞きたいです。出たとこ勝負になっていないのかが気になっています。例えば、実際につくった内部空間を見て、ここの天井はもう少し高くないと気持ちよくないといった判断をなしにすると……。

小原 なしにはしていません。実は同じ工程を5、6回しています。どれが一番いいのかは、私が設定した値によって最適な結果が変わります。だから最終的にはシステムが入ってくるかもしれないのですが……。

大西 それは何で判断したのですか、このサイズの模型だと、外観は判断できると思いますが……。

小原 そうですね……内観としてはこのような感じです。部屋の中のスタディ

MATCH

ID35
東英和
Slopescape

はわりとやってはいるのですが、これ以外にも何個か考えてはいます。その中で一番いいのは、計画面と動線などで考えてはいます。

石川　「Slopescape」というのは、保水をするんでしたよね?

東　そうですね。木の下の部分が地面に乗っていて、その木が保水力としても働きます。

石川　これが崩落を防止して擁壁の機能を果たすというのは、どのくらいエンジニアリングとしての裏付けがあるのですか? このボリュームの決め方など。

東　法面を建物に再構成するという形でコンセプトを考えていたので、もともとの法面の面積を現地で写真に撮り、地形と合わせて法面のそのままの大きさを踏襲して……。

石川　では既存のコンクリートの法面があった部分を建物に置き換えると?

東　そこだけを建物に置き換えて、もっといいものにしようという提案です。

石川　なるほど。わかりました。

大西　そこが少し弱いのではないかと私も思っています。土木のことを考えると、ミニマムにできるなら最小限にしたほうがいいのではないかと思うし、機能に関しても、今入れているような機能が本当にそこに必要なのか、あまり説得力がないように思います。

東　ここの維持管理のお金をどうしようか考えて、お金が取れそうな宿泊施設やギャラリー、マルシェなどを入れています。阿蘇は1泊で帰る観光客が多いため、宿泊施設が減少し日帰り客が増加しており、そこを解決する一つになればと思ったので、宿泊施設は入れています。

末光　佐藤さんよりエンジニアリング的な部分も補強していただければと思いますが。

佐藤　小原さんの「ECHOING NATURE」は光や風であり、東さんの「Slopescape」は地形と水の循環など周りの自然と関係させています。例えば、内部に流れる水のスピードや、どこに溜まるかなどをコントロールしていると思いますが、そのような説明があまりないようです。

東　水が溜まる、溜まらないに関しては、最初に発表した建物とボリュームの距離を考えています。それだけでなく、できれば広い面積に水を滞留させることで人が集まって広場となり、それ以外の早く流れるところは人がほとんど水に沿って流れていくような……。

佐藤　周りの水源などが、どのように関係しているかは……。

東　貯水している水だけで循環するのは難しいと考えたので、滝から水脈として引っ張ることで、雨が降って川の水位が上がると同時にこちら側の建物の水位も上がり、地形と連携した水位の上昇を表現でき、そういう空間体験もできるかなと思いました。

末光　中山さんからも一言何かあれば。

中山　どちらもとても好きな作品です。どちらかを選ぶための論理を自分の中でいくつもシミュレーションしているけれど、オーバーヒートしてしまい、今思考停止しています(笑)。

末光　どのあたりが好きかもお願いします。

中山　まず「ECHOING NATURE」が好きなのは、自分の形があることで都市の他の場所に波及するということ。建築を建てると周りの環境が変化するという、すごく献身的な建築なんですよね。そこがすごく生物的

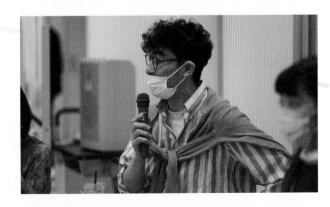

でいいなと思います。一方で「Slopescape」は、日本はとても急峻で降った雨が一気に流れるため川の動きがとても速い。それに対して人間が小さなダムを生産したことで、小さな生命が住めたり、弱い植物が住めたりするようになり、人間対自然、人工対自然ではなく、人工と自然が重なり合うことでゆっくりとした水の流れを生み出している。それが現代的なコンクリートによってどんどんどんどん早くなっている。それをコントロールしようとしているプロジェクトですよね。どちらもとても大事なことを言っています。自分が選んだ建築言語のポテンシャルをどちらがアクセラレートできているか、自分がやり始めたことに対して、どうすればもっとよくなるか手綱をしっかり握れているのは、若干「ECHOING NATURE」ではないかなという気がします。

末光 それでは講評に移りたいと思います。中山さんはどちらかというと「ECHOING NATURE」を推していると。では、津川さん。

津川 私はこの2つに対して、明確な意見を持っていて、どうしても東さんを推せない理由があります。これは私の主観的な感情なのか、わりと整理したいところがあります。もともと、このコンクリートの法面は人間の手によって自然が破壊された場所ですよね。そういう場所に人間中心主義的な考えを感じるんですよ。そこに、人と自然が共生する場をつくるという考え方は、一見よくできているようにも思ったのですが、ここは人が自然と共生する場所ではなく、自然が再び生き返らなければならない場所だと私は思っているんです。そう考えた時にこの建築を見ると、どうしても自然が利用されているように見えてしまいます。治水や親水を計画することで再び自然を還せる建築的な操作にも惹かれますが、もしこのやり方をするのなら、もともとここにあった自然を増幅するくらいの植栽計画など、人間の手によってもう一度蘇るようなやり方をして欲しい。そこにたまたま人が住むくらいの提案でもよかったのではないかというのが、私の考えです。それに対して「ECHOING NATURE」は、この手法で通常やろうとすると、有機的なものになったり、平面的な手遊びになったりするのがあり得るけれど、小原さんの中でサンゴや風解析など、自然から抽出した環境言語を建築にしっかりと読み替えて落とせている。それが外見の遊びだけでなく、内部空間も同時に考えるヒントになっている。そこが結構うまくできていると思うので、「ECHOING NATURE」を推したいと思います。私なりの考えなので、反論があれば後で反論してください。

末光 中山さん、何か話されますか?

中山 私が言ったことと逆の応援演説になってしまい、まるで意味がありませんが、「Slopescape」は水の流れをゆっくりにする装置です。日本が水の豊かな国土だと誰もが言って疑わないのは、もともと日本の環境は断面を切ると非常に急な斜面だったので、川の水もジャージャー流れて、とてもそばに住めるような国土ではなかったんです。そこに人間が水田をたくさんつくり、小さなミニダムを人間活動としてつくったことで国土の体質が改善され、水がゆっくり流れるようになったんです。そうすると、弱い生物がそこに育まれるようになり、みんなが大好きなメダカや、きれいな水でしか育たないわさびなどが安心して暮らせる環

境を、むしろ人間がいたからつくれた。だから、人間対自然ではないんです。東さんがやっていることも、土砂崩れが起こって水の流れが速くなったことに対して、それをコンクリートで塗り固めるのではなく、ゆっくり水が流れるための遅延装置をつくることで改善しようとしている。そういう意味で、むしろ批判していたことをやろうとしたプロジェクトだと私は思っています。

末光 他の方はいかがですか?

大西 私もそういうイメージです。阿蘇に行くと、野焼きをしているなど、人間の営みも自然の一部になっており、この風景が形づくられてきたことがすごくわかる。阿蘇大橋は違うかもしれないけれど、そのような環境で大きな崩落が起こったのは、近年は杉を植え過ぎて根の深さが全部同じになったのが原因だったことがありました。あたかも自然に見えるところに対して、人工的に手を入れた時のやり方がよくなかった。でも、それをまた違う形でやろうとしているのはいいと思うけれど、これほどコンクリートがやるべきなのか。いろいろ言いたいことはたくさんあるのですが、やろうとしている方向はとても可能性があると思います。人間が手を加えながら地面と関わっていくということなのかな。それはすごく意味のあることだと思います。

末光 自然との共生という話になっていますが、石川さんはいかがですか?

石川 少々「ECHOING NATURE」のほうが、よいかなと思っています。いや、「Slopescape」もパッと見、すごいいいと思ったし、心意気も素晴らしい。東さんのような若い世代が挑んでいるというか、落とし前をつけようとしていることにすごく心を打たれます。ただ少し惜しいのが、これは「ニュー棚田」だと思うのだけれど、「ニュー棚田」のフォルムがあってもいいと思ったんですよね。土木を建築化したというよりは、RCの建築を寄せ集めて土木にしたように見えるんです。ここで必要とされることは水の流れをゆっくりにすることで、単なる擁壁ではなく、RCの家を当てはめるのとも違う。「ニュー棚田」が要求する造形が提案されてもよかったと思います。今は橋のほうが強度のある彫刻的なフォルムをしているので、対比されている気がしました。既存がコンクリートの擁壁なのだから、人が住んだらいいのにと思うと現状のようになったかもしれないけれど、その先が本当はあったと思うんです。このプロジェクトにはもっと可能性があると思います。

末光　コンクリートの擁壁も、段々にして植栽を挟むとか。そういう意味では
　　もう少しスケールのつくり方や緑の混ぜ方など、やり方によっては見立
　　てが随分変わるのではないかと思います。

石川　もう少しやり方がありますね。これが駄目というわけではないけれど、
　　これを見せられるとさらに先を考えさせられるという感じですね。

末光　では最後、佐藤さんに話していただきましょう。

佐藤　私は「ECHOING NATURE」は非常によくやっていると思います。私
　　は日本建築学会の形態創生コンテストで審査員をしていますが、その
　　優秀作品と比べても遜色のないくらいきちんと技術を使っているし、
　　話を聞いてもきちんと理解している。そこがよかったです。だけど、機械
　　などで、光などと、本当は力学も入れて欲しかったです。構造について
　　は、これから入れていける可能性があります。多目的最適化は、これか
　　らどんどん取り組まないといけない分野なので、非常に可能性を感じ

　　ます。最終形態については、もう少しさわやかなものになるといいかな
　　と思いますが（笑）、非常によい技術を見せていると思います。

末光　なるほど。構造でキャンチレバーを連続体でつくるのはできそうです
　　か？

佐藤　一応、重さのバランス取っているんですよね？

小原　はい。

末光　中山さんはどちらかというと「ECHOING NATURE」、津川さんと佐

藤さんも「ECHOING NATURE」、大西さんは「Slopescape」。こうい
う構図が多いですね（笑）。大西さんは、この後の議論でもあると思い
ますが、このボリュームやスケールなどに関して若干否定的な部分も
あったかと思います。

大西　平田晃久建築設計事務所でアルバイトをしていた時に、アルゴリズム

はあるけれど、あとはひたすらどのような内部空間をつくっていくか、
そのスタディに命をかけて取り組むのを手伝っていました。そのため、
これでやらなくてもいいのではと少し思ってしまう。むしろ、空間のス
タディをもっとやったほうがいいのではないかと思いますが、いかがで
しょうか？

末光　外的要因でものを決めていった時に内部空間が抜け落ちてしまうの
　　が、特にこのスケールの模型では出てしまっているのかもしれません
　　ね。

佐藤　少し援護をすると、先ほど幾つかのパターンでスタディはしたと言って
　　いたと思います。その際に、恣意的かもしれないとポロッと言ったけれ
　　ども、それも最適化のように思います。というのは、感覚的にこちらの
　　ほうがいいと思って選んだ5つの中から、内部空間の使われ方を想定
　　して選ぶ、つまり人間の感覚で選ぶのを最適化のアルゴリズムの一つ
　　だとみなしてもいいと思うので……。

大西　そうですね……。

佐藤　技術的にはという意味ですよ。そういう解釈はできると思います。

大西　むしろ恣意的なものは全く否定していなくて、むしろそれが重要とは
　　思っています。そう思ったうえで、どうなのだろうと思っています。

中山　例えばマンションの値段なども、公園が見えている住戸のほうが高い
　　とか、タワーマンションの上に住んでいる人から下に住んでいる人が
　　見下されるとか、結構くだらないことで決まっているんですね。それに
　　対して、この窓がこちらを向いている理由が他の風景と関係を持って
　　いるとか、風が吹いていることと関係があるとか、そういう価値付け
　　を全然違うレベルでやれるのは、気位が高いことではないかと思いま
　　す。そのような理由に基づいたものを建築家は発揮していかなければ
　　ならないという意味で、この作品はテクノロジーフリーク的な側面ば
　　かりフューチャーされていますが、いろいろな価値観に働きかけられる
　　可能性があります。おそらく、小原さんは美しいものをつくろうとしてい
　　るんです。「美しいものをつくる」という言葉は口が裂けても言わない
　　けれど、決意のようなものがみなぎっている。そこは結構いいところだ
　　と思います。

末光　今、中山さんと佐藤さんがおっしゃっていることと、大西さんが言ってい
　　ることは共存できることだと思っています。ただ、大西さんのおっしゃっ
　　ているのは重要な話で、多目的最適化の中に内部空間など、人がい
　　る場所のスペース感を組み込んでいくと、よりよくなるのかもしれま
　　せんね。議論は十分できたと思うので、3ラウンドは6番「ECHOING
　　NATURE」が勝利となります。おめでとうございます。

ID05
饗庭優樹
水トノ共生作法

—— 最後のトーナメントです。5番「水トノ共生作法」、38番「隠れ里のイマ
をつなぐ」の方、お願いします。

饗庭 〈プレゼンテーションは56ページ参照〉

—— 38番の方お願いいたします。

渡邊 〈プレゼンテーションは15ページ参照〉

末光 審査の先生方、質疑があれば挙手をお願いします。第4ラウンドは地
域性と建築のようなことがテーマかと思いますが、いかがでしょうか？

大西 決勝選抜議論時に「水トノ共生作法」の饗庭さんに、規模のことが気に
なると何度も言いましたが、自分が育った街でもあると思うので、もし
反論があったら教えて欲しいです。

饗庭 ここが琵琶湖の湖畔であることと、集落から少し距離がある場所であ

ることから、湖畔に建つ建築とはどういうものがいいのか考えました。
そうすると、まず建築の形態自体が水に従ったものであり、例えば水を
ここから上げてくると思いますが、この建築の姿そのものが水や川端
の存在を想起させられるものであり、それが滋賀県の湖畔に建つ建築
としてふさわしいと思っています。それを考えた時に、先ほど指摘され
たスケールが大きいのではないかという質疑ですが、ここに関係する
湖岸道路から訪れる人とか、外部から訪れる人や周辺の地域の人とか、
針江集落に関係する人口を考えれば、このくらいのスケールは大き
くないのではないと僕は思っています。

末光 スケールの話はこの後も続くのではないかと思います。プレゼン最後
の「山のような建築をつくりたい」という言葉は結構インパクトがあり、
本当かなと思いながら僕も聞きました。そのあたりについて、中山さん
と佐藤さんはいかがでしょうか？

佐藤 山のようなものというのは、石積みのようなものですか？ もう少しボ
リュームが必要かもしれないと思ったのは、この中で水を濾過するシ
ステムを考えているからですよね。川端に水を自然に浄化する機能が
あるんですよね。砂や水草の間を流れるおかげで浄化される。濾過す
る巨大な壁と、その流れていくルート上で、洗濯などに使われたもの
は避けて濾過するとか、そういうことが考えられているんですよね？ そ
のあたりの具体的な説明がもう少しあれば……。

末光 どちらかというと、インフラというか土木的な機能を付けるから、この
ようなボリュームになっているということ？

饗庭 例えば風呂に使った水などはそのまま水路に流すのではなく、一旦こ
こに戻し、中に入っている設備コアの中に濾過するシステムなどを入
れることで、ここから落ちる重力の関係だけで濾過され、下の水路に
戻っていくという……。

佐藤 そのような建物の機能やシステムが、今の川端の生態系か自然環境か
ら倣って生み出されているといいなと思いました。川端はどのように
実際に水を浄化しているのですか？

饗庭 最初におっしゃられたように、水草などを加えて魚を川端の中や水路

MATCH

に放ちます。そうすることで、食べ残しなどのちょっとした屑のようなものを浄化してもらう。そういう役割を魚に持たせる。川端を中心に、人と魚、生物を共存する風景を立ち上げるのが、僕が一番面白いと思っていたところであり、それについては考えていませんでした。

佐藤 そうなると、魚のフンなどはどのように……。

饗庭 それは、そのまま水路に沈んでいきます。

佐藤 底に沈んでいれば、上澄みの水はきちん綺麗で……そうして使えるんですね。

末光 先ほどの「Slopescape」と少し議論できるかもしれませんが、そういうインフラ的な機能がきっちりあれば、規模がある程度あってもいいのかというのは結構難しい問題だと思っています。せめて、そのあたりを定量的に押さえないとなかなか説得力がないのかもしれません。他の方はいかがですか?

中山 どちらも風景の問題を扱っていると思います。その風景が本質的に持っているものが、どういう人を受け入れることができるかに対して建築技術を使って応えようとしている。今、それがおそらく比べられている。「水トノ共生作法」は、川端の仕組みによりグランドレベルで展開している風景とは異なり、水自体が持っている力をサイフォンの限界まで引き上げ、そこから位置エネルギーの連鎖の中で、我々の生活の中に出てくる排水などを使うことによる変化を並べていくモデルに置き換えているのが面白いと私は思っています。つまり、琵琶湖の湖畔に建っている建物のモデルのように考えるというより、私たちの未来都市を考えるモデルのようなものと考えています。琵琶湖に行ったことがないので、きちんと想像できなくて、これがあるとよいという風景になっているのかどうかはちょっとわかりませんが、これが市役所などだといいと思いました(笑)。この建物の立派さをいいと思えるような、何か言葉があるといいと思います。対して、「隠れ里のイマをつなぐ」は、なくなるかなくならないかという限界のところに、最低限これをするだけで、血縁ではない家族が風景の中で育つという物語ですね。圧倒的にしっくりきます。でも、私は両作品に投票しているので、どちらを選ぶか、また

悩んでいて結論が出ていません。「水トノ共生作法」が未来都市のモデルになっていることを述べられると、サイト・スペシフィックという意味ではあまり風景として想像できず、立派なものだという感じがしますが、この立派さが、私たちが普段住んでいる都市の立派さに対する批評になっているのなら、すごく素晴らしい作品ではないだろうか。そういう意味で、この建築はどういう風景と一緒にあるのだろうか。そして、ここを詳しく説明してくれた図面もすごくわかりやすい。かなり確信を持ってこのスケール感をつくっているのがよくわかりました。「隠れ里のイマをつなぐ」は、若い人からお年寄り、お年寄りから若い人に教える関係ができる。また、1個の施設のみだと、そこと合わないという気持ちになったらその子もどうしようもなくなるけれど、たくさん場所が用意されていてマッチングができるようになっている。おじいさんとおばあさんと合わなくても、何回でもやり直せるなど、よくできています。これが、私たちの今の社会にとって、どういう希望になっているのか。言語的に定義してもらえたら、この立派さに対する意見も新しく変わるかもしれない。少し言葉が欲しいですね。

饗庭 プレゼンの始めのほうでちらっと話しましたが、川端自体のシステム

TOURNAMENT 4th MATCH　トーナメント第4試合

はもともと滋賀県全域にありました。川端の一番面白いところは、水に対する意識をずっと向けるようなところだと思っていたのですが、実はそうではなく、川端のシステム上、水路に対して何度も川端が付いており、つまり、常に川上、川下の関係があることです。ということは、川上の人は川下の人の持っている水を使うし、川下の人は川上の人を信頼して水を使うということです。水は一種のコミュニケーションツールのようなものだと僕は思っています。だから、水を隠して見えないようにするようなところがあり、それは水の本質的なところではないのではと僕は思っていて、そこに気付いて欲しいという建築でもあります。

佐藤 少し補足すると、私は滋賀県大津市出身なんですよ。滋賀県人には、やはり湖畔の原風景が心の中にあるんです。そのままの自然を残したいという思いがある一方、経済的にやはり開発せざるを得ないんですよ。それで、滋賀県の琵琶湖はすでに無造作な開発がたくさん行われているんです。すごく寂しいです。

饗庭 大きいスーパーが潰れているんですよね。

佐藤 そう。そのような風景を見てきた私としては、これならやってもいいかなという気はします。何かをやらざるを得ない時に、このような自然と共生する手段を取ろうとするのは、試みる価値があるかなと思いました。

末光 今の話について、大西さんはどう思われますか？ 琵琶湖畔で育った佐藤さんならではの視点かと思います。

大西 私も祖父が滋賀なので、祖父の家にも川端がまだあります。だから、先ほど答えてくれた、川上の人が川下のことを思い、川下の人は川上の人を思うという、共同体の信頼関係を合わせているのはすごくいい答えだと思っています。だからこそ、針江は集落単位であるのに対し、この建物が施設のように見えてしまうのに違和感を覚えます。それをどうしたらいいかというのと、あと、川端は台所のものですよね。庭などにも使われているけれど、ある種の合理性がその存在を見ただけで感じられるところがある。この作品だと、例えば水路がとても太いし、たくさん川端的なところがあるけれど、これらはどのような理由でそうなっているのか聞きたいです。

饗庭 最初に、信頼と水を介したコミュニケーションに対して誰を対象としているのかというと、湖岸道路からやってくる僕らのような、滋賀県の南のほうに住む人や外部の人です。その人らが川上のほうに行き、川下には地域住民が使うように用途が定められています。川上川下の関係で言うと、川下のほうが水路は大きくなったりボリュームが大きくなったりするので、これくらいの太さの水路が生まれるのではないかと思いました。

大西 一つひとつがどのように使われるか、具体的な例はありますか？

饗庭 例えば、ここは深い川端を想定しており、稚魚の養殖を行うので、その規模に見合った川端のサイズを設計しています。

大西 このようなところでも、こういうところでも、みんなが水を使うということですか？

饗庭 どうしても水を隠したくなかったので水系を全部表すと、このようにたくさん出てくるという……。

末光 「隠れ里のイマをつなぐ」の渡邉さんにも質問してもらえたらと思います。

津川 実はいろいろ聞きたいことがあります。すごく美しい話ですよね。現実に寄り添って丁寧に提案されている。これを掘り下げると、まるで私が性格悪いのではないかと思うくらいの完成度だと思う一方で、児童養護施設は保育園とまた違って、すごく特性のある施設ですよね。かつ、年齢も乳児から来るような場所であり、私はこのような施設が街に開くことに対して割と懐疑的です。もちろん、このような姿は美しいけれど、例えば松本理寿輝さんの「まちの保育園」（設計：宇賀亮介建築設計事務所）をご存知ですか？ 街を資材にして、ある意味、保育園に公共性を持たせるというものです。このような建築的操作ではないですが、それこそ街の人が利用できるカフェが保育園に併設されるなどしています。それで、生まれもって愛された子どもたちは、そういう場所で大人や街に触れることで、成長期にすごく豊かな環境に触れられると思いますが、一方で児童養護施設の子は、まず身近な人から、愛されることがはっきりわかっている人にまず愛されて、そこに依存することが割と求められているというか。そのなかで、たとえ集落の大人たちは顔がわかっている人たちだとしても、集落の人全員がきちんとポジティブにコメントしてくれるのかどうかは割とわからない部分もあると思います。かなり性善説でできている作品だと思ってしまいます。そこに対して、こういう計画をするうえで何か考えがあるなら、もし、結構シビアに考えた点などがあれば教えていただきたい。

渡邉 私は小学2年生でこの街を出てしまったのですが、都会に出た時に、この場所がいかに自由に過ごせて、子どもが少ないから、いかに子どもを大切にしていたかを体感したんですよね。だから、まず子ども自体がこの場所にとって大切な存在になるので、集落の人々が、おそらく都会よりもそれぞれの個性を重んじて育ててくれるだろう点と、全員がこの場所を好むかわからないのは当たり前ですが、地域の人にとってもプラスとなるような場所、公民館のようなところでなく、お互いの家で寛いでいるような状況なので、これができれば地域の人にとっても生活が豊かになるし、この地域にとっていいことではないかと思います。

津川 街のリビングのようなLDKなどと連帯しているところに、時間帯になると利用者が来るという話でしたが、例えば地域の人と施設の人を、どうやって調節するイメージですか？

渡邉 児童養護施設に、施設の職員が一日中いて、お母さんのように家事をしています。キッチンを中心に、料理をしたり洗濯をしたり掃除をしたり。子どもたちが帰ってきたら、そろそろ時間ですよという形で、そのお母さんたちが今度は職員に従って借りるようなイメージです。そのた

め、管理する職員がいて成り立つ形です。

末光　また時間が押してきているので、そろそろどちらを選ぶという話も含めてコメントいただけたらと思います。

石川　話を聞けば聞くほど、どちらも自分の大学で培ったスキルと知見に挑んでおり、それに対する真摯な姿勢に心打たれます。展開に関して文句はないし、つくっているものもとても丁寧で、どちらもいいと思います。納得度から言うと、「隠れ里のイマをつなぐ」ですかね。まだ、「水トノ共生作法」がこのボリュームの建築にならなくてはいけなかった理由に納得していないですよね。プランなどはすごく魅力的だと思います。極端に言うと、このようなオープンスペースでも成立できたのではという気がします。立体が必要なことも間違いだとは言わないから、話はわかるけれど、これが物体的なランドマークにならなくてはいけなかったことに最終的に納得し切れていないところがあります。

末光　大西さん、こちらのコメントも含めてお話しください。

大西　そうですね。「水トノ共生作法」は、先ほど水の話をしてくれたのはなるほどと思ったし、私がいろいろ反論しても全部にすぐ真摯に答えてくれて、その姿勢は本当に素晴らしいと思いました。そこで生まれ育ったことに誇りを持ち、これからもぜひ考えて欲しいと思いました。だけど、私は「隠れ里のイマをつなぐ」を本当にずっと推しています。この対決でなければ意見が変わっていたかもしれませんが、今回は「隠れ里のイマをつなぐ」を推したいと思いました。私にとっては、いろいろな面で、自分の出会ってきたいろいろな人の顔が浮かぶようなプロジェクトで、すごく実感がわきます。今、限界集落についてどうしていくかを考える時に、これまでの公共建築という枠組みでは言えなかったような、公共の場のつくり方を考えなくてはいけないとみんなが思っている。そのなかでこの作品は、街が隠れ里ということで、みんなで一致団結して生き抜いてきたという街の団結力から、居間を共有することにつながったような流れがあります。ある種のアジールというか、受け入れる場となることが、この街自体がそういう場であることを誇りに思うことにもつながっていくのかなと思うので、やはりとてもいい提案だと思っています。

末光　では、佐藤さん。

佐藤　混乱するかもしれませんが、私は圧倒的に「水トノ共生作法」です（笑）。「隠れ里のイマをつなぐ」は非常に心温まる、現実にありそうなプロジェクトだと思います。ただ、「水トノ共生作法」を推すのは、我々は水を浄化しながら使えるようにならなくてはいけない。そのためには、何かをやって学んでいかないといけません。作品自体は、非常に丁寧に細かく設計されていて迫力もある。ただ、これほど大規模なのが必要だろうかとは思うかもしれないけれど、それほど圧迫感があるわけでもない。非常に好印象かなと思います。

末光　わかりました。では、津川さん。

津川　私も結論から先に言うと「水トノ共生作法」ですね。2人とも敷地が地元なので、地元ならではの風景や性質のようなものは、おそらく2人の

設計者のほうが身体化されていてわかっていると思います。どちらの敷地も知らないなかで両者の話を聞くと、「隠れ里のイマをつなぐ」は佐藤さんもおっしゃられたように本当に美しいんです。ただ、それが街の方々が使う公共的なものというのはもちろんわかりますし、そこに小さい子の教育の場が併用されるのは美しいですが、どうしても児童養護施設というのが私にはまだ少し怖い。周囲の方々の顔がわからない分、どうしても推せない自分がいます。実際に子ども用の施設を設計する時に同じような体験をしましたが、設計者として外部から来た人間はなかなかそういうことを言えない。預ける保護者の方は、何よりも安全面を気にされると本当に痛感したので、提案としてはいいけれど、そこに簡単にアグリーできない自分がいます。それが正直な気持ちです。「水トノ共生作法」については、この風景はわからないけれど、伝わる何かがありました。物量ではあまり判断したくはないけれど、一生懸命リサーチした知の集積から審査員側に伝わる何かがありました。あと、スケールは大きいですが、構造の操作としては割と最低限のことを頑張ってやろうとしている。壁も最小限にしているというか、ポンプアップをするための壁と、斜めにかける簡易的な屋根材と、そこに水路で立体的に構築しています。そこから生まれる風景と周辺の関係性に、おそらく説得力があったような気がしました。

末光　では、最後にまた中山さんへ。

中山　僕にはこれが施設に見えるんですよね。都市に見えないというか、人が暮らす場所ではなく、あるパッケージ化された1つのプレゼンテーション施設に見える。先ほどは役所のようだと思ったから、役所と言っていましたが、地産材を使ったルーバーなど、おためごかしに地域性をまとわせたものが、その地域の人にとってのシンボルになり得るのか。それが私はずっと問題だと思っています。だけどこの作品は、その地域が持っている本質的な構造を建築化している。それはものすごく重要なことです。だから、施設の批判をし、地域のシンボルのようなものがそんな表層でいいのか、もっと本質だろうという、批判として素晴らしい作品だと思う一方で、人が暮らす都市のモデルとしては、やはり施設になってしまっている。そこが大西さんの引っかかっているところだと思いますし、僕も少し引っかかっています。そういう意味で、私は「隠れ里のイマをつなぐ」に天秤が少しだけ傾いているかなという感じです。

末光　多数決で大丈夫でしょうか？ 中山さんがおっしゃるように、彼の模型には周りの建物が入っていないですよね。そこから、周辺の人が本当にこれを受け入れてくれるだろうかという雰囲気を少し感じてしまうし、彼のイメージの中で周辺の人がどう関わっているのかが、いまいち見えなかったのもあるかもしれません。「隠れ里のイマをつなぐ」が決勝進出で異論はありませんか？ あるでしょうが（笑）、決めざるを得ないのですが……大丈夫ですか。第4ラウンドは「隠れ里のイマをつなぐ」が決勝進出となりました。おめでとうございます。

FINAL GAME

決勝戦

トーナメントで勝ち残った4名による最終アピールとクリティークとの質疑応答で、
最優秀賞を決定する。

—— これより決勝戦を行います。決勝戦に進んだのは、次の4名の方々です。63番の飯田夢さん「私小説『家』」、11番の新美志織さん「都市を停める」、6番の小原可南子さん「ECHOING NATURE」、38番の渡邉雪乃さん「隠れ里のイマをつなぐ」です。最初に、出展者の方より一言ずつご自身の作品の最終アピールを行っていただきます。その後、クリティークのみなさまには4作品を比較しながらの質疑応答を15分間行っていただいてから、一人ずつ、ご自身が思う1〜3位を選んでいただきます。そこから10分間の時間をお取りしますので、投票の結果を踏まえたうえで、プレゼンテーションや出展者の話や模型など、総合的に見て賞を決めていただきます。それでは63番の飯田さんからお願いします。

飯田　先ほどの講評にもあったように、私の説明は内的なことが多くなってしまいましたが、風が通り抜ける時にコロンッとピアノの音が通り抜けるとか、光が西から入るのを取り込むなど、そういう空間の操作を内的要因だけでなく外的要因として、風や雨も考えています。今回は「私小説」というタイトルで、私一人でしたが、他者が関わるとか、クライアントに対応して設計していくなど、第三者が関わることで生まれる新たなオノマトペの空間の良さがあると思っています。今回の卒業設計ではそこまで至らなかったのですが、そういう可能性も秘めていると思います。オノマトペで住宅を設計することを糧にして頑張りました。

小原　私が作品の中でやったこととして、科学的最適化というのに尽きると思います。何故これに取り組んだかというと、今後の建築を考えていくうえで、おそらく内的なところを考えていくだけではやっていけない時代が来るのではないかと思いました。それは環境問題にも当てはまり、これから環境と共生していくことを考えたところから、今回の提案に至りました。先ほど、あえて質問に答えていないのが1個あるのですが、それは風の最適化をどうやって測ったかという話で、実は風圧などを加味しながらやっていました。どの部分に穴を開けるかというのは、それも恣意性が入りますが、徐々に調節しながらやりました。だから、最適化とは言いつつも、少し恣意性も入っているので、正確には最善化というのが正しいのかなとは思っています。

新美　私は津川先生の「人が演劇的なのか、建築が演劇的なのか」という言葉がとても印象に残り、自分の提案をより革新に深めるものとなりました。ありがとうございます。そのうえで、私の提案は先生がおっしゃる通り、建築家が演劇的なものです。人々が演劇的になれる豊かな空間をつくることはもちろん大切ですが、建築家ができることとして、建築自体が演劇的に巡回し続ける空間を試みました。その際、現場監督というオペレーターの存在は欠かせませんが、これは建築家ではなく現場監督ということがすごく大切だと思います。私自身、高校生の頃、演劇をやっており、裏方や舞台監督を務めていて、建築も演劇も裏方に

しかない美しさがあると思います。この卒業設計は、そういう裏にある技術者や駐車場の美しさを知ってもらえる1つのきっかけになったかもしれません。プレゼンでも申し上げましたが、この提案を挙げた場所に、何を停めていくのか。多くの人と未来を考える出発点です。今後は、このような大きなスケールのプロジェクトを進められずとも、自分自身が動いて小さな中心から都市を停めていければと考えています。

渡邉　実際に私が、敷地の人たち、血がつながっていない人たちに暖かく育てられたという経験と、あとは児童養護施設の出身者と実際に話してみて、本当に普通の子だったのと、ただただ暖かくて安定した場所と人間関係を求めている子だったのを知ったことから、そもそも児童養護施設は子どもたちの家なので、そういった住民性と、家庭という場所がなくなってしまった子どもたちがうまくマッチングして、これが実現可能なことを確信しています。

――　ただいまより15分間の質疑応答に移ります。末光先生、クリティークのみなさま、よろしくお願いいたします。

末光　午前中の審査時に、作品を選んだ指標のようなものを一人ずつ示していただきましたが、石川さんは「公益との関係性」、大西さんは「投げかけているものの進路と空間」、佐藤さんは「技術的な側面」、津川さんは「今の時代性、着眼点、やりきったこと」、中山さんは「ストーリーだけでなく、そのバランスの中で設計をきちんとできているのか」とおっしゃっていたと思います。そのあたりをもう一度踏まえたうえで、出展者に聞きたいことがあれば、応援演説なども含めて言っていただければと思います。

石川　「隠れ里のイマをつなぐ」は、集落の上のほうの小学校は廃校になっているのですか？

渡邉　廃校になっています。

石川　他にも廃校になった小学校や、集落の周りの自然環境や漁港など、そういうものに波及していくようなビジョンはありますか？

渡邉　漁自体は気候変動を原因に縮小しているため、どうしようもありませんが、地域との関わりとしては、例えば漁師のおじさんが来て子ど

もたちを魚釣りに誘うような、子どもたちと地域らしいアクティビティが生まれるようなことは考えています。また、広場にした場所はもともと保育園だったのが廃園となった場所で、完全に使われていなかったのを、施設の運動場としてまた開放することで、この中央に広場ができるのは、この場所にとっていいことだと思います。

大西　配置図を見ると、集落の突き当りというか、集落奥の中心エリアのようなところにあるのも上手いと思いました。集落全体に対する敷地の選び方というか、集落のつぼをたくさん押すとなると大変だけれど、重要な1点だけとなった際に、この敷地を選んだのは、今話してくれた理由からですか？

渡邉　そうですね。あとは、古くからある神社がこの建物になっていて、その神社の裏が使われていないのが、場所が滞っているようなイメージもあったので、神社の裏を人が集まる場所として開放したというのはあります。神社は中心的な場所でもあります。

末光　他にも聞きたいことはありませんか？

中山　大西さんも同じことをおっしゃっていたと思いますが、「都市を停める」の新美さんに聞きたいです。パーキングがもともと持っている建築の

ポテンシャルに対して、新たに加えたものが、かなりの物量とエネルギーをかけて設計されてつくられていることに、やや演出的というかバランスの悪さを感じています。ドーンと新しい鉄骨を投入して新しいステージを制作するなど、仮設ではない、建設としての行為をこれだけの規模でここに入れることを説得するコメントがないと私は納得できませんが、いかがでしょうか?

新美 　まず、そちらにある模型自体が最後の第5場のもので、一番有機的な形になっているので、そういう印象を受けやすいというのはあります。あと、仮設ではなく建設に近いというのは、私も少し感じていますが、よくある小さなテンポラリーなものではなく、すごく長いスパンで時間をかけてつくられていく仮設なので、建設に近いような形で大きな操作をするのがすごく大切ではないかと思っています。今回は卒業設計のプレゼンとして、ある意味プレゼンの一環として少し大げさに見えてしまうかもしれませんが、実際にこういったプロジェクトが進んでいくとなったら、ユーザーの声など、どういった空間をつくりたいかというものに合わせていくという意味では、一つのアイデアとしてあるかなと思っています。操作が大きく見えるのも、長期スパンで見ていけば思ったよりも過剰ではないものになるかもしれないというのが自分の考えです。

中山 　よくわかりました。

末光 　佐藤さんと津川さんはいかがでしょうか?

佐藤 　最初に私が話すと、落ちる可能性もあるので(笑)、あまり言うのは良くないかもしれませんけれど、私が勝手に1等に値すると思っているのは、「ECHOING NATURE」と「私小説『家』」です。さらに、「私小説『家』」よりは「ECHOING NATURE」のほうを選んでいます。「ECHOING NATURE」のほうが圧倒的に技術的にはよくやっているので、かなり好印象です。「都市を停める」は構造デザイン的にはよくやっていると思いますが、劇場としての魅力が……。みなさんの話を聞いていると、魅力があるのはなんとなくわかってきたのですが、演劇をする方々にとって、劇場として魅力的なのかは、少し疑問を感じています。

末光 　質疑応答としては特になく、推している作品を表明されたということですね。津川さんも質疑応答でも表明でもいいのでお願いします。

津川 　どのような評価軸で見たらいいのか難しいですが、Design Reviewは卒業設計だけではないので、1個の課題を持って来て、その課題で評

価をするのかどうか。私としては、いずれ学校を卒業して社会に出て建築に携わっていく方々に対して見てみたいところがあります。それで、決勝の4名の方々が社会に出た時に、どういうプロジェクトをやっていくのだろうかという目線でものを見たい気もしています。自分が関わっている敷地やその社会に対して、いかに能動的に主体的に自分の思考を提示できるかどうかという点で、ある意味、この4作は満たしているかなと思います。その中でも、小原さんの「ECHOING NATURE」と新美さんの「都市を停める」はちょっと先を進んでいる気がしました。4作品とも、それぞれの提案に対するゴールの大きさやスケールが全部違うのが面白くて、主体的な言語でつくられる方と、ノンスケールというか今の時代性に対して環境言語として捉えている方もいます。そのような点から、小原さんと新美さんは大きなところに問いかけているため、ちょっと期待したい気持ちがあります。そういう意味では、飯田さんに少し聞いてみたいこととして、先ほど、第三者が交わることでオノマトペのよさがより出ると思うと話されていましたが、私にはそれがまだわかっていません。第三者が入った時に、この設計手法にどのような可能性があり、より一層どうなっていくかという考えが、もしあれば聞きたいです。

飯田 　オノマトペというのは、それぞれの感じ方が全く違うと思っています。第三者が入ると、私がつくった空間に全然違うことを思うだろうし、人と人が関わるとなったらまた全然違う、私が考えもしなかったような生活の使われ方などが生まれると思います。そういう些細なことも、第三者が入ることで変わると思うので、そこがオノマトペの魅力なのかなと私は考えています。

石川 　小原邸に住むとしたら、小原さんはどのユニットですか?

小原 　環境的な心地よさだけで言ったら、おそらくこちらの面のほうが住みやすいですよね。風もほどよく入ってくるし、光もちょうど入ってくるので、おそらく南側の面の高い層に住むかなと思います。でも、人によっては、その考え方もおそらく違うと思っていて、川側の景色が見たい人は、そちらを選ぶと思います。私の感覚、環境的な要素を抽出したという感覚から言えば、おそらく南側のこのあたりの層を選ぶと思います。

中山 　要は、環境で何を求めるかによって、プロデュースしてあげられるというわけですよね。

石川 　環境的に最適なのはこの部屋だけれど、川沿いでもあるから、こちらの眺めに惹かれるという話が出てくると面白いかなと思いました(笑)。

中山 　そういう話を誘発しようとしたんですね(笑)。

末光 　石川さんも、ズバリ言わなくてもいいのですが、なんとなく推している作品を表明いただけると。

石川 　講評を聞いてから全部変わりました。新美さんの現場監督の話はやはり衝撃的だったし、小原さんの話も説明を聞けば聞くほど面白かったです。飯田さんのオノマトペはあくまでその組み立て方の話なんだなと思って聞いていたけれど、できたものが、他の人もうっかり住みたくなるような家になりましたよねというところで、なるほどと少し思い

ました。でも、この4作品の中でという話になると、渡邊さんの集落が変わっていく様子に希望を託したい感じですかね。

末光 では中山さん、お願いします。

中山 彼らと同じ年代でなくてよかったと思うくらい、すごくレベルが高いです。受け答えもすごく面白いです。ただ、選ばなくてはいけないので、なんとか自分の中に基準をつくりました。一つは、ビジョナリーであること。ビジョナリーであることというのは、その人にとってビジョナリーでなくてはいけないし、みんなにとってもビジョナリーでなくてはいけないという意味です。今はエネルギー問題もそうですが、人間が分断されているのが、ものすごく大きな問題だと私は思っています。絶対に社会は人間を切り捨てないと決めたはずの人類が、簡単に人を切り捨てようとしている。その状態を建築もつくってしまっているのではないかという強い危機感のようなものを持っています。そういう意味で考えると、「隠れ里のイマをつなぐ」は技術的にはオーセンティックでノーマルなことをやっているけれど、今回のプロジェクトのなかでは一番ビジョンを感じます。渡邊さんの作品が私のなかではほんの少し強いですかね。

末光 指標とともに言ってもらうとすごく議論がしやすいので、大西さんも、指標を含めつつ話してもらえたらと思います。

大西 そうですね。作品それぞれ目指すものが違うし、審査員全員の言っていることも違うので、評価する人が何を評価するかで本当に変わってくると思っています。だから選ぶのが難しいですが、これから建築家として生きていく時にこれをやっていく、この人はこれをやっていくのだろうという、何かきっかけのようなものを掴んでいる人を選びたいと思いました。ただ、おそらく全員掴んでいるので、どうしようというのはあります（笑）。そのなかでも、やはり「隠れ里のイマをつなぐ」はすごくしっくりくるというか。最近の卒業設計を見ていると、このような地域に携わるプロジェクトが年々増えているなかで、本当にこういう案を選んでいいのかというのが、審査員側に少しためらいがあるのかなぁとも思っていますが、でもこの案にはすごく力があるというか、説得力があるし、本当に実現できるような気がします。先ほどの渡邊さんの話のなかで、「ここに合っていると私は確信している」と言ってくれたことで、私は信頼できると思ったので推したいと思います。一方で、残りの3作品が劣っているわけではなく、「私小説『家』」は螺旋の構造が1つ核としてあるからこそ、いろいろな場所がすごく生き生きとして見え

てくるのかなと思いました。もしオノマトペで今後も考えていくのなら、例えば壁の厚さなど、肌感覚に関わってくるところを同時に考えていけたら、もっとオノマトペが体現したような建築になるかもしれない。「ECHOING NATURE」は当初、自分のなかになかった価値を提示されていると思って、いろいろな疑問がありましたが、質疑応答を聞いているうちに、そういう建築の価値があるんだなと思わされました。「都市を停める」の新美さんは、すごくしっかり受け答えをされていたので、この人はもう建築家になるんだろうなと思わされました。建築家には全員なるだろうとは思いますが、その点がすばらしいと思いました。

佐藤 私には、「隠れ里のイマをつなぐ」はかなり物足りないです。すごくいいプロジェクトだと思うけれど、先ほど話したように、何を提案してもいい大会で、ちょっとやんちゃなことをやってもいい大会で、本当に建つかどうかは微妙なところだけれど、将来何か可能性を見出すような、夢を語るような大胆なプロジェクトをやって欲しいと思っているんです。そういう意味で、少し物足りない。だから1等は少し厳しいと私は思っています。

末光 今、大事な議論をしているような気がします。大西さんは、先ほどの話のなかで「ためらいがある」とおっしゃっていましたが、「ためらい」とは何かを聞きたいです。佐藤さんの意見もよくわかります。建築家を目指している学生たちが卒業設計でやるべきものというのは、もっとビジョンや新規性があり、前に立ち向かっていくようなものであって欲しいというように聞こえました。ただ、もしかしたら大西さんはそういうものをたくさん見てきたなかで、これを選んでいいのかなという気持ちが今日あるのではないかな。先ほどのトーナメントでも、ボリューム感やスケール感など、かなり繊細な部分を気にされていました。それはどういうことなのかを少し聞いてみたいです。

大西 もし最初にこの場所を敷地として決めていたとしたら、ここに巨大な建築をつくるという選択肢はなくなると思うんです。

末光 佐藤さんは「卒業設計とは何か」という上位概念で話されていますよね。

佐藤 卒業設計なら、場所すら自分で選べるわけですよね？

末光 少し質問を変えると、かなり敷地まで絞っているからこそ、そこに対して丁寧に考えるべきだったと思います。でも、プロジェクトの敷地は選べるわけだから、卒業設計がどういうものであるべきだと大西さんは思っていらっしゃるのでしょうか？

大西 一人の人にとって何をやるべきか選ぶのに対して、選択肢はそれほど多くないと思います。そこは、その人の問題意識によると思います。渡邊さんに、すごく巨大なものをやってみるとか、今の敷地とは別の土地を選ぶという二択があったようには、私は思えないです。だからと言って、何を選ぶかはその人次第なので、彼女が敷地をここに決めた時点で、大きい建築をここにドーンと建てるのは選択肢としてないわけですから、仕方ないと思います。

末光 佐藤さんは、ある種の新規性などが物足りないとおっしゃったように聞

こえたのですが、いかがでしょうか?

佐藤　規模の大きさはあまり気にしていません。だからこそ飯田さんも評価しており、あり得るかもと思っています。規模というよりは、どのくらいの提案が盛り込まれているかが大事で、あと、丁寧に設計するのも大切です。そこを踏まえて、何か大胆に将来に向けてつなげていけるような、ちょっと荒唐無稽でもいいから大胆なことをやって欲しい、そういう元気ある提案がいいなと思っています。

末光　いいですね。卒業設計論のようになってきたので、ぜひ他の方にも聞いてみたいですね。

津川　自分が学生の時の感覚としては、建築教育で得られるものはあまりないというくらい、すごくスパッと切り離していました。学内の講評会でも外での講評会でも、評価されるのは説得力があるものなんですよね。要は、しっかりとまとまっていたり、欠けているところがなかったりとか。見る人はやはりプロなので、私はまだですけれど、至らない点がすぐ目に付く。建築というのは、建てる前にクライアントにプレゼンテーションをして、説得してお金をもらわなくてはいけない仕事ですよね。でも、プレゼンテーションで何かを表現する際に、学生の課題ではまだ失敗していいはずなのに、評価時には失敗が許容されない。学生時代は、そこにフラストレーションがたまっていました。未来や社会など、大きく描かれたものに対してボールを投げる提案というのは、現実には着地できていない提案なので、だいたい至らないものなんです。丁寧な設計が見られなかったとしても、そういう意思がある人は卒業してから世に出てきます、今も若い世代でいらっしゃいます。そういうところも評価に入れたいと思っています。だから、少し語弊があるかもしれませんが、荒々しくても、そういう意思を持ったものがあるかどうかを見ています。渡邊さんに意思がないと言っているわけではなく、おそらく自分が生まれ育っていない敷地を対象にされた際も同様に敷地に丁寧に寄り添って提案される方だろうとは思います。そのあたりの評価軸をどう置くかなのですが、このような場では、失敗を許容できるような評価をしたいと私は思っているので、その意味で佐藤さんがおっしゃっていることはわかります。

石川　そうですね。私の中では、卒計論はあんまり問題化しないんですよ。タイプはもちろん違うけれど、初日に言っていた希望の風景のようなもの、それがそこに在ることによって、その周りが変わっていくとか、その質が変わっていくというか、見方も変わってしまうような、そういうきっかけをどれが与えてくれるだろうとずっと考えていました。「ECHOING NATURE」と「隠れ里のイマをつなぐ」はそのようなものを感じます。それから、商売柄、地に足のついたプロジェクトが好きなので「隠れ里のイマをつなぐ」がいいと思っています。

末光　今、佐藤さんがおっしゃっていたような話については?

石川　そのように考える先生がいてもいいと思います(笑)。要するに、卒制のあるべき姿が一致しなくてもいいのではないかな。だから、それは否定しません。否定しないし、そのあたりが一緒に出てくるといいなと思います。

佐藤　石川先生も商売柄、視点の違いが出ていると思います(笑)。

石川　審査員を選んだ段階で、こうなるんだと思います。

末光　今の議論は重要な気がします。卒業設計で荒唐無稽に派手なものをつくり、それを競い合うこと自体がすごく滑稽に思えることもありますが、一方で、我々が社会に出て建築家の立場としていろいろ苦戦したり、うまくいかなかったりしたことを、お二人の意見がなぞらえているようにも聞こえました。それで、この作品のメッセージはどこまであるのか。丁寧にやっているし、設計しているもの自体を否定しないと思いますが、先ほど「ビジョナリー」と中山さんがおっしゃったように、どの未来の建築のビジョンにつながっていくかは、今の議論の中ではちょっと感じられないと私は思いました。それを聞けたら、なんとなく納得感が生まれそうな気がします。

石川　建築の使い方だと思うんですよね。建築がこうなるというだけでなく、さまざまな建築があるなかで相応しい建築を選び、このように使ってみせるということだと思います。私がよく行っているのは、漁港ではなく中山間地域なのだけれど、集落が本当に大変なことになっている。それに対して、「隠れ里のイマをつなぐ」は希望の光が射すような作品になっている。これだけを見ると、ささやかなプロジェクトに見えるけれど、これが示し得ることは非常に大きなものだと思うんですよね。

津川　私が「隠れ里のイマをつなぐ」の提案で引っかかっているのは、平面図を見ると、施設の人たちが使う場所と公共性を帯びている場所の間にセキュリティラインが引かれておらず、壁面も建っていないところです。限界集落で顔を知っている人だとしても、私は子どもを預ける施設、児童福祉施設として、シビアに考えて欲しいと思います。それぞれの提案にコンセプトがあり手法があり、そのプロセスがありますが、その手法を掲げるのであれば、そこだけは抑えて欲しいというところがあります。児童福祉施設というのは、敷地が限界集落であったとしても、すごくセンシティブなものだと思うので、その中でそのシビアさを持って設計して欲しいんです。

末光　ビジョンや視点としては共感するけれど、きっちり手法として押さえなくてはいけないところとして、セキュリティの話を外しているのではという話ですか?

津川　そうですね。わざわざプレゼンに入れてなくてもいいのですが、ダブルラインでもいいので図面に入っていないのは何故だろうと思いました。だから先ほど、その時間帯の使われ方をどう考えているのかという質疑もしたのですが、その回答にもその感覚を得られなかった。一方で、

感じています。

末光　というよりも、地域の人が入れることを指摘しているのでは？

渡邉　そうですね……。

末光　では一度投票しましょうか。

──　順位をつけてもらって3票を入れていただきます。1位が3点で、2位が2点、3位が1点というように票が入ります。

63番「私小説『家』」
…大西2点、佐藤2点、津川1点、中山1点（計6点）
11番「都市を停める」
…石川1点、大西1点、佐藤1点、津川3点、中山2点（計8点）
6番「ECHOING NATURE」
…石川2点、佐藤3点、津川2点（計7点）
38番「隠れ里のイマをつなぐ」
…石川3点、大西3点、中山3点（計9点）

例えば新美さんや小原さんのビジョンを掲げたやり方についてコミュニケーションを取っているうちに、彼女たちがこれをやるうえで、これが重要でこれを押さえれば、もしかしたらこのようなことが可能になるかもしれないというのを、私たち受け取る側が気付かない点がコミュニケーションの中に出てきたのです。それはやはり設計者として期待したいところでもあります。

末光　渡邉さんにも聞いてみたいと思います。今の指摘に対して、どう考えて明示しなかったのですか？

渡邉　実際にインタビューをして設計したので、いかにプライベートの個室が子どもにとって重要な空間になるかは把握しているため、こういった公共性の高い空間とプライバシーを混ぜるような提案には絶対にしたくないと考えました。そのため、レイヤー状にプライバシーの高いゾーンと地域に開く場所というように配置したという意思もあるし、壁がないのは建物として……？

津川　違います。動線上で切られていない話です。公共の人が施設の人しか使えない場所にも容易に入れる動線になっているのは、流石にまずいのではないかと思います。

渡邉　一つは、全体が見渡せる場所にキッチンを配置し、職員の人の拠点として、そこから目が届くようには考えています。ただ、ここが施設のリビングでもあるので、個室と完全に区切ってしまうことにも私は抵抗を

末光　僅差で競っていますが、「隠れ里のイマをつなぐ」に3名が3点入れているのは揺らがないと思われるのと、おそらく議論をし尽くしたと思うので、これ以上何も進展しません。そのため、最優秀は38番「隠れ里のイマをつなぐ」でよろしいでしょうか、おめでとうございます。また、実行委員より今年は特別に優秀賞が3名での許可が取れましたので、63番「私小説『家』」、11番「都市を停める」、6番「ECHOING NATURE」の3作品が優秀賞に決まりました。おめでとうございます。

──　ありがとうございました。続きましてJIA賞を発表します。6番の小原可南子さん「ECHOING NATURE」、17番の髙田圭悟さん「500年後、干拓地に湖を残すためにできること」、35番の東英和さん「Slopescape」、38番の渡邉雪乃さん「隠れ里のイマをつなぐ」、46番の柴田智帆さん「個性のあいだ」、50番の三舛正順さん「小国の操杉術」。おめでとうございます。

PRELIMINARY EXAMINATION

予選審査コメント

予備選考に呼んでいただいたのは1年ぶりだったかと思います。今年はオンライン開催ということで、少し前回とは勝手が違いました。会場にびっしりと並べられた作品を見て回るのではなく、自宅でひとり椅子に座って作品を一つずつ捲る様に見たわけです。審査会場特有の雰囲気は味わえませんでしたが、逆に一つひとつの作品をよりじっくりと見ることができたのではないかと思います。

全体的な印象としては、例年にも増して環境、特に農業や共生といったテーマの作品が増えた気がします。また作品の構成としては個人の身体的な感覚と結びついた小さな要素を組み合わせ、組み立てていったものが多かったように感じました。他者との結びつきが希薄になっていく社会の微妙な変化を感じ取った結果なのかと思いました。そして細やかで多様な要素を丁寧に組み立てた作品をじっくりと見るには、オンラインも悪くないと感じました。

しかし建築は同時に、さまざまな要素が複雑に組み合わさることで全体が構築されているわけです。作品をじっくり見た際に、なぜこういういまとまりになるのか、という問いは大変重要でしょう。そのときに作品をつらぬく流れが見えてこないと、私自身に関して言えば、オンラインのほうがよりいっそうもどかしさを感じていた気がします。分断された小さな要素をいかに統合していくのか、それがつくる側だけではなく見る側にとっても時代のテーマなのかもしれません。

福岡大学教授　太記祐一

オンライン審査ということもあり、比較的作品に目を通す時間もあり今の学生が関心をもつことに触れることができ有意義な時間でした。審査においては、問題提起に対して深く向き合い建築によって解決の糸口を見出そうとしているか、形と空間の探求において面白くなりそうな予感が感じられるか、の2点を意識しました。学生のCGのクオリティには驚かされますが、CGはただの技術に過ぎませんのでそれ自体の差は重要ではありません。それを除いても内容の濃度が滲む作品が複数みられ、本戦での議論につながりそうな作品が多かった印象です。一方で学生らしい突飛な作品には欠いていたように思います。構造を意識した作品が無かったことは残念ですが、わからないことは武器でもあります。実際に建ちそうと思わせるものが散見されたことは、よく参照していると感心する一方で新規性がなく物足りないなと思う部分もありました。建築の面白さにはそれを取り巻く事象との関連を解くこともありますが、純粋に造形と空間体験の追及という面白さもまた同列であると思います。学生のうちは特にですが、自分が本当に面白いと思うものをひたむきに追及されることを願っています。

XYZ structure　荒木康佑

改めて予選を通過した作品を見てみると、意外にもリアルなCG表現を多用した作品がほとんどないことに気づきました。建築設計実務の世界では写真のように加工したCGの提出が求められることが多くなってきました。おそらく、その方が一般の方々にはイメージが伝わりやすいことや、ぱっと見で美しいと感じるように盛ったイメージをつくれば、簡単に建築の商品価値が上がることがその理由でしょう。

しかし逆に、学生の作品がそうはなっていないのはなぜでしょう。おそらく、建築や都市の専門家が審査をするので、表面的な「美しい」イメージがそんなに評価につながらないことや、世の中の建築の「商品」価値が、創造的あるいは社会的な作品の価値としては認識されないことが大きい気がします。

こうしたギャップは、一般社会と建築界との間にずっと横たわり続けています。目先の流行や短期的な経済原理に流されるのではなく、建築の芸術性、精神性、社会性、技術といった価値を長い目で見て評価する建築界のスタンスは、やはり守ってゆくべきだと思います。それが結果として世の中の建築や都市を魅力的で心地よいものにしてゆくからです。一方このギャップが埋まらないのは、専門家サイドからアピールする努力が足りないからでもあります。実は多くの学生さんは、今後社会に出ると否応なしに経済の波に飲まれてしまいます。しかしそれでも学生時代に建築や都市について真剣に考えた経験を忘れずに、是非機会あるごとに専門外の人に解説してあげてください。

九州大学教授／NKS2アーキテクツ　末廣香織

今年の予備審査では390作から70作（4名辞退）選抜。今年はここ最近かなり多く見られる地域生業・産業系をテーマにした作品は例年よりは少し減り、建築と土木や農業をテーマにした作品が多く見られた印象があります。とりわけ水をテーマにした作品が多く散見されました。これは近年多発する自然災害や環境問題に向き合うには建築・土木というカテゴリーは意味が無く、それらを越境して物事をとらえようという意識の表れかもしれません。こうした作品群は厚みを持った場所のサーヴェイがなされることが多く、とにかく情報量が多くまとめられています。もちろんそうしたテーマや場所性の探求は重要なことであり、必要なことではあります。しかし、そのような作業に私自身関心が無いというわけでは全くない、と前置きした上であえて言うなら、何かが物足りないと感じます。表現されているものの情報量は多く、密度はあるけれど、"オノマトペを設計手法とした"「私小説『家』」や、"自分の心のなかで巻き起こった感情を…模型にする"「生日記」のような、設計のスタートを内発的な拠り所から自身の創作態度を探る作品群のほうが、作者の内的必然性を強く感じ、長い思考の射程を持ち得るように感じました。

佐賀大学准教授／yHa architects　平瀬有人

予選審査で記憶に残った作品についてコメントします。小原可南子さん「ECHOING NATURE」は高密度な都市建築に取り組む野心が良かったです。酒井麻結さん「葉のもと幼稚園」はドローイングに心惹かれました。岩橋美結さん「今日はもうすぐ雨が降るらしい」もドローイングが可愛らしく、多様な要素・空間が破綻なくまとまっていると思いました。尾﨑美都さん「鎌倉五差路の家」は配置計画がユニークで発見的でした。橋口真緒さん「あなたが世界にいたということ」は敷地とプログラムの相性が良く、実現したら良いと思いました。東英和さんの「Slopescape」、橋を下から眺めて暮らすのは楽しそうです。曽根大矢さん「小さな模倣都市」の題名とパースがとても好きです。林田章吾さん「タワマン改替」は時事ネタに真摯に取り組んだ提案で、生々しい批評性に好感をもちました。福士若葉さん「灰白のレシピ」は雪国の風除室を機能から解放するというアプローチが面白かった。安達鉄也さん「ワクワクさせる建築」はアイロニカルな提案と受け止めましたが、素でやっているならそれはそれで面白いと思いました。紙幅が尽きましたが、他にもたくさん力作がありました。皆さんの今後の活躍に期待しています。

九州大学助教／ICADA　岩元真明

例年とは異なりオンライン開催となった予選審査では390作品について8名の審査員が審査し、70作品（4名辞退）を選出しました。個人的には毎年同じ視点で評価していますが、①本選での議論が行える論点があるか②それを具体的なデザインで示そうとしているか、の2点を重視しています。例年②はそれなりにあるが①が不足している作品が多いという印象であり、今年もやはり同じ傾向でした。やはり①があっての②であり、表現やデザインが目を引くものであっても簡単にいうとそれは「面白くない」ものなのです。どのような作品が「面白い」のか。多少表現や完成度は荒削りでも、着眼の良さや論点の鋭さ、そしてそれを何とか解決・実現しようとする造形やデザインの模索が感じられるものだと思います。
着眼や論点の内容は人それぞれで良いのです。が、その質の高さや鋭さは一朝一夕に生まれるものではなく、普段からよく勉強しているか、考え続けているか、ということが実は問われています。日常の過ごし方が大事なのです。

熊本大学大学院教授／TASS建築研究所　田中智之

2013年から9年連続で予選の審査員をさせていただきました。設計と教育の二足の草鞋の私にとっては、若い建築学生がどのようなことを考えて建築に向きあっているのか知れる貴重な機会として毎年楽しみにしています。コロナ禍の3年目の開催でしたが、例年に比べて倍くらいの応募者があったことが印象的でした。学生時代の大部分をコロナ禍で過ごしたので、こもっていた時間がモチベーションになったのか、遠隔での本戦参加を見越して全国から参加者が増えたのか、真相はわかりませんが、予選審査では多くの票が入った作品しか通過できず、少数票の「キワモノ」が落とされてしまったかも知れません。
本選で上位に選ばれた作品を見ると、あるレベル以上の表現力や技術は必要ですが、やはり、その人独自の視点や思想が評価の分かれ目となっていると思います。情報過多な時代だからこそ、個性がより重要であると思います。卒業設計では評価を恐れずに自分と向き合いきって、「キワモノ」や「カッティング・エッジ」と言われるような作品をつくってもらいたいと思っています。

九州産業大学教授／矢作昌生建築設計事務所　矢作昌生

数百の作品から優れた作品を選ぶ際には、相対的な評価になる部分があります。情報の密度やグラフィックの美しさ、ボード全体のバランスなどです。この場合、似た提案としてグルーピングしたものの中から比較して、優れたものに票を入れました。対して絶対的な評価として気になるもの、自分の興味、関心に合うものは別枠でピックアップしました。
審査員の票を集計後、票数が多いものに関しては、最終審査でより議論が深まるだろうということで、当落選上にある作品について時間を割いて話し合うことになりました。票を入れた理由を審査員それぞれが説明し、それに共感できる意見が集まったものを最終審査に上げていく。自分が見過ごしていた論点に、他の審査員の批評によって気づく。この学びの時間が自分にとって重要であり、審査員をやるモチベーションと言えます。後に全国の設計展で上位に進出した作品も、この予備審査では当落ギリギリのところ、推薦する審査員がいたことで拾われたケースがありました。僕自身ぱっと見では理解できないけど、どうしても気になるものも残りました。これらが最終審査でどうなるか、白熱した議論が終わりに差し掛かる頃、審査員というよりも応援者のような気持ちになっていました。

百枝優建築設計事務所　百枝優

EXHIBITED WORKS

出展作品紹介

棚田の無何有郷
集落の空白を埋める"現代版おかずとり"の提案

京都府丹後町の袖志は、棚田と海、集落が調和した美しい里山の景観を持つ地域であり、"おかずとり"という自給自足の文化が存在する。しかし、高齢化や過疎化によって集落の美しい景観は失われつつあり、"おかずとり"の文化も消滅の危機に晒されている。これらの問題をこの集落における空白と捉え、その空白を埋めるべく"現代版おかずとり"と名付けたプログラムを展開することで、現代社会における持続可能な建築あり方、景勝地に立つ建築のあり方を提案する。

id01

山田迪与
立命館大学理工学部
建築都市デザイン学科B4

A1. Illustrator, Photoshop, 手描き, ArchiCAD, レーザーカッター　2. 6万円程度　3. 1年以上　4. 意匠　5. 子どもの頃から住宅やインテリアを見るのが好きだったから　6. 豊田市美術館

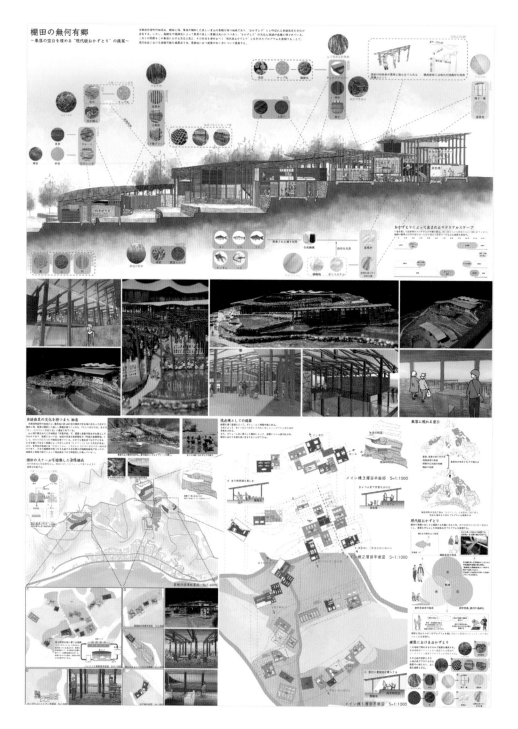

佐藤　ここで田んぼをやるための施設なのですか?

山田　耕作放棄されている田んぼを、淡水魚の養殖池とする提案となります。

佐藤　耕作放棄なのですね。何を養殖するのですか?

山田　淡水魚です。あと、魚の鱗から糸をつくるという技術があります。もともと丹後ちりめんという製品産業が盛んな地域なので、丹後ちりめんと魚の鱗からつくった糸を使い、新しく産業化する。

佐藤　割と丁寧に模型をつくっているのに、構造のことは何故語らないのですか?

山田　すみません、構造はここに一応書いています。

佐藤　それだけか(笑)。これはどういうシステムですか?

山田　構造はセルフビルドで建てられるようにユニット式になっています。繊維産業が盛んだったこ

とから織物をイメージして、織っているような架構をつくっています。

佐藤　張弦梁構造にしている?

山田　そうです。

佐藤　弦のところは、どうなっているのですか? これはきちんと自分で考えた?

山田　事例を参考にしています。

佐藤　ここに束があって、ここに斜めにあるのが張弦でしょう? 張弦も木材でできなくはないけれど、この細い木材を使っているのですよね? この構法はどこにあったのですか?

山田　台湾の事例を参考にしています。

佐藤　参照してもいいけれど、参照する時は自分なりにもう少し発展させることを考えるといいね。雰囲気はいいと思うけれど、これは全部木造ですか?

山田　そうです。

佐藤　この弦が2つあるのもポイントですよね?

挟み込むという木組み的なところ。

山田　これは自分で考えたものです。

佐藤　そこは、大いに提案していると言っていいと思うけれど。こちらがシングルでこちらがダブルですか?

山田　そうですね。柱はシングルです。

佐藤　この斜めのをシングルにして、こちらをダブルで挟み込んでいる?

山田　そうです。

佐藤　スパン中央がつらいのをダブルの弦で張っているわけですよね? それをわかってやっているのか、無意識なのかな。

山田　はい。

佐藤　そのように生かされているのだから、そこも語るようにしましょう。

大西　模型で説明すると、具体的にはどこが何になりますか?

山田　この手前の部分が淡水魚の養殖池の飼育研究室で、あとは魚の鱗から糸をつくる技術で繊維産業をします。その紡績研究室がこの——。

大西　それは、今もやっているのですか?

山田　それは新しく提案するプログラムです。ここは、都市に住む人が短期移住するための住居と糸をつくったり織ったりする紡績工場が入っています。

大西　なるほど。こちらもですか?

山田　そうですね、こちらで糸をつくってだんだん織物になっていくという工程です。

大西　なるほど。新たに淡水魚を育てる産業を入

れたのは、担い手が減っていることに対して有効なのですか? そもそも棚田を維持するのが難しい時に、それよりも淡水魚の養殖がいいから選んだということですよね?

山田　棚田の美しさは連続する水盤にあると思ったので、成長産業である養殖を田んぼに入れて、表面的には水盤が連続して棚田のように見えるけれど、実は中には養殖もあるようにしました。新しく棚田の風景を続けていくのにいいかなと思いました。

大西　今、淡水魚を育てるのは成長産業なのですか?

山田　淡水魚そのものというよりも、養殖自体が世界的に見て成長産業なので、新しくプログラム

として提案するうえで、同じプログラムでもう一度田んぼとして復活させても結局また衰退してしまうと考えました。

大西　なるほど、なるほど。もう少しおかずとりの説明が欲しいです。

山田　おかずとりは、もともと日常生活の、食生活のおかずになるものをとる文化ですが、ここでは建築的におかずとりを自分で読み替え、建築やインフラとして、この地域でつくったものだけで建築を構成するということです。

大西　そういうことなのですね。建築の土台自体がそのようにできているという。

山田　エネルギーなどもそうなっています。

大西　なるほど、わかりました。

まちを農す

都市、地域、住宅のスケールで農と住の共存を計る計画である。対象地の菊陽町はこれまで、線引き都市計画によって、市街化区域を宅地開発し人口増加を支え、同時に市街化調整区域の農地を保全してきた。しかしその線引きは、新規住民と農家との分断を生んでしまった。そこで市街化区域と市街化調整区域の間にバッファーゾーンを設け、宅地と農地が混ざるよう開発を行う。住民同士も混ざり合い、分断は緩やかにつながる。町の将来を担う、新しい「農」の形が生まれる。

ID02

屋宜祐李佳
九州大学芸術工学部
環境設計学科B4

A1. Illustrator, Photoshop, Rhinoceros, 手描き、AutoCAD, レーザーカッター　2.5万円程度　3.1〜2ヶ月未満　4. 意匠　5. JR大阪駅のホームで一瞬だけ電車がいなくなり遠くが見える瞬間があり、これを演出するのは建築だと思った。　6. House H / o+h

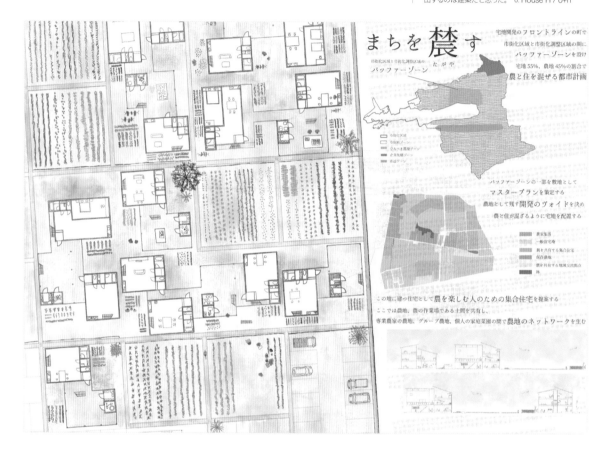

佐藤　これは既存なのですか?

屋宜　いえ、既存ではないです。農を楽しむ人のための集合住宅を設計しています。

佐藤　これは何か素材の違いを表しているのですか?

屋宜　一応、下がピロティになっているところを──。

佐藤　鉄骨ですか?

屋宜　いえ、木です。

佐藤　全部木造?

屋宜　全部木造です。

佐藤　ややしがない木造の建物に見えるけれど、もうちょっと何か設計したい形態はないのですか?

屋宜　周りに集落があるので、できるだけ奇抜ではなく、馴染むような住宅にしたいという思いで設計しました。

佐藤　例えば木造の軸組でも、軸組をどうやって組むか提案できるのだから、しがないっていうのは悪いことではないけれど、屋根のこの面の組み合わせだけでも提案性はあると思いますよ。ここをどういう向きで組み合わせていくか。それに対して、構造でどのように組むかを提案するといいと思います。例えば異質なものを組み込むというのなら、例えばこいつが耐震コアになるのも考えられる。温室くらいのサンルームのような透明感のある部分もつくれるから、おそらく、そういうことを盛り込んでいけば、この植物と関係させられる。場所はどこでしたっけ?

屋宜　熊本県です。

佐藤　面積的には十分ある?

屋宜　あります。

佐藤　何haあるか、計算しました?

屋宜　パネルにはありませんが、もともと町が計画している面積を確保したうえで、グループ農をするという提案です。

佐藤　このくらいの人たちで、これくらいの面積を使えばいいんですね。でも、狭くないですか?

屋宜　別途仕事を持ちながら、週末農業のような形で行う人たちを想定しています。

佐藤　これは売るのですか、自分で食べるのですか?

屋宜　基本的に自分で食べて、売ることもできるという形です。

佐藤　土地が十分あるところで、もっと広々とやってもいい気がします。

屋宜　人口は、近くの団地の面積と住戸数を参考にして計算しました。

大西　これなどは既存の農地で、これは既存の農家集落ですか?

屋宜　農家集落です。

大西　これらが新しいものですか?

屋宜　はい、ここから下が新しいグループです。

大西　新しい集落になっている、この全体が調整区域ですか?

屋宜　はい、調整区域です。もともとは農地のところですね。

大西　これを放っておくと、こうなってしまうという。

屋宜　はい、そうですね。

大西　住宅地として広がっていくのを、半分くらいは農地にしないかということですね?

屋宜　はい。

大西　そうすることによって何が起こるのでしょうか?

屋宜　現在はすでに住宅と農地で分かれていまして、住宅の人は農地が横にあるのに、その良さを受け入れられないのと、農家が減少傾向にあり、かつ分断されているので農家になる人が少ないため、そこをつなげることを目標にしています。

大西　分棟形式の小さい粒で構成していたのは、どういう理由があるのですか?

屋宜　周りに小さな家が多いので、それに馴染むように大きなボリュームを避けました。あと、隙間があることで、農作業中に野菜を干すことなどができるような配置にしています。

大西　なるほど。これは1家族が住むのですね。

屋宜　いえ、ここは4家族です。

大西　一緒に住んで、ここを共同で使っていくという形ですね?

屋宜　そうですね。

大西　わかりました。配置の工夫はすごくわかりました。農と住を混ぜていくことに、建築の工夫として何かありますか?

屋宜　このいくつかの棟の一つはピロティにしており、その農地だけだと、どうしても日が当たって作業などができないので、もっと家の近くでそれをするスペースを確保しています。

生日記とこころの万華鏡
変わりゆく永遠

愛情の世紀へ……「生日記」を通して、自分の心のなかで巻き起こった感情を目で見えるものとして模型にし、空間の中からふたたび感情を発見する、これまでにない設計の過程。手探りでつくったものに場所を与え建築にすることは大変難しいが、小さな感情を育てていくように建築をつくることは、できた住宅に彩りを与え、生命を宿すことになる。どのようなかたちに心を動かされるのかを知ることで、心の底から心地よいものとなり、それは個人を超えて共有できるものとなる。

ID03
山根啓昂・岩尾優輝
広島工業大学環境学部
建築デザイン学科M1

A1. Illustrator, Photoshop, 手描き　2. 10万円程度　3. 1〜2ヶ月未満　4. 意匠　5. 工学、自然科学、芸術といった、多種多様でさまざまな分野を横断して関わり合っていくのが建築学と感じたから。　6. PLATFORM II

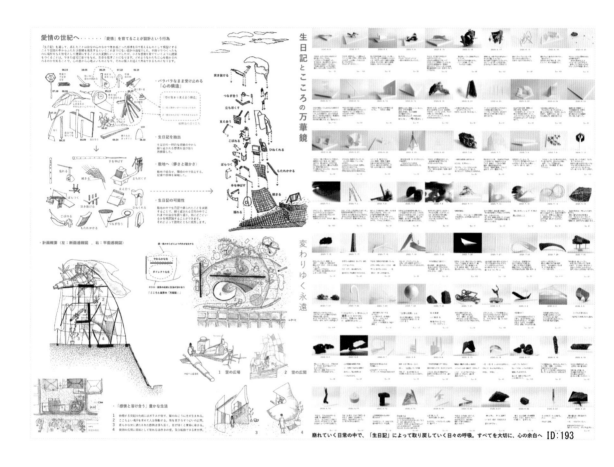

佐藤　これは、どこか塞がった内部空間があるのですか?

山根　あります。ここからガラスが入ります。

佐藤　何とかふさがっているんですよね?

山根　はい。ここには持ってきていませんが、模型11個をつくりながら検討しました。

佐藤　構築物として成り立っている?

山根　鉛直荷重や水平荷重を少しずつ負担するように、細かい部材などを入れながら、検討しています。

佐藤　各部の形がどうやって決まってきたかは、どうやって説明できるのですか?「生日記」というところから要素を取ってきたのか、もし取ってきたと

しても各部の形について──。

山根　生日記で感じる心の振れ幅の変化のようなものを覆いつくす感じです。

佐藤　例えば、ここのガラスが立っているのはどういう空間をつくりたくて、このようになったのですか?

山根　そこの周りに生活が営まれて、それを邪魔しない程度に覆いながらできていくという──。

佐藤　こことここは何が違うのですか?

山根　基本的には、こちら側の壁は崖側で日差しや朝日が入ってくるので、リビングやダイニングのスペースとなります。一方でこちら側が、寝室などの静かなスペースとなっていて──。

佐藤　これは1つの住宅でしたっけ?

山根　そうです。

佐藤　本当は、もっと自由なつくり方をしたいんですよね?

山根　そうですね。

佐藤　あの模型は何故持って来なかったのですか?

山根　大き過ぎて。

佐藤　どれくらいの大きさ?

山根　2×2mくらいです。

佐藤　それは見たかった。鉄骨の組み方はまぁまぁ好きです。

大西　生日記とは、毎日自分の心情をものに置き換えて表現したものですか?

山根　そうですね。

大西　それは2人で?

山根　1人です。

大西　それを組み合わせる時に、住まいにしていくということですか?

山根　そうですね。

大西　私たちが知りたいことは、このようなアプローチをしたことで、どのような見たことのない空

間が生まれるのかという可能性です。普通のプロセスでつくった建築と、どこが違うと思いますか?

山根　一つの正解に向けてつくるものではないので、例えば、あの渦巻き状の壁があって、ここの周りの空間があるとして、まずここをつくろうとすると同時に周りもつくる感じです。中央の壁とこことの関係や、それぞれが独立しながらつながっていくという関係性だとか。分けながらもこう上がっていくと、ここで見下ろしたらつながっていたとか。バラバラでありながらつながるという、その在り方は

狙ってはいないけれど、最後につながり合うことができるのではないかと思っています。

大西　こういうのも、その日記の中の一つですか?

山根　一つではありません。日記をやりながら拾ってきた石などがあるけれど、それをそのまま使ったわけではなく、これが生活とのつながりで、歩いてやった体験も含めてここで表現しています。

史を渡す

土地の記憶を失ってしまったかのように見える町に、文化の保存・継承し、新しい文化を生む建築を提案する。上書き保存するような都市計画を繰り返し、風景を短期間で一変させてきた町。町の魅力や文化に無関心になった人々。文化の継承が絶たれ特徴がなくなった町に、土地に根付く文化を身近に感じ、町について考える場となる橋を架ける。文化と人をつなぐ橋は、町を彩る舞台となる。

ID04

小瀧玄太

大阪工業大学ロボティクス&デザイン
工学部空間デザイン学科B4

A1. Illustrator, Photoshop, Rhinoceros, 手描き、ArchiCAD　2. 7万円程度　3. 4〜5ヶ月　4. 意匠　5. 小学生の時に自分の家が建てられる過程を見て、いつか自分も建ててみたいと思ったのがきっかけ。　6. 瑞龍寺

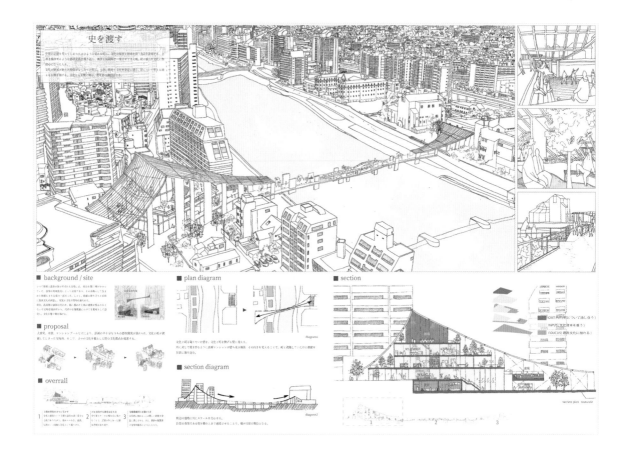

■ background / site

■ proposal

■ overrall

■ plan diagram

■ section diagram

■ section

佐藤　これの内部は何ですか？

小瀧　温泉と図書館などの文化施設になっています。

佐藤　これは木造のイメージですか？

小瀧　いえ、RCです。

佐藤　屋根も？

小瀧　屋根は鉄骨です。

佐藤　これは何故、このままずっと続かないの？

小瀧　建築的な強さを持ったものを建てたいわけではなく、弱いけれどつながる、手を合わせているようなつながり方が欲しかったので、全部続ける

ことは考えていなかったです。

佐藤　つなげても良さそうですけどね。ところで、こちらは構造デザインを提案していますが、このブリッジの構造デザインは？

小瀧　壁が橋脚となっています。

佐藤　40mとか50mではないのですか？

小瀧　ここで、20mとしています。

佐藤　20mとしたら、小さめの体育館ぐらいにしかならないですが？

小瀧　構造の部分までは、考えきれなかったです。

佐藤　これが例えば滑らかなら、ここから張弦になっていてもいいのだけれど。

小瀧　そうですね、一度それを検討しようと思ったのですが、この橋は1つのまとまりとして、ここで切れて欲しくて。

佐藤　1回切れるのではないかと思いますがね。分厚い構造というのは、シンプルでいいという捉え方もあるかもしれないけれど、このような巨大建築物がもっと薄くて鉄骨で透明感のある建築物につくられるといい。薄暗い空間ができてしまうのを払拭していきたいという話は、よくするんです。

大西　橋がそのまま建物につながってしまうけれども、町を歩いてくる人はどのようにこの橋にアプローチするのかな。普通だったら道路の先にありますよね。それを横に1回入るようにするということ？

小瀧　メインとしてこちらから入る観光客がほとんどなため、現状のようなプログラムになりますが、町の人からすると、1階がオープンスペースで市場などとして使われるので、全体的にどこからでも入れるような仕組みにしています。それを歌劇に向けて文化を意識するように、少し狭めていくような感じにしています。

大西　例えば町の文化の架け橋と言った時に、町のどこでやるのかは、いろいろな可能性があると思うけれど、ここに橋をつくるのはどうしてですか？

小瀧　もともと、ここに迎宝橋が架かっていたのが大きな要因で、その迎宝橋が建てられたから、この温泉街で生まれた文化がこちらに移植されて歌劇団になっていくということになっています。文化の発祥がこの場所で行われたのですが、それを覚えている人は今ではほとんどいなくなってしまったのを問題意識と思っています。それで、ここに建築を建てました。

大西　ここまでが屋根だけれど、こちらに屋根がないのは何故ですか？

小瀧　これは公園的な役割を果たすための場所になっており、これは屋根ではなく、立体的な道のようなものとして考えています。屋根がここで切れた理由として、橋を少し強く意識させたかったのと、全体像として大きい建築になると迫力のあるものになってしまい、それとなく手を合わせてつながって欲しいという思いに反するためです。建築でつながるよりは、人と人がつながり合っているというのを意識して欲しいために、屋根はここから切れています。

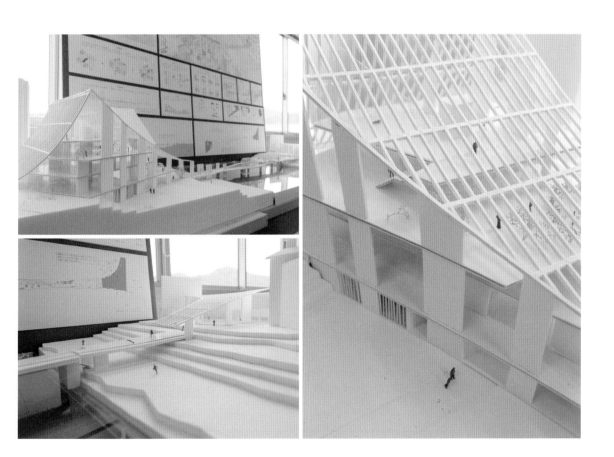

人吉遊水地計画
― 建築と土木の線を借りて ―

is07

古井悠介

熊本大学工学部
土木建築学科B4

A1. Illustrator, Photoshop, Vectorworks　2. 4万円
程度　3. 2〜3ヶ月　4. 意匠　5. 父親がものづくりの仕
事をしていて憧れを抱いたから　6. 明治神宮

人吉では一昨年の豪雨災害を受け、田園に広さ20ha・深さ8mの遊水地をつくることが決定した。自然に対して合理的に引かれる土木の線は、人吉の日常と田園風景を壊す。人吉の日常を再び彩るために、田園風景の記憶や、遊水地に生まれる生態系、建築、土木などのいくつものレイヤーが遊水地内で複層し計画される。人吉のための建築とは何か、土木の線とは何か。ここに人吉の風景や日常を受け継ぎながら計画される土木と建築の一線を超えた遊水地を提案する。

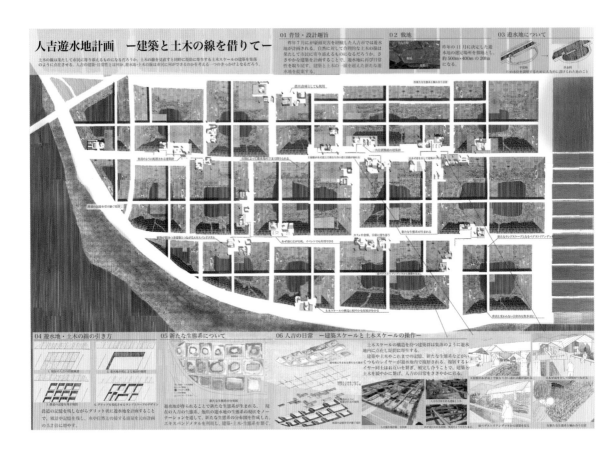

佐藤　ここは水に浸ったところなのですか？

古井　浸りました。そこへ遊水地の計画が決定されたのですが、その敷地を歩いていると、深さ8mの掘削にすごく恐怖を感じたので、そのような土木と建築の線を見直しながら計画していくことで、何か人吉の日常を彩れるのではないかというのが今回の提案です。

佐藤　これは何をどのように利用するのですか？

古井　機能としては、田んぼ付近に農具倉庫やコンバインを収納する——。

佐藤　この遊水地の配置は自分がデザインしたのでしょうか？

古井　田んぼのあぜ道が残っていたので記録を残しながらグリッドを組み、少しずつ道の幅を変化させてランドスケープ的にデザインしながら、ここのグリッドを決定していきました。

佐藤　こういうあぜ道は最小限にしたほうがいいわけですよね、そういう意味で効率を上げるには？

古井　土木の線が効率的、合理的に引かれているのが疑問点だったので、そこの線と建築の線を同時にデザインしていくことで——。

佐藤　もう少し減らしても良かった気がします。土木的な最大効率だと、あぜ道は不要になるかもしれないけれど、少しささやかにあぜ道をつくってあげると豊かな空間が生まれるという感じにすると良かったかもしれませんね。若干つくり過ぎな気もします。

古井　終わった後にいろいろな人から意見をもらった時に、手を加え過ぎたな、線を動かし過ぎたなと思うことはありました。

佐藤　あと、これも構造デザインの提案はないのですか？

古井　構造デザインとしてはシンプルなのですが、構造的には1×1mの柱と梁で土木的なスケールの建築空間をつくりながら、中に小さな建築単位の箱を挿入していくことをしており、外壁もコンクリートを用いています。

大西　豪雨の災害前はここに家がポツポツと建っていたのを、今回の買い取り方式ですべてなくなってしまうということですか？ それで、ここの全範囲が池になると？

古井　はい。

大西　なるほど。今までの風景がなくなってしまうので、この案をやりたいということですね。やはり分割したかったということですか？

古井　田んぼのグリッド性を残しながら少しランドスケープ的に操作することで、雰囲気や匂いなどが残るのではと思いました。あぜ道がたくさん通っているのに対して、いろいろな人が散歩したり自転車を漕いだりしていたので、その記憶を残しながら、遊水地を計画するのが大事なのではないかと思いました。

大西　なるほど、この建物の中にはどのような機能があるのですか？

古井　そうですね、田んぼの際にはコンバインを入れる倉庫といった、みんなが気軽に使える倉庫を置いたのと、内側に入っていくと災害に関する展示空間があります。そういう会や展示館も水を貯めるところまでで、豪雨災害が起きた時には少し流れてしまうのですが、そこはあえて許容しながら共存するように企画しました。

大西　もともとあったところがどのようなところかはわかりませんが、例えばこういうスケールのものが少し建っていたとすると、今の建物の大きさが少し大きかったり量が多かったりするように思うけれど、それはもとの風景の継承という意味で、この数は必要だったのですか？

古井　そうですね。遊水地の計画をするうえで新しいものを考えた時に、いわゆる敷地境界線がないのかなと思い、角を大切にしながら計画しました。少し大き過ぎるとは今思いましたが、このように計画したうえで少し増えていった感じです。

消えた轍に足跡を残す

私の街には、ニュータウンと原集落があり、同じ地域でも暮らしや価値観の違いなど分断が生じている。その分断を解くため、境界部分の削られた山を再現するように地域拠点空間を設け、人々の新しい居場所、価値観を提案する。そうして、建築空間から人々が道なき道へ歩き出し、既存の道に絡みつくように獣道が生まれる。そうして長い年月をかけ、建築と自然と人間の営みが絡み合った美しい風景が生まれ、住民自らによって地域の分断は解かれるだろう。

ID08
奥村紗帆
神戸大学工学部建築学科B4

A1. Illustrator, Photoshop, Rhinoceros, 手描き 2. 6万円程度 3. 6〜7ヶ月 4. 意匠 5. 物理と美術が好きだったというだけで選んだ 6. ロイヤルクレッセント

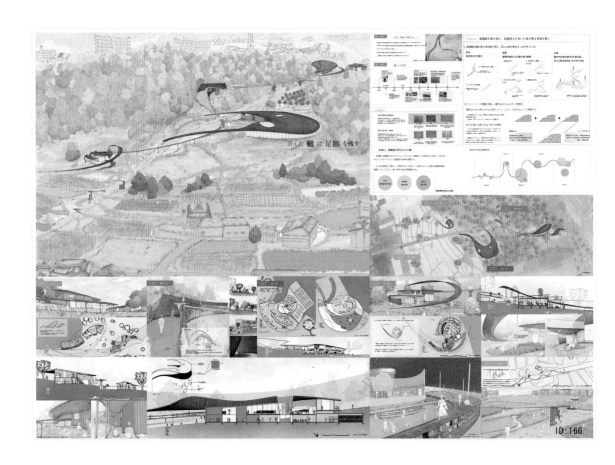

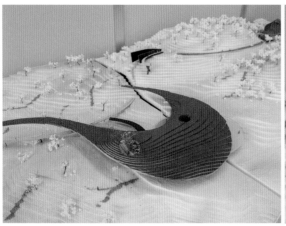

佐藤　はっきりとした用途がないということですか？

奥村　これは集落の廃れた地場産業を再興させながら両者の分断を解くという意味で、ここには木綿織物工場があります。

佐藤　このムニュッとした形がいい。この形に力学的な意味を持たせて構造デザインが提案できるといいと思います。明日までに盛り込めないですか？

奥村　素材としては考えていますが。

佐藤　力学なども考えられるし、あとは環境的な意味も持たせられそうです。風や水など。桜は咲き誇るのですか？

奥村　これは資料にしていますが、森があります。

佐藤　木々との関係などは？

奥村　あります。全体的に赤色を用いるのは、緑の補色で馴染むというのと——。

佐藤　それより、風の流れなどの生態系的な意味

です。丘の斜面の南と北ではまた違うとか、自然生態系の形と関係させるとか。光環境など環境の要素、力学などが組み合わさってこの形が生まれたとか、すごく魅力的になるのでは？何か言えるようにしておいてください。今はまだあまり盛り込めていませんよね？

奥村　はい。歩くための空間として、動線と視線のとらえ方で考えていました。

佐藤　そういう事をいくつか考えといてください。

大西　なるほど。こちらが既存集落で、こちらが新興住宅地というニュータウン。ニュータウンはいつ頃できたものですか？

奥村　1970年代くらいに入ってきました。

大西　それなら時間は経っていますね。小学校などは一緒ではないのですか？

奥村　いえ、違います。バスのルートも異なり、こちらはニュータウンだけの小学校があるという現状があります。

大西　隣り合っているけれど、全く関係ないということですね？

奥村　そうです。

大西　コンクリートを全部はがすと言っていたのは、どういう意味ですか？

奥村　どちらも駅から遠いので、自動車に依存した生活になっています。そうなると、偶然の出会いのようなものがないので、車のために舗装された

アスファルトではなく、人々が足で土を固めて道ができていくという獣道と同じような形で提案したくて、そのように話しました。

大西　例えば、この中には集会所のような機能が入るのですか？

奥村　ここは一番大きいところで、もともと地主の方がつくられていた美術館と、この街で寄付された図書館を使う公共施設のような機能を持っています。

大西　図書館などがあったら、これを目的に来ることもできるし、通り抜けていくこともできる。

奥村　そうですね。訪れる目的は別々ですが、ここで共通の行為でつながれていくという感じです。

大西　なるほど。ここは？

奥村　廃れた地場産業の木綿織物工場になっています。ここはニュータウンに近いこともあって運営の事務所などになっています。ここも木綿工場

になっているのですが、その透けている場所を歩くだけでも、工場の中を見ることができるようになっています。

大西　人が歩く道はどこかというと、このような——。

奥村　そうですね。中央に既存の道があり、その大きな道を全部はがすのですが、それ以外はほぼ歩けるようになっています。

大西　これは屋根ですか？上はあるのですか？

奥村　これが屋根で、下を歩き出すように獣道をつくるような形です。これはつながっていないのですが、そこにつながっているので、建物からそのまま歩き出せないところは橋を設けています。

大西　では、建物を出たり入ったりしながら歩いているような感じですか？

奥村　そうですね。

一刻の輪廻

小津安二郎映像メタバース

人それぞれが想う城跡の形を裏切らないために実在の城跡には触れず、この土地で育った小津安二郎の映画作品を遺す。その土地で育った人をメタバースに遺すことで時代性によって変化する歴史を編集しやすくする。

ID09

宇野香ナバラトゥナ

大阪工業大学ロボティクス&デザイン
工学部空間デザイン学科B4

A1. Illustrator, Photoshop, Rhinoceros, Twinmotion
2. 3万円程度　3. 3〜4ヶ月　4. 意匠　5. 実家の建て替えに立ち会ったから　6. ワタリウム美術館

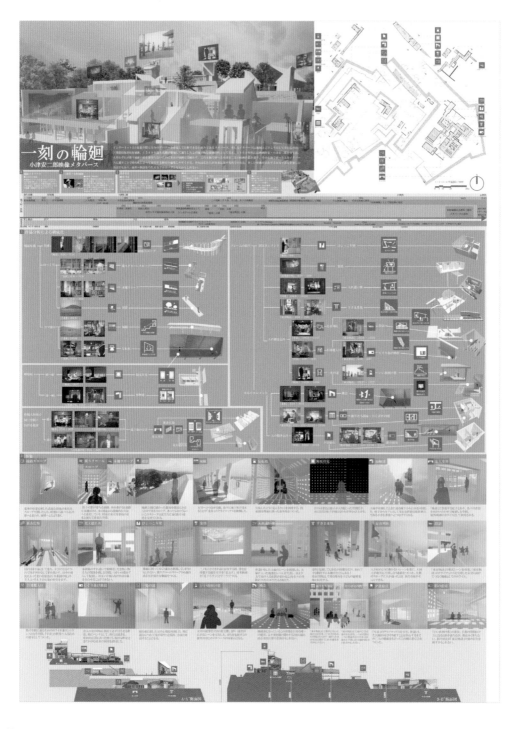

佐藤　メタバースとは何ですか？

宇野香　仮想空間です。場所は三重県松阪市の松坂城跡です。

佐藤　建物の用途は何ですか？

宇野香　小津安二郎の映画空間を体験していくというものです。小津安二郎を取り上げて、それがまた未来に松阪で育った別の人をメタバースの中につくり替えていくという提案で考えています。

佐藤　映画の中に出てくるシーンと、この空間がどのように関係するのですか？

宇野香　1個あるとしたら、夫婦が喧嘩して仲違いしたのをずらし、目線を合わせへんと見られへんというように和解するような意味があります。

佐藤　そういうシーンがあるわけですね？

宇野香　はい。

佐藤　そういうのが全部組み合わせられているということ？

宇野香　そうです。

佐藤　全部そうやって組み立てられているということですが、少し手が抜かれているところがところどころ、ありますね（笑）？

宇野香　それはあります。それはもちろん（笑）。

佐藤　これとこれは、しっかり考えられていそうだけど、あのブリッジやこのあたりは少し気が抜けていますね（笑）？　あの展望台などは力を入れてつくっていますよね？　組み合わせは良さそうな気がするけれど、もっと丁寧につくってください。

宇野香　わかりました（笑）。

佐藤　構成はいいと思います。

大西　メタバースとは何ですか？

宇野香　わかりやすい形で言うと、VRの中のようなことです。だから、実際に建てるわけではありません。

大西　なるほど。

宇野香　でも、実際に建てないのにもきちんと理由があります。赤い部分が実際に残す場所ですが、松阪市の長い歴史の中で特定の人を置くのは住民の気持ちや想いを無下にすることだと思っています。そのため、今回は小津安二郎を一旦置きますが、それが誰かに代わっていくことで、松阪市に住んでいる人が歴史をつくり変えていく仕組みもいいのではないかと思っています。

大西　イメージとしては、誰かがここを訪れて、このようなものをつけて架空の場所で体感するということですか？

宇野香　家の中でもゴーグルを付けるなどして、体験できるイメージです。

大西　それが目的というか、そもそもの動機はどこにあるのですか？

宇野香　というのも、小津安二郎は松阪市の子どもたちからしたら全然知らない存在で、知らなくてもいいかもしれないですが、せっかく地元から財産とされる人がいたのを知らないままでいるのは良くないと思いました。そのような地域特有の歴史はどこにでもあると思っており、それを知っていくための仕組みを建築でできるのではないかと思ってメタバースにつくったことがはじまりです。

大西　なるほど。具体的に言うと、どのように体験することをイメージしているとか、入り口はあるのですか？

宇野香　そうですね。城跡をもとに配置しており、ここから上がってここから入るのですが、城の形や配置をそのまま踏襲しているので、自然と巡れるようにはなっているかなと思っています。

葉のもと幼稚園

日常の中で自然を体感。昔の土地を再現し、現代の子どもたちへと。葉のもと幼稚園があるこの土地は、かつて東京湾だった。現在では埋め立てられ、一部だけ谷津干潟として当時の姿が残されている。この土地の歴史を体感できる幼稚園をつくりたい。雨が降ると窪みに溜まって沼となり、雨があがると干潟となって、思いっきり遊ぶことができる。葉のもと幼稚園での生活は園児を心豊かに育み、大人になった時も自然を愛し、共生していくことだろう。

id10

酒井麻衣
千葉工業大学創造工学部
建築学科B2

A1. Illustrator, Photoshop, Rhinoceros 2. 1万円程度 3. 1～2ヶ月未満 4. 意匠 5. 街にたくさんある建築物をみて、自分もいつか街に建築物を建てたいと思ったから。 6. 雲の上のギャラリー

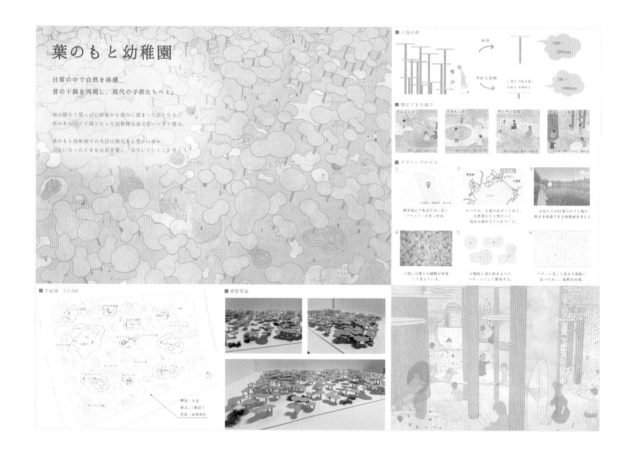

佐藤　内部空間はありますか?

酒井　あります。4番に示してありますが、緑のところが内部空間となっています。

佐藤　ガラスで囲まれているのですか?

酒井　そうです。

佐藤　このような形態は割と好きなのだけれど、構造デザインが手抜き過ぎますね? 言い訳はありますか(笑)?

酒井　はい(笑)。一応方杖構造になっています。

佐藤　1案としては、寄り添ってくると、相手の柱に次の違うスラブが接触できるでしょう? そうすると、かなり強いモジュールになりうるわけです。例えばこういう低いのまであるのだから、そこまでつながっているとすると、構造も考えているように見えるようになります。そういう部分は、少し配置を変えればつくれるのでは? このスラブがここに接して、これはここに接する。これはかなり低いので耐震性を負担するにはいい。そこまで考えるといいと思います。本当はスラブもペラペラが良いのだろうけれど、今回は置いときましょう。スラブは何でできているのですか?

酒井　スラブは軽量屋根材です。

佐藤　アルミハニカムなどでできているのですか? それとも、そこまで上等なものではない?

酒井　はい。

佐藤　スチールハニカムなどでペラペラだということにしときましょう。

大西　室内、室外はここですか?

酒井　ここです。棒の4番に書いているのですが、そこの緑で示した場所が室内です。

大西　では、点在していて、このあたりはすべてガラスで囲ってある?

酒井　はい、そうです。

大西　庇のスケールは?

酒井　これは1/100スケールです。

大西　干潟を再現するというのは、干潟の生態系なども復活させるということですか?

酒井　生き物を導入するとかまでは考えていませんが、水とこの丘と、草と共存することで子どもたちは自然と共生していくのかなと考えています。

大西　なるほど。結構同じ形が繰り返し現れていると思うけれど、どこに何をどのような密度で置くという、その場所の多様性はどのように計画しましたか?

酒井　自然の葉っぱも何にも縛られず不規則に置いてあるので、私もあまり考えずに、不規則になるように配置しました。

大西　例えばこのあたりは、少し水のある広場になっていくのですか?

酒井　ここは泥んこ沼という名前が一応付いていますが、ここはデッキ、こちら側はサンサン広場などになっています。

大西　ここは、もともと幼稚園になりうるような敷地なのですか?

酒井　はい。学校の課題でここの敷地でやりましょう、と。

大西　なるほど。面積などの縛りがある中で、それを展開していったということですか?

酒井　はい、そうです。

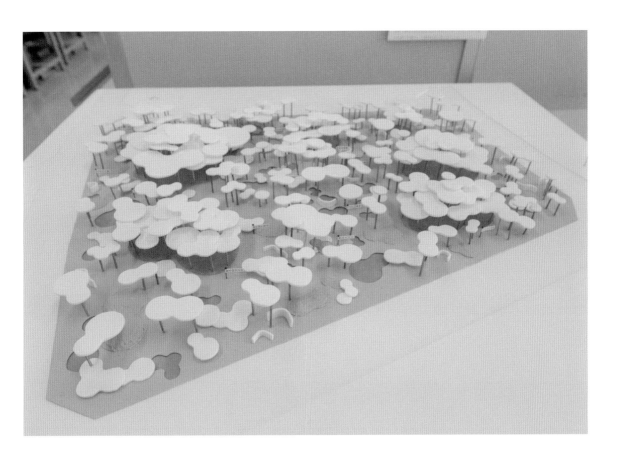

カドシタから拡がる図書館

山口県柳井市立図書館の建て替え計画。施設をまちに馴染ませるために、周辺住宅のスケールを引用した複数のボリュームを、カドを共有しながら連結させていく。重なり合うカドによって生まれた空間は、ボリューム同士の中間領域、内外の交錯点である。ここに町の要素を取り込み「カドシタ空間」を計画し、そこから周辺へと計画を拡げていくことで、施設内外や機能同士の境界が馴染んでいく。小さな「カドシタ」から始まる、まちと人に馴染む新しい複合図書館のつくり方の提案。

tb12

瀬山華子
熊本大学工学部土木建築学科B4

A1. Illustrator, Photoshop, 手描き　2. 4万円程度
3. 2〜3ヶ月　4. 意匠　5. 昔から絵を描いたり、ものをつくったりすることが好きだったから。　6. 武雄市図書館

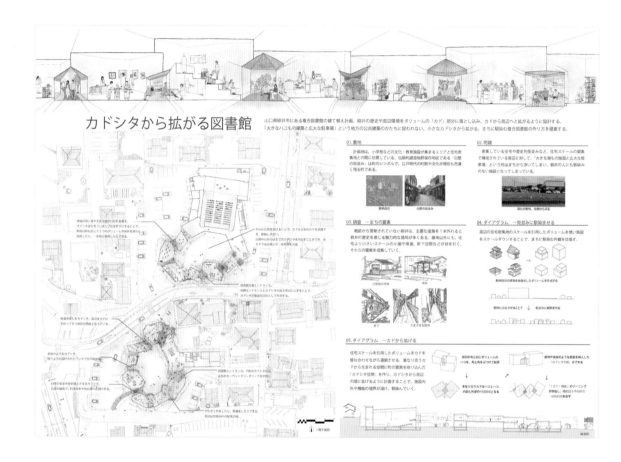

石川　角の機能については、最初にどうやって決めていくのですか？

瀬山　角の機能については、こうであったらいいなというように、場所などから決めていき、結構ランダムです。

石川　決め打ちなのですね？

瀬山　そうです。例えば、図書館のエントランスを一度広場に引き込むという意味で、こちらに引き込み、ここがエントランスになっています。そうすると、図書館自体はある程度連続性と大きい空間が必要なので、ここまでは図書館空間で、こちらに子どもの空間を配置すると決めていき——。

石川　なるほど。図書館というビルディングタイプに対して、何か発見はありましたか？

瀬山　図書館は、現在は居場所としての価値のようなものが重視され、今もいろいろなプロポーザルなどが行われていると思いますが、そういう居場所性が求められるからこそ、この手法は居場所重視で箱を決めていくという意味で、実現可能性というか——。

石川　居場所重視の「居場所」とはどういうことでしたか？

瀬山　居心地のいい空間のようなものです。そういう空間を設けて、周りに配架をするというような、人がいる場所をメインに人が滞在する場所を——。

石川　そういうことですか。それぞれの角でできた隙間というか、角空間に居場所を当てはめていくということですね。

瀬山　そうです。通り抜けの場所はありますが———。

石川　なるほど。そうすると、周りの場所は、その居場所を支える場所として定義されていくということですね。

中山　なるほどね。矩形の連続で角が重なり合った部分を開放的にしていくルールなのですか？

瀬山　角を分散的にくり抜きますが、くり抜き方は街の要素に合わせており、その部分をどのような質にするかなどを考えて、そこから周辺を円形状に領域とし平面計画を決めていきます。

中山　一見なるほどと思うけれど、角の部分は機能から機能に渡り歩いていく通路の一部でもあるわけですよね？

瀬山　そうですね。通路になっているような場所もありますが、図書館はガラス張りになっていて、内部空間のメインとなる閲覧スペースとして、そのゾーンのものとして機能している場所もあります。

中山　あるゾーンからあるゾーンに移動する時には両方のサッシを開けないと、別のゾーンに移動できないですよね。実は、自由な交流を阻害する働きにもなっており、すごく形は魅力的で言っていることもよくわかるけれど、プログラムとの重ね合わせをよく観察してみると、結構不利なことも起きてしまっているのではないかな。それが少し気になっています。

瀬山　角から角への対角線上の移動を主に考えていたので、中心の広場に一度出るなどして、本の場所はある程度つながっており、それ以外の機能も入っているので——。

中山　雨の日はどうですか？

瀬山　そうですね……。

中山　そうすると、ここに縁側をまわすなどになってきますよね。でも、そうすると少し魅力を失ってしまいますよね、本当はここに欲しくなかったんですよね？

瀬山　はい。

中山　建築ボキャブラリーの発明は、オリジナルなものだと思うけれど、プログラムは本当に図書館で良いのかと考えると違うかもしれないし、利点はあるけれど弱点もありますよね。シンプルなボキャブラリーで建築を解こうと思った時に、その解き切れない問題をどうするかというのは必ずありますが、その一つの挑戦としてはすごく面白いと思います。

大磯海街再考

いつもの帰り道、家に向かって歩いていると急に視界が開けて、目の前に水平線が広がる。その時、「帰ってきたな」と思う。それが私の故郷「大磯」。かつて、この町が東海道の宿場町として栄えていた頃、街道と海の間に漁師の暮らす町「海街」があり、大磯の海と町の賑わいをつなぐ架け橋となっていた。しかし、高速道路の開通と共に海と町は引き離され、大磯は「海街」としての暮らしを失うこととなる。本提案は海を失った大磯が再び海街として再生するまでの物語である。

ID13

榎本海月

日本大学理工学部建築学科B4

A1. Illustrator, Photoshop, Rhinoceros, 手描き、ArchiCAD, AutoCAD, レーザーカッター　2. 10万円程度　3. 1ヶ月未満　4. 意匠　5. 海外から戻ってきた親戚がカフェの設計をしていて、そのパースを入れた時。　6. 江之浦測候所

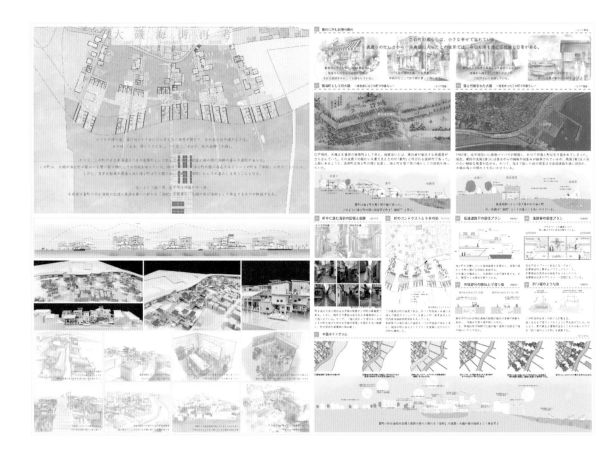

石川　西湘バイパスですよね。

榎本　そうです。もう一度この街と海の間のここの部分の「海街」というものを再構築する提案です。建築の構成としては、先ほど話した原風景がすごく大事なシーンなのですが、既存の路地が高速道路で分断されているため、それを海まで伸ばしていきます。こちらの大きい模型を見て欲しいのですが、アイレベルで見ると、この一本の伸びている道に建築が付随して空間をつくっています。その中で大磯の海についてみんなで話し合うシーンがあったり、漁師たちが実際にシェアハウスをして住んでいたりとか、大磯の「海街」を盛り上げてくれるような人たちが住んでいます。そして、最終的に「海街」が何かというと、海の近くにあることではなく、なんとなく生活の中で海を感じる瞬間がある

という意味になります。そのため、漁師町の人がこちらの地域の小学校で授業を受けたり、今日珍しい魚をここで見てこちらでその出来事の話をしたりとか、街全体が「海街」として再構築されるという内容です。

石川　この場合、堤防の機能はどこにあるのですか？

榎本　もともとはここが堤防です。津波の時はシャッターが下りる構造となっており、波を遮断することができます。普段はデッキになっていて、ここが歩けてここで建築を行き来したり、こちらから行き来したりとか。

石川　では、津波警報が鳴ると、津波モードになるんですね？

榎本　津波モードになって街を守ります。

石川　なるほど。堆砂しているのですか？

榎本　現状として、ここは陸にされてしまった場所で、陸にされたのに何も使っていない、ただの駐車場です。そうした場合、逆に堆砂したものを一部海に還元することで――。

石川　なるほど。ただ、複雑な形にすると、堆砂している砂がどんどん溜まり、ビーチが発達していくのでは？

榎本　それも僕の狙いの中にあります。そうすると、人がここに降りてきて、貝を拾うとか、カニを取るとか、そういうシーンが海と街の境目に――。

石川　ダイアグラムで砂の成長があっても良かったかも。

榎本　そうですね、それを表現すれば良かったかもしれませんね。

中山　言っていることはよくわかりますが、建築の特徴を見るとそうは見えない。陸地と湾岸道路の間に、特殊な思想を持ったコミュニティができているように見えます。あちらとこちらをつなぐ存在に見えず、かなり変わった人たちがここに占有しているように見えるのは、やりたいことと違うのではないかな。

榎本　今どう見えているかは少し難しいのですが、ボリュームそれぞれも、この街の特徴を生かしてつくっています。材料も、ここの住宅や建物を倣ってつくっています。そのため、街から連続している風景はもちろんあるし、街自体がそれぞれ特徴のある道を持っており、その道の特徴が魚屋の通りだったり、地域センターのような通りだったりとか、街が延長してきて――。

中山　秩序がないこの街には、誰かが増築したくなったら好きに増築できるような、ある種の無法地帯のようなムードが漂っているでしょう。でも、それはやりたいことと違いますよね。治水という非常に重要なもの、街に水が流れ込まれた時に港湾を守るのにどのように守るのかとか。あるいは、ここにいる人たちがこの海を汚さないように、きちんと管理された場所にしなければいけないとか。ある種の秩序が必要だと思うんですよね。その秩序なく、

ある種の漁師町のようなものが持っている、プリミティブな猥雑性のようなものを表現する手段として選んでいるのが、僕は少し弱いかなと思いますが、違いますか？

榎本　秩序がなく見えるというのは？

中山　このエリアがこのように整理された状態であると同時に、非人間的でもあることが問題だと思うのだけれど、整理されている状態というのも、それなりの理由があるわけですよね。その理由をすべて無視して、自分たちのやりたいように勝手気ままにしているように見えると、ならず者になってしまいますよね。だから、これをつくらせているのも、我々人間の秩序です。それから、これをつくらせたいと思うのも、私たち人間はそれが出会った時にどのような建築が現れるべきなのかという思考が大事なのに、「大事だ、失われた」と思っている人が自由気ままにつくっていいのかな。

榎本　高速道路とこれが関係していないということですか？

中山　例えば、高速道路をつくるためのストラクチャーが何故この形になっているのか。もし津波などがこのあたりに来た時に、このようなやわらかくて弱いものでできたものは全部ぐしゃぐしゃに壊れて街にアタックしていくことになるわけです。

榎本　普段デッキとして全体をつなぐ役割をしているのですが、津波の時は、ここにあるシャッターが閉じて――。

中山　それは今ある技術ですか？

榎本　今あるわけではないです、もちろん提案の中の一つです。

中山　それは超強烈な土木技術になりますね。

榎本　そうですね。

中山　それは建築的とは言い難い。津波があった時にも、あまりゴミを流さず、なるべくすっきりした状態にして、だけど、きちんと人の居場所になるというストラクチャーにするべき。そして、持ち込めるものは、自分で持って来て持って帰れるものくらいにする。だけど、今はキャンプなどでもいろいろな道具がありますからね。ある種の土木的なストラクチャーがここにすっと伸びているだけで、それをきっかけに釣りをする人がいてもいいし、キャンプをしたいと思った人は、その場所に滞在してもいいしイベントもできる。自由に何かしていいという、無秩序性ではない秩序をつくれる骨格を考えることのほうが大事ではないかという意見が私は頭をよぎってしまう。そうではないという想いがあるのもよくわかるし、いろいろな説明ができることもよくわかりますが、そうではない意見もあるということです。

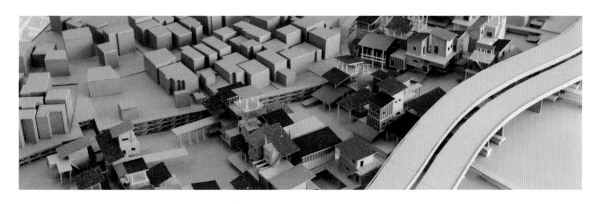

陸を待ち、海を愁う
廃棄の山から見つめなおす、人間と地球

東京の海面埋立地に、人が地球との関係を見直すための議場を計画する。生存のために消費が必要な一方、過剰な消費で地球を蝕む人間の矛盾を、消費社会のしわ寄せである廃棄の山を通して市民に示す。本建築は埋立が完了する50年後まで増築を続け、空間は廃棄物に埋もれるほどに圧迫感を増していく。海が廃棄物により陸化するむごさを通し、「適度に消費をしつつ、人が地球へ与える影響を愁う」ように人々を合意形成へと導く。

ID14

山澤卓也・柳川拓弥・吉永真耶
早稲田大学創造理工学部
建築学科B4

A1. Illustrator, Photoshop, Rhinoceros 2. 10万円程度 3. 2〜3ヶ月 4. 意匠 5. なんとなく 6. トラルパンの礼拝堂

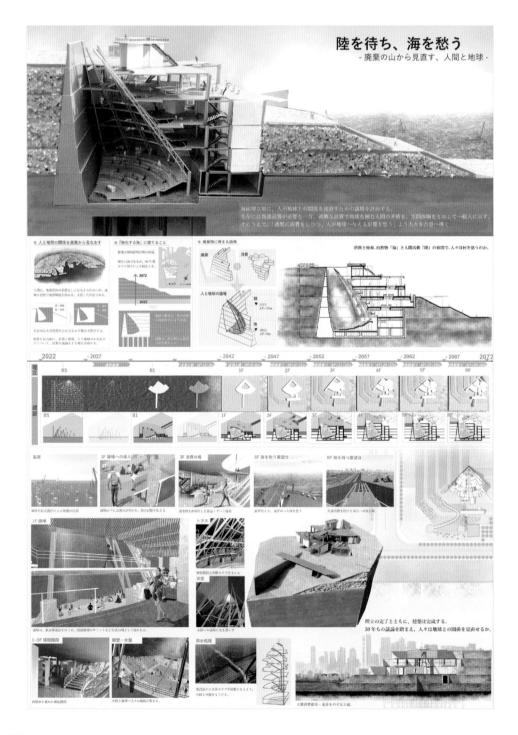

石川　サンドイッチ状になっているのは何ですか？

山澤　ごみと浚渫土（しゅんせつど）です。

石川　これを埋め立てていくと、時間を経るにしたがって圧縮され、下がっていくのではなかったですか？

山澤　そうですね、2年くらいは30cmとかすごく微小なメタンガスの発生によって下がることもありますが、おおよそこの高さで、あまり変化せずに推移するらしいです。

石川　一番下はどこに設置しているのですか？ これは杭があるのかな？

山澤　これは海面の高さになっています。

石川　基礎は杭なんですね？

山澤　そうですね、埋め立て地の鋼管矢板式という海洋土木の基礎でつくっています。

石川　もともと、この杭があるんですね？

山澤　そうですね。海洋土木の周辺の埋め立て地と同じ工法でつくっていて、これは——。

石川　その埋め立て地のための杭が打ってあるのですか？

山澤　埋め立て地を構成するための土木です。

石川　なるほど。これはどうなっているのですか、下は支持地盤のようなものに達しているのですか？

山澤　地盤まで50mの深さまで突き刺さっており、それが海面まで3mくらいにょきっと顔を出している状態です。

石川　それを基礎として使うのですね？

山澤　そうです。それにCFT造の柱を継ぎ足して全体を構築しています。

中山　あえて自分の建築の中にも消費ができる場所を置いているのかな。具体的にはどのようなものが入るのですか？

山澤　例えば、牡蠣の養殖が行われていたのでオイスターバーがあったり、周辺の廃棄物で製品をつくってそれを販売する場所であったりを考えています。

中山　食やプロダクト、工房のようなものもあるのかな。

山澤　そうですね、工房やアートの展示のようなものも考えています。

中山　ちなみに、この場所に商業施設で消費をしに来る人は、どのようなモチベーションでどのような手段で来るのですか？

山澤　モチベーションとしては、本建築は消費を否定するわけではなく、適切な消費と適当な消費を——。

中山　いえ、どのようなモチベーションで、どのような手段で来るのですか？

山澤　新しい適切な消費はこのようなものだと考え——。

中山　考えたいというモチベーションでは来ないでしょう。

山澤　としましては、この開発軸があるので、この開発軸を通してモビリティ、あるいは梅田を周遊するボートのようなモビリティを考えています。

中山　なるほど。消費してはいけないと言っても無理ですし、偽善的なものでもないので、いいと思います。ただ、その質を議論とともに考えるための場をゴミの中につくるということですが、そこで本当にものを食べたくなるだろうか。壁の向こうはゴミなので厳しいと思います。そのあたりについて、人をそのような気持ちにさせるのは建築が得意なところではあるので、あえてここですることについて考えて欲しい。説得力があって人を呼べる建築ではあるので、来た人々がそれをやりたい気持ちになるような強さを持った建築だと言えるようなものになっていなければいけないと思います。限られた時間の中でのプレゼンだから難しいかもしれないけど、そこがすごく気になりました。

山澤　そうですね。ありがとうございます。

中山　でも、面白くてすごく良いプロジェクトだと思います。

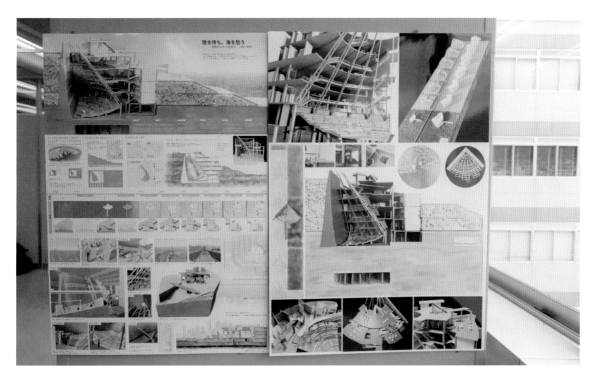

発酵建築

現在、たった1種類の病原性ウィルスの影響により、「菌は悪者、殺菌・消毒して周りから全て排除しよう」という意識が広がっている。しかし、人間の身体の中には100兆個も菌が棲みついており、そもそも菌は人間や生物にとって、共生すべき対象である。これは、菌の働きを用いて新たな価値をまといながら、菌に対する意識が今よりもポジティブなものに変わることを目指した建築の提案である。

ra15

市花恵麻
明治大学理工学部
建築学科B3

A1. Illustrator, 手描き, ArchiCAD　2. 3万円程度　3. 3〜4ヶ月　4. 意匠　5. 建築家として働く父の姿を小さい頃から見ていて、ずっと憧れていたから。　6. 東京カテドラル聖マリア大聖堂

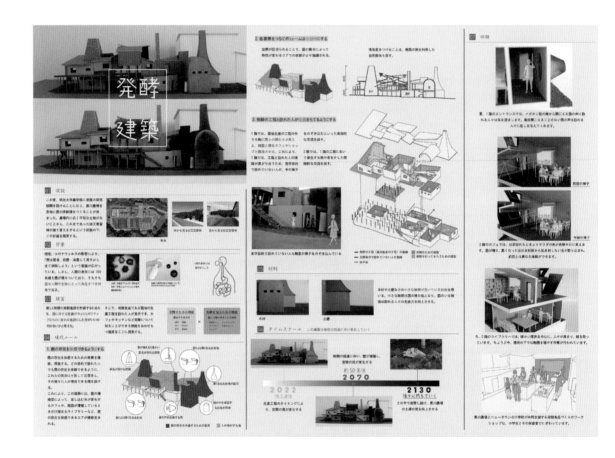

石川　菌の声はどうやって聞くのですか？

市花　菌の声は、夏場は発酵が盛んになると菌が呼吸してポコポコという音が聞こえるようになるので、それを隣にある倉で聞きます。その声を拡散させるためにメガホン型の筒のようなものを設けて拡散する案です。

石川　ではここへ来るとポコポコと言っているんですね。実際にこれはできるのですか？ 発酵の研究機関を設けるのが決まったのか、それともストーリー？

市花　卒業設計ではなくて学校の設計課題です。ある程度敷地などの条件が決まっているので、その前提で進めています。

石川　これは発酵の専門家などが見ているのですか、誰かにプレゼンしましたか？

市花　いえ、していないです。

石川　実際に発酵の専門家がどう思うか聞いてみたいな。つくってみて発見はありましたか？

市花　先日まで胃腸炎で寝込んでいたのですが、この作品に少し励まされたというか、この作品を通して自分が菌に親しみを持ち始めました。

石川　なるほど。細菌とも仲良くやっていけそうですか？

市花　はい。

中山　これは開放型の釜で醤油をつくるということですか？

市花　そうです。見学できるように誰でも入って来られるようにしています。

中山　醤油は、ステンレスの釜でつくるものですよね。場所はどこですか？

市花　黒川農場という最先端の農場のようなところです。そこにある加工実習棟の建て替えという前提のもと進めて——。

中山　そのようなことに対して意識の高い人たちが集まる場所につくるのですね。私も、木樽で醤油をつくっている工場を見学したことがありますが、あの菌は建物に住んでいるんですよね。木の梁などの建物自体に住み着いているため、建物が徐々に老朽化して梁や垂木の交換をしなければならなくても、交換すると菌の家がなくなってしまうため、材料が取り替えられないのです。どんどん足していくしかない。古い材料がほとんど朽ちかけているところに構造を重ねるため、それが地層のように重なっていく。だから、硬いレンガでできているところは、菌が住みやすそうな建築には見えない。それがもったいないと思っています。

市花　レンガの部分もありますが、土壁や木材などの小さな隙間が空いている材料を用いて菌の住処となるようなことは——。

中山　木樽もないし、どこでつくっているかがわからず、プレゼンがもったいない。半世紀経つと、すべて真っ黒になり、つや消しブラックな建築となってかっこ良くなる。でもこれは、少し汚い感じであまりかっこ良くないですよね。テーマは好きなのですが、つや消しブラックのものが持っている造形の美しさや面白さは多様にあるような気がするという意味で、建築的な想像力はまだまだ考えられるのではないかと思いました。

市花　どのあたりを手がかりにすればいいのでしょうか？

中山　それは自分で探して欲しいと思いますが、人間が考えるインテリアなどとは全く違うという意味では、これは人間である以前に菌のためにつくられた空間であり、我々はそこに潜入していくという、そのざわざわ感があると思うのです。なんか生きている菌の住処に対し、そこに私は入って大丈夫だろうかという感じが最高なわけです。でもこれは施設のような感じがします。これに入る時に、彼らにとってみれば、体の輪郭はないわけですよね、どこまででも輪郭がつながっている。すでにここにもあるというような自分の体の輪郭が疑わしくなるような、そういう経験なわけなんですよね。それを受け止める建築がどのような格好をしているのだろうという想像力が、ノスタルジックな工場のようなデザインになってしまったのではないかな。

植彩

増していく人の力と失われていく自然の力。不平等な関係となった時代。都心のオアシスに囲まれる銀座を敷地に、人間と自然の恩恵を描く。近年、環境問題などによって、緑の数値を意識した植栽計画は人間に飼い慣らされた緑であると考える。本提案の植彩は人間に管理されない緑を植えること。自然の在り方を変えることで副次的に人間に作用し、新たな自然の価値を再定義すると考える。

ID16
葛西健介
芝浦工業大学建築学部
建築学科SAコースB4

A1. Illustrator, Photoshop, Rhinoceros, 手描き、SketchUp, Twinmotion, InDesign, レーザーカッター　2. 10万円程度　3. 1ヶ月未満　4. 意匠　5. 周囲の人々の影響　6. 土門拳記念館

石川　この30種類はどうやって決めて、場所はどのように考えたのですか?

葛西　街にあるような、人間の自然に対する気付きのようなものをリサーチし、それをそのまま一つの空間にするのではなく、それらの要素を織り交ぜました。例えば四つの要素を織り交ぜて一つの空間とした時に、その空間が人間にどういった感情をもたらすのか、例えば水と癒しのような空間の場合はクリニックの用途に絡めて空間を配置したり、光の入る日当たりのいい場所に持ってくるよう

な空間があったりとか、ビルの中に30個を内包しています。

石川　ただ、建物全体の気候というか、建物の上のほうと下のほうで風の強さが違うし、日当たりも違いますよね。そういうのは織り込んでいますか?

葛西　上のほうは鳥が種を落としてきたりとか、風で種が運ばれてきたりなどを想定しています。下の階では人間に近いような、靴の裏に雑草の種が付着するような空間を持ってきています。

石川　なるほど。この街区の全体の模型はいいで

すね。もう少しメリハリがあってもいいかもしれない。場所によっては、植物がすごく繁茂しているところもあれば、もっと砂漠のようなところもあるだろうし、通り沿いは、このような植物が増えるけれど、裏通りはこのようになるみたいな。おそらく、そのように条件の違いに応じて雑草の生え方が変わってきますよね。そこをコントロールできないのも、通常の植栽とは違うという主張しているものの本質だろうし、そこに街の新しい姿のようなものが現れてきても面白いだろうなと思いました。

中山　がっちりとしたコンクリートの建物に添景として草が植え付けてあるように見え、植栽が宿るためのディテールの工夫などが、どのように設計されているのかが今一つ入ってこないのですが、どのような工夫をされているのですか?

葛西　まず、植物が自生するための土の環境をつくるため、スラブを容器のようにして土を入れています。それから、植物が介入するための余白空間をつくり、例えば鳥が種を落としたり種が風で運ばれたりして、人間の靴の裏に種が付着し、雑草などがビルの中に生まれてくるのではないかという想定で設計しています。

中山　1フロアまるまる土のフロアをつくり、そのすぐ上に屋根があったら雨も入って来ないし、光も当たらないし、植物も育たないよね。

葛西　はい。そうですね。

中山　植物が立体的に育つための巨大なプランターをつくり、雨水がまんべんなく建物の隅々まで行き渡るような設備がうまくつくられ、土の中に水が溜まらないように、スラブが水はけの良い植木鉢の形状になっている。そして、水と土が相当な重さを占めるために、構造的にも分厚くなるわけですが、銀座というすごく地価が高いところで、床面積における構造の占める割合が非常に大きくなるという、かなりクレイジーなことをやっている。そして、植物と動物、犬・猫・鳥・ミツバチのような動物が住むものができたらという想像力に向けてつくられたものではなく、人間用につくったものに植栽を付ける提案に見えてしまう。そこが不満です。これだけ積層したところに、隣のものもぎゅうぎゅうに建っていますが、日射がないと植物は育たない。例えば、フロアの半分が水盤になっていて雨水が

貯められるようになっており、上の階の屋根にも水が貯められて、その水盤を反射すると、スラブの裏に光がもう一度反射して、光が当たるようになるとか。下から伸びる植物と上から下がる植物がありますが、下から伸びる植物は重力に逆らって伸びなくてはいけないので、土がしっかり受け止められるように根を張るけれど、上から下がっていく植物はそれほど大きなプランターが必要ないですよね。人のことを一瞬忘れて、植物がどのように育っていくか、植物がどのように根付くかに対するスラブの厚みの検討などをもう少し考えると、もっと魅力的なものになったのではないかと思います。

葛西　ありがとうございます。

中山　でも、銀座に1個くらい人のためではないビルがあってもいいと僕も思いますよ。

冬は短し、動けよ　やぐら
大根やぐらの仮設技術の応用

宮崎の美しい冬の景色を織りなす大根やぐらにケンチクの要素を与え、大根やぐらのない時期に農家の人の手でつくられる仮設建築を提案する。冬に真っすぐに並ぶ「大根やぐら」と自由な形の「大根やぐらケンチク」。季節の移ろいを感じさせる新たな宮崎の風景は、大根やぐらの新陳代謝を体現する。そして、衰退の危機にあった大根やぐらの文化は更なる発展を遂げていく。

ID18

湯免鮎美
九州大学工学部
建築学科B4

A1. Illustrator, Photoshop, Rhinoceros, 手描き, Grasshopper, InDesign　2. 3万円程度　3. 7〜8ヶ月　4. 意匠　5. ものづくりが好きだったので、建築も楽しそうだなと思ったから。　6. ラムネ温泉館

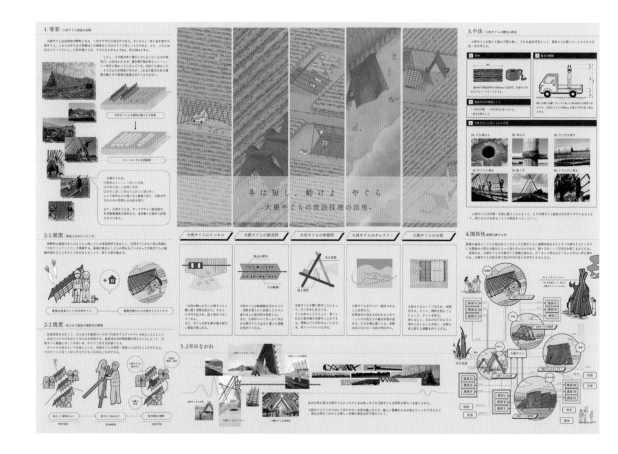

石川　もともと大根やぐらをつくっていたんですよね?

湯免　はい、つくっていました。

石川　三軒に一個というのは?

湯免　今は一農家で一つ建てていますが、本来は大根やぐらを建てない時期に、三農家で協力して建てるという提案です。

石川　オフシーズンの構築物なんですね。

湯免　はい、そうです。

石川　同じ材料を使うのですか?

湯免　はい、手法とか材料も全く一緒です。大根やぐらに少し形態操作を加えたシンプルなものになっています。そうすることで、農家の人がつくりやすく、リアリティのあるものになるかなと思っています。冬になったら、大根やぐら建築はまたいっせいに大根やぐらに戻っていき——。

石川　それは何故ですか? 解体して大根やぐらに転用するということですか?

湯免　はい。季節の移り変わりを感じさせる新し

い宮崎の景色になり、これからもどんどん形を変えていき発展していくという話です。

石川　オフシーズンに、特に農家の役に立つものでもない構築物を建てるモチベーションは何ですか?

湯免　農家の人たちは、自分たちで建てることに自信を持ってはいますが、やはりしんどくはあるので、他の人を巻き込んで協力してつくるような関係性を築けるというモチベーションです。

石川　協力するというのは、役に立つほうの大根やぐらをつくるための協力者を得るということですか?

湯免　つくるための協力者であったり、新しいのを建てるにあたって用途などはいろいろ決められているのですが、そういうので街の人が集まる場所だったりと……。

石川　高齢化が進んで大根やぐらの構築自体が将来危ぶまれるような時に、さらにこのようなものを加えてつくる余力はあるのですか?

湯免　基本的には、人数がそろえばできるようなところが正直あります。若い人を取り込めればな

お良いという感じなのですが、現在はそういうことがあまりできていなくて、求人サイトなどで無理やり募集しているような状況です。そういうのを面白くできたらいいなと思っています。

石川　では、これが有名になると若者が来て、うっかり大根やぐらのスキルが身に付くわけですね。そうすると、冬もバイトしに来るとか。

湯免　そうですね。街の外などにも出て行き、海などにもある感じです。

石川　この作品以降、自身の変わったところはありますか?

湯免　そうですね、大根やぐらマスターになりました。

石川　それにより、見る目が変わったとか、何かに対する考え方がひっくり返ったとか、何かありますか?

湯免　私自身、田舎出身で都会に憧れがあったのですが、やはり田舎はいいなという気持ちになりました。

中山　既存の大根やぐらは何故淘汰されているのですか?

湯免　大根栽培ではなくても、ビニールハウスの園芸農業が楽で儲かるという理由で、どんどんビニールハウスに置き換わり、大根栽培自体も衰退しています。

中山　何故、冬の間に建てては片付け、翌年も建てては片付けということをしなくてはいけなかったのですか?

湯免　大根やぐらは、長さが50mもあり、畑を分断する形で建てています。そのため、大根を干す時期はここに干せばいいので農業が成り立ちますが、それ以外の時期はただの邪魔な壁になってしまうという理由で解体されています。

中山　これも邪魔な壁になりますよ?

湯免　50mだった時はわざわざ回らないと向こ

う岸に行けない状況だったのですが、これは20mくらいなので大丈夫かなというところです。

中山　そこに建築家が登場してうまいこと解決してくれればいいのですが、これの耐久性として、ずっと建っていたら壊れるのではないですか?

湯免　大根やぐらになったりこちらになったりと、材を継ぎながら変わっていくのですが、竹材はおおよそ二、三年ごとに朽ちるので、それに合わせて新しい竹材に徐々に変えていくという——。

中山　一年中建っていたら一年で腐ってしまいますよね。

湯免　冬の時期は大根やぐらなのですが、冬以外の時期に建てて、冬になると同じ材を使って大根やぐらに変わるというものです。そのため材も変わっていくので、朽ちるスピードは速くなるけれど、新陳代謝の流れ自体はあまり変わらないというか

——。

中山　大根やぐらは、このまま大根やぐらに転用しないのですか?

湯免　そうですね。これ自体を大根やぐらにするのではなく、一度壊してから大根やぐらにします。

中山　仕事が増えてしまいますよ。

湯免　そうですね。これを建てることによって、いろいろな人が集まり、これに興味を持った若者や地域外の人たちを取り入れることに意味があると思っています。今、おばあさんやおじいさん二人でやっているところに若者が介入すれば、将来につながっていくということで、最終的にトータルで見れば、仕事は増えるけれど、大根やぐらの存続につながるし力不足を補うことができると考えています。

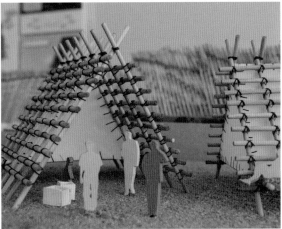

Sora-moyo

空は周辺環境の影響を受け日々変化し続けている。また、人は空とともに生活や感情も変化する。それはとても豊かで愛しいものであり、建築もそうあって欲しいと考えた。単純な建築的操作だけで立ち上がった形態には、ほとんどディテールは存在しない。環境や人、モノ、活動が主体となるには、建築は背景となる必要があったからである。自分と建築と空との対話によってドライブしてきたこの提案は、対話により立ち上がってきた小説や映画のようなものであると私は考える。

ID19

谷米匠太
浅野工学専門学校
建築デザイン科B2

A1. Illustrator, Photoshop, 手描き, SketchUp　2. 2万円程度　3. 5〜6ヶ月　4. 意匠　5. ものづくりを通して自分を表現することが好きだったから　6. 光浄院客殿

石川　空についてまず考えたのは何故ですか、空が好きなのですか？

谷米　学校の帰り道の空がきれいだったからですかね。

石川　いいですね。

谷米　空には形やスケールなどの概念が定まっておらず、環境や視点、時間によって見え方や名称が変化することに気付きました。今回の提案では環境や人、物、活動が主体となって空間の性質が変化し続け、建築自身は背景としてそこに存在するだけの空のような建築を目指して設計を進めました。その次にマテリアルとしてテキスタイルをイメージしました。テキスタイルは光、空気、水の向きを可視化してやわらかい材質によってさまざまな形態変化をします。従来の空間の境界を空間のベールとしてテキスタイルが包括することを目指しました。その次にテキスタイルを用いて、糸を引っ張ってテキスタイルが吊り上がり、その下の空

間を自由自在に調整できるエレメントをつくりました。全体の形態をつくるうえで敷地は設定していなかったのですが、空というものは、同じ空でも室内から見た窓の空とビルの狭間から見える空で全く異なる見え方をする性質があることに気付き、そのテキスタイルと、人や環境、物のシーンを40のシーンとしてコラージュします。これがいわゆる全体をスタディしている過程で、これをつくっていくうえで全体を頭の中で考えていき、この形態ができあがりました。そして最後に、この建築自身がどこに建つのかを考えました。建築にはロケーションが存在するけれど、空にはロケーションが存在しない。この建築自身をいろいろな場所にコラージュすることで、いろいろな場所によって見え方が変わる、空のようなものを建築的に表現しています。

石川　推し環境はどれですか？

谷米　砂漠ですかね。砂漠は影ができる場所が少ないため、その中に広大な薄暗い影ができて風は

そのまま入るし、内側も外側もなく下も地面を打っていないので、そのまま砂漠が一続きとなり、遊牧民などの砂漠の人々にとってはオアシスとしての使われ方ができる。機能としては砂漠が一番有意義な使われ方をするのではないかと思います。

石川　構造体をトラスにしたのはどうしてですか？

谷米　トラスにしたのは、建築自身にあまり意味合いを持たせたくなかったからです。ストラクチャーはストラクチャーの役割をして欲しかったのです。

石川　なるほど。思わせぶりな造形を避けたということですか？

谷米　そうです。自分のデザインが介入して欲しくなかったのです。背景としてだけ、建築があって欲しかったのです。

石川　ストイックですね。

中山　要は、大屋根から大きなものが多点吊りされていて、そのケーブルが上下するということだよね。

谷米　その操作だけです。その操作だけという単純さに意味があると思います。

中山　そうなのですが、40個のドローイングが先にあったと言っていたのは、この布に穴が開いているのですか？

谷米　穴については、開けたらそうなるということで、別に最初に開ける必要はありません。その後どのように使われたり見えたりするのか、例えばここはパッチングされて新しいのに入れ替わってもい

いですし、そういうのをイメージと言ったのがこのコラージュの部分です。

中山　都合のいい順番で話しているような感じが少し気にはなるけれど、私はすごく好きでドローイングもすごくいいと思いますが、建築としては弱いですね。テキスタイルが好きな人は、やはりテキスタイルが異様に好きだから、テキスタイルの挙動というものに対してすごく真面目ですよね。でもこれは模型に選んでいる布が、スケールに全く合っていなくて、自重が足りず腰が強過ぎるから、みっともないことになってしまっている。それは嫌ではないのですか？

谷米　テキスタイルのイメージとして、素材が透けるイメージだったのですが、ずんぐりとした感じに――。

中山　ずんぐりというか、ぐしゃっとしていますよね。非常に細かい鎖のようなもので編まれた、ある程度自重のある薄い布のようなものでつくると、おそらくやりたい形になったと思います。このようなものをつくる際には、美しさに対する気位が高くないと、妥協した美しくない形になってしまうと思います。そういう意味で、あなたのような人が美しくないものをつくってはいけないと思いますが、作品としては私はとても好きです。

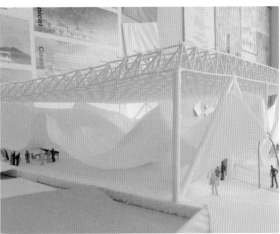

今日はもうすぐ雨が降るらしい

どの時代においても、雨は私たちの生活と切り離せない関係にある。さまざまな点において生活が便利になってきた一方で、雨だけはいまだにコントロールできない、現代人の生活に"変化"を与えるものである。時々刻々と社会や地球環境が変化する今、そしてこれから先、私たちは雨とどう関わっていくべきなのだろうか。雨という天気は私たちの一番身近な異常であると考える。都市における集合住宅兼立体都市公園を計画する。建築を通して雨の存在を感じて地球に耳を傾けてほしい。

ID20
岩橋美結
神戸大学工学部
建築学科B4

A1. Illustrator, Photoshop, Rhinoceros, 手描き, SketchUp, Twinmotion 2. 4万円程度 3. 5～6ヶ月 4. 意匠 5. ものをつくるのが好きだったから 6. 六甲枝垂れ

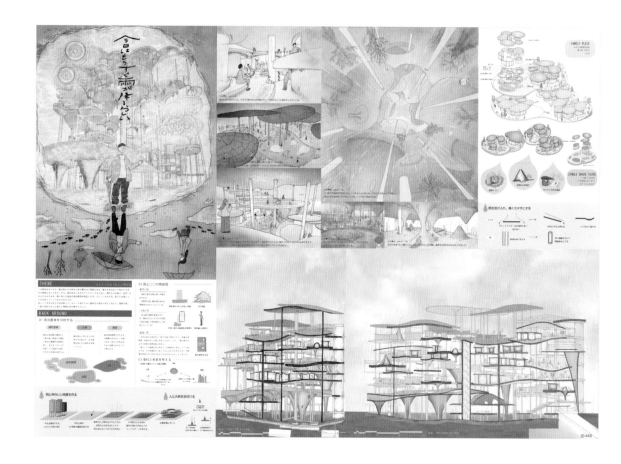

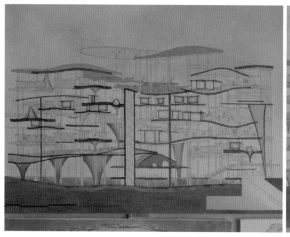

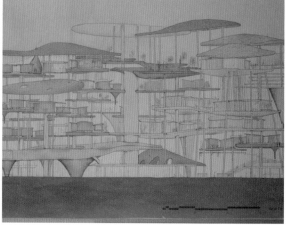

石川　この中に住宅が入っているのですか？

岩橋　そうです。

石川　住宅の中の床はどうなっているのですか、乾いているのですか？

岩橋　乾いています。

石川　緑色の床になっているところがオープンスペースですか？

岩橋　そうですね。上の茶色いところもオープンスペースです。いろいろな動線があり、都市の中の山を登るように、人が都市の宿木のようになるイメージです。

石川　あえて地面を構造体に乗せて浮かせた意味は何ですか？

岩橋　都市の中の雨はすごく面倒なもので、雨が降るとみんな地下を歩いてしまうのですが、山の中で雨が降ると、匂いや音などすべてが変わり、土が大事な媒体になっているのかなと思います。

石川　でも、地面から動かしているんですよね？

岩橋　そうです。地盤をたくさん積層させるイメージです。

石川　山の中にいるような暮らしになれば、もっと雨を許せるのではないかという説ですね？

岩橋　はい。いろいろな雨を感じられるのではないかということと、いろいろな環境があり、時間と日の当たり方によって異なる環境ができたら面白いかなと思いました。

石川　湿った住環境から離脱しようとしてきた100年間に対して、湿った生活がいいと、どのように説得するのですか？　いろいろなものにカビができますね。

岩橋　コケとかも多分生えると思いますし。

石川　そうですね。トイレでトイレットペーパーを引き出した時に、それがじっとりしているのを含め、雨をアプリシエイトできるかという。

岩橋　気持ち悪いといえば気持ち悪いかもしれないですが、逆にトイレットペーパー以外のものを使う家などを考えたら面白いですね。

石川　なるほど。雨の生活様式のようなものができていくのではということですね。

中山　都市は、雨のことをすごく考えて形がつくられていますよ。

岩橋　都市に住む人にとって、雨はすごく面倒なものだと考えられていて、都市も——。

中山　面倒なものにならずに済んでいることのほうが多いと思います。

岩橋　災害などにならないために、すぐに——。

中山　毎日、側溝の掃除を誰かがしてくれることで、道路の両側に水が少しずつ流れるようになっていますが、ごみなどでぐちゃぐちゃにならないように水を吸い込む舗装がされているし、側溝を流れた水は川に流れ込むようになっています。でも、川に直接雨水を流してはいけないので、実は、すべて下水道を通って汚水処理場に流れていき、我々が出す汚水と混ぜ合わせた状態で浄化され、川に放流されて大きな川へと戻ります。全部の建築を通過した水が海まできちんと運ばれるためのデザ

インがされているおかげで、我々は雨が面倒くさいなど言えるわけで、それを現代の人間は自然と一緒に暮らすことを忘れているなんて言っているんですよね。言いたいことはとてもよくわかりますが、そのように言えるような状態にしてくれている都市と建築への感謝を忘れてはいけない。そういう意味で難しい批評になってきますが、積層建築物の中を雨水が面白く流れていきながら、いろいろな出来事を起こしていくのを立体的にどう計画できるのかはすごく大事なことですよね。そう思うと、高いところに大きなフラットな屋根をつくっているから、降った雨はたまたま下がったところに集まり、滝のように勢いよく流れていきますよね。滝が起こったところの下にある地面をばっしゃんばっしゃんと水が叩くようなことになるので、巨大なクッションのようなものがないと成り立たない。このようなところをたくさんつくっているけれど、この

中は土で埋まっているのかな？

岩橋　埋まっているところと、空洞のところ——。

中山　例えば土で埋まっていたとしたら、この中に水が溜まりますよね。どうやって地面の中にそれを浸透させるかを考えた時に、柱と基礎があるけれど、それは地面とつながっていなくてはいけない。普通は大きい基礎をつくるし、この中に溜まった水は浸透させなければいけないけれど、このあたりはどのようなデザインになっているのですか？　また、水の振る舞いなどが短期間に大量に巻き起こす検証に対して実に無防備です。屋根はどうしてこのような形なのか、この建物の水はどうやって川に流れているのかといった、建築のプロフェッショナルな目でもう一度都市を観察してみるといいと思います。それから、これを設計した自分のことを少し大人の目線で批評すると、自分がまた新しく生まれると思います。そこからではないかな。

団地を編み直す

埼玉県狭山市の狭山台団地を敷地に、住宅団地の空間を再構築し次世代に受けつぐ手法を提案する。東西に直線的な空間に新たに曲面壁を挿入し、構造補強をしつつ移動と滞留、居場所をデザインする。盛り込むアクティビティは現在の少子高齢化問題に応答するが、空間構成は都市の縮小時代を見据える。市街化区域の端に位置するこの場所に、過密化する中心部とは異なる低密度な都市空間のあり方を発見し、都市の縮小時代において外側から新たな価値が逆拡大する契機としたい。

ib21

梶村寛
東京大学工学部
建築学科B4

A1. Illustrator, Rhinoceros, 手描き, Grasshopper
2. 7万円程度　3. 1ヶ月未満　4. 意匠　5. 人間が知覚する空間体験を直接的につくる、ものづくりの原点のような分野だと感じたから。　6. Y House / スティーブン・ホール

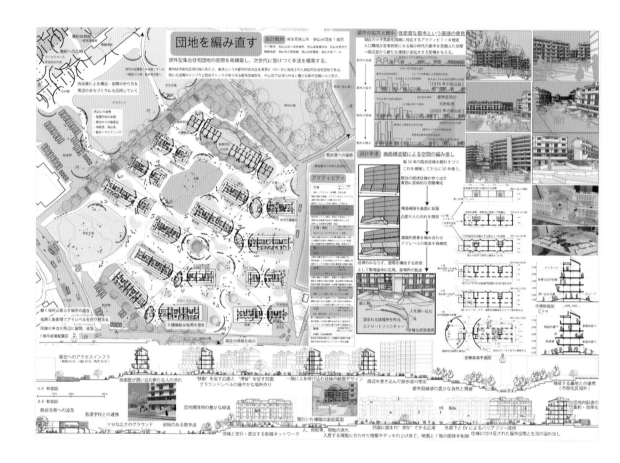

石川　主に1階レベルでやるんですよね？

梶村　主に1階レベルです。2階レベルなどの改修の際には、人を引き込む動きに呼応するように少し傾けるなどして、それに呼応するようにいろいろな建築的要素が団地の中、団地の外に広がります。機能は時代によってどんどん変わっていきますが、住区以外の機能なども受け入れながら街全体をつくり変えていく、そのきっかけをつくることを考えています。

石川　最初はこの曲がり壁の挿入から始めるんですね？

梶村　そうですね。

石川　このカーブの壁を入れていく場所や形はどのように決めていくのですか？

梶村　場所や形は、南側に向いて平行に入っている建物に、それと直行する動きをどんどん生み出すとか。それから、その間に偶発的に生まれた隙間のようなものをまた建築化していくなどして居場所をいろいろつくっていきました。

石川　なるほど。高さは何を根拠に決めたのですか？

梶村　人が座る用のベンチを付けた時に、もたれかかったりとか屋根が頭の上についたりとか、人の動きを誘発するくらいの高さです。建築に付いているほうは構造の補強としても利かせるため、建築の梁をしっかり支えられるよう、そのくらいの大きさでやっています。

石川　アイデアとしてはどちらが先だったのですか？

梶村　最初はただ構造を補強しても空間が全然変わらなくてつまらないから、それを曲面に拡張するところから一応スタートしました。

石川　構造を補強して曲げてみたら、これがいけるのではないかと思い付いたのですか？

梶村　そうですね。

石川　なるほど。では、これは鉄筋コンクリートなんですね？

梶村　鉄筋コンクリートか何かです。

石川　こういうところに座る場所はないのですか？

梶村　つくりたいですね。

石川　あってもいいの？

梶村　あってもいいとは思うのですが、凸面は、人がつるっと向こうへ抜けて欲しいイメージです。

石川　いいアイデアだとは思います。ただ、実務的な話としては、公共スペースで何人もの人が座るベンチをつくる時に曲面の内側につくった場合、知らない人が座ったところは、視線がクロスするので座らなくなってしまうんですよね。だから、グループができそうな場所にはすごい効果があるし、逆に1人とか2人連れの人が多い場所は外側に向いてベンチを置いたほうが、近いところに座ったとしても、スマホを持って互いに会話しないけれどベンチをよく使ってくれることがあります。そういう使い分けをしても面白いかもしれませんね。

中山　一つひとつの間取りや設備などはどうなっていますか？　古い団地は縦シャフトが老朽化しているから、外側に配管がばんばん出てきているのが多いけれど、ここはどうなっていますか？

梶村　階段室を外階段につくり直す時に、階段室を全体的につくり直しており、それが縦配管にもなっています。さらに一住戸を改修して外側に住戸を広げてメゾネットにしています。これは、耐震の意味で軽量化しているのと、現在は住民におじいさんやおばあさんが多いけれど、今後の多様な住まい手を受け止められるように徐々に改修して

いくことを考えています。

中山　なるほど。跡形もないほどに外科手術が施されて改造人間になっていて、新車を買わずに古い車を直しながら乗っていたら、高くついたというようなことにならないでしょうか？

梶村　コストに関してはそのようなことをあまり考えていません。ただ、団地で生まれ育った世代とそのさらに子ども世代というように、団地が原風景になっている人もいると思うので、団地の躯体を残すことは歴史を継承することにつながるという意味で、むしろポジティブな意味に捉え直されて

いくといいと思います。

中山　エレベーターも、新しい外のコアに取り付いてくるという——。

梶村　それもあるし、内側は棟によるけれどエレベーターも入れようと思っています。それで、介護や福祉、配送、配食などのいろいろなサービスが、今後はアクティビティとして入ってくると思うのですが、いろいろなものが受け止められるように空間を良いものにしておこうと考えました。

舟流都市
外濠から考える水と都市の向き合い方

外濠が綺麗になった未来のあるべき姿を提案する。本提案は江戸城外濠の河川部を舟で巡り、都市景観を作品と見立てた博物館を、電車から船へのアクセスを考え飯田濠、常磐橋、和泉橋の3ケ所に設計した。四ツ谷から飯田橋までだった外濠の都市景観が隅田川まで連続し、外濠に水と人の循環が再構築される。外濠に舟が流れて、都市の裏側の景観が立ち現れる未来を創造し、水都東京の再編の糸口を探る。

id23
鈴木真
法政大学デザイン工学部
建築学科B4

A1. Illustrator, Photoshop, Rhinoceros, 手描き、Twinmotion, Vectorworks, InDesign 2. 10万円程度 3. 1ヶ月未満 4. 意匠 5. 父親が、建築家を志していたが、家業を継ぐ関係で夢を諦めたのを聞いて、建築やってみたいと思った。 6. 豊島美術館

大西　模型をここに置いたのがすごくいいですね。すごく面白いし、気持ちよさそうでいいなと思っていますが、今の話を聞くと、都市がギャラリーのように見えてくるということなら、そちらもつくったほうがよかったかな。それが周りの風景に対して、少し古いものを模したように見えないかが若干不安です。ただ、つくってみると、案外合っているなどがわかると思います。

鈴木　用意できていません。

大西　例えば何か後ろをつくったら、卒業設計だからやはりつくりたいという気持ちもわかる一方

で、もう少し少なくてもいいのではと思ってしまいます。反論があれば言ってください。そうすると、こちらがあると、それも自分の作品の一部になって一緒になっていくというのもあるのかなと思ったり。

鈴木　店のボリューム量的には、先ほどの土手のもともとあった位置をなぞらえながらつくりつつ、間引きしながら隙間をつくりながらということも考えて設計していきました。

大西　これが川幅ですか？

鈴木　実際の暗渠部分はすごく短く、外堀浄化プ

ロジェクトは多摩川上流水から水を引いて流された状態とのことなので、川幅を広げて──。

大西　そこにあるビルも少し壊さないといけないのですか？

鈴木　ビルも更新時期に合わせて解体します。駅から全く見えない外堀通りと、駅が全くつながっていない状態なので、そうすることによって、電車・船・歩行者・車という動線の混じり合いが生まれるとか、そういう景色もつくりたいと思って設計しました。

末光　敷地は飯田橋ですか？

鈴木　はい、飯田橋です。自分はその外堀の河川部に着目して、河川部を船で巡りながら都市の景観自体を作品とみなした博物館を設計します。この敷地はもともと暗渠化されてセントラルプラザという高層ビルが建っているのですが、このビルの更新時期に合わせてビルを解体し開渠して、実際に外堀だった部分の水面を表し、博物館とします。

末光　実はこの近くに住んでいました。

鈴木　そうなのですね。ここが新しくなった駅舎の部分です。実際に歩いている人が水面に気付くように、斜めの崖をつくるといったことをしています。

末光　水面で駅舎とつなげなかったのは少し違和感があります。

鈴木　ここも全部つなげるということですか。最初は全部かけようと思っていたのですが、列車・船・歩行者・車というレイヤーをきっちり見せたくて──。

末光　でも、こちらはつないでいるけれど、こちらは分断されているのが気になる。少し欠陥もあるし駅舎も組んだほうがよくないかな？建物の機能は何ですか？

鈴木　博物館の展示室とライブラリー。

末光　何の博物館ですか？

鈴木　外堀の歴史を学ぶ博物館です。こちらからあちらに向かって神田川につながっているのですが、神田川につながれば日本橋川や神田川も外堀であるということを最終的に学びながら、都市全体を楽しむ博物館です。

末光　わからなくはないし、模型も結構頑張っているけれど、もう少し詰めるとよかったね。例えばこの高さで本当によかったのか、構造体はこれでよかったのかとか。そこまできちんと詰めていたらもっと深みのある卒計になっていた気がします。

鈴木　そうですね。

末光　高床というか、水上住居のようにしている理由は？

鈴木　遊水地として水位の変化が少ない場所なので、水面に近い位置にスラブを設けることができると思っています。堀の上にテラス席を浮かしたカフェがあるので、そのカフェと同じように浮かして高床式のようにします。この水面の下を船が通れる場所が実際にあったりして──。

末光　その辺りを深掘りしたいですね。例えば濠は濁りますよね？

鈴木　そうですね。

末光　そういうものが水を循環できるようなルートを確保したとか、水生植物や水の中の生き物と人が共生できる世界観にしましたとか、どのように共存するかデザインするとか、少し雰囲気に頼って設計されている感じがする。

鈴木　植物などまで踏み込めなかったのは、自分の少し甘いところだと思っています。

末光　全体としては力がかけられているのだけれど、全体的に同じようなボキャブラリーでまとめましたという感じが少し出ている。高床にして分棟があるとしてもすぐ目に付くわけだから、どのような理由があるのかを言われると納得できたと思う。それが欲しいんですね。

鈴木　分棟にすれば、歩行者が景色を正面に見ている時に斜めに何か抜けがあると、それによって水面に気づいて視界が急に切り替わるんです。切妻の詰まりが視線を直線的に誘導するなどして、連続性が見えてくるというシーンをつくりたかったんです。

末光　現代の卒計としては、シーンや抜けを少し超えたい感じですよね。

PARK＋ing
― 電気自動車を見据えた可動族のための近未来都市の提案 ―

これは駐車場という都市の大きなヴォイド空間が新たに人々の生活の場へと変化していく物語である。世の中が電気自動車化し、急速に進化し変化していく暮らし方や働き方はこの先どうなるのだろうか。この提案はこの先の未来に対し、私が期待する近未来都市の提案である。

ID24

児玉征士
法政大学デザイン工学部
建築学科B4

A1. Illustrator, Photoshop, Rhinoceros, 手描き、AutoCAD, InDesign　2. 10万円程度　3. 1ヶ月未満　4. 意匠　5. デザイン系の仕事に興味があり、建築を学ぼうとした。　6. 太田市美術館・図書館

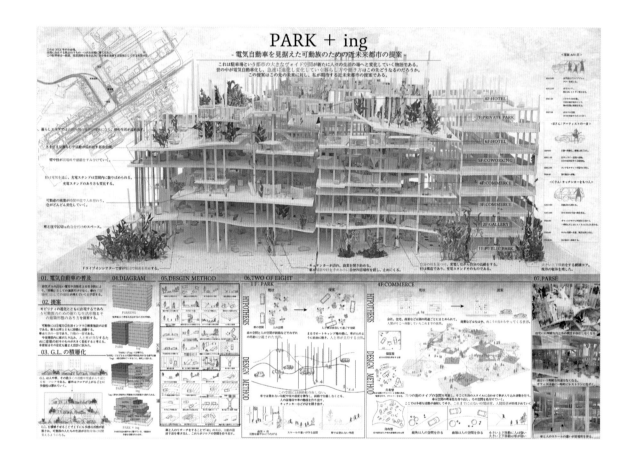

大西　なるほど。こちら側にボリュームでこのような機能が入っているということですか?

児玉　このフロアが全体的に、というイメージで考えています。

大西　車と人が共存するための工夫のようなものはありますか?

児玉　ある一定の角度から車が登れなくなる勾配が出てくると考えており、人にとっては登れる階段やスロープであることから、車の上れない勾配をつくることで車の動線をつくれ、その坂に人が座ったり、そこでキッチンカーを開いたりといった活動を生むことができます。車の車路と人の空間でなくても、ここの建築で言うと、車路の勾配などが必然的に人の居場所や車の居場所などをつくったり分けたりもするし、共存させたりもする空間を考えています。

大西　具体的には、こういうスラブの上に起伏を……。

児玉　1階部分は丘のような起伏の空間を設計

しました。

大西　2階より上にもこのように……。

児玉　このようにある空間もあったり、建物の中に入り込んで完全に室内の空間もあったり、箱のようなところもあったり、その箱に車が室内に入り込めるとしても、おそらく残るのではないかと自分は考えています。それで、そういう空間もホテルの空間などにあります。

大西　これ自体はリノベーションですか?

児玉　こちら側は大きいトラックの運送業者の立体駐車場だったのですが、こちら側の動線のコアだけ刻んで伸ばしており、こちら側だけ新築として考えています。敷地は開発を進めているお台場を敷地とし、そのうちの1個はプロトタイプの設計をしています。名古屋や福岡など、いろいろな場所に増えていくという1つの提案をしています。

大西　なるほど。先ほど言っていた歩車分離というのはわかりました。でも例えば、「可動族」という、普通の人とは違う住み方の人が来ることで、ど

ういう面白いことが起こるのですか?

児玉　例えばオフィスの場合は、昼間になったら商業が入り込んで売りたい人たちが来るとか、オフィスだったのにいきなり商業の場所になっているとか。カフェとして占拠する人も出てくるといったことも考えています。

大西　これが立体化する時に、上下のつながりはどうなっていくのですか?

児玉　一応、上下を商業などと分けて考えていたのですが、一体化させてGLの積層型とすることで、いろいろな活動や車が入り込み、1階部分が積層することによって、おそらくここに車を持ってくる人からの認識として、自分の部屋を持ってきたり家電を持ってきたりするように車も移動するイメージです。そこにコードをつなげると、キッチンのようになる感じで、いろいろなオフィスの活動だったり商業で働いている人だったり、暮らしている人たちの活動が垣間見える空間を設計しています。

末光　これを新規につくるんですね?

児玉　はい。コアだけが既存を残して、こちら側は新築として提案します。

末光　やっぱり電気自動車になっても、立体駐車場を是とした建物になってしまうのかな。極論言えば、電気自動車は排気ガスを出さないから室内をガンガン走れるわけですよね。

児玉　自分は1個のプロトタイプの設計をしています。それが名古屋や福岡といういろいろな場所にできていく。一つの例としての提案をしていました。

末光　もう少し何かほしい。例えば、立体公園のような雰囲気になっているとか、上のほうに木が生えているとか。外気でもいいし内気でもいいし、あとはその人とも共存できるという世界だとしたら、もっとこのような建築になるというビジョンがあると思う。現状は、何か今もありそうな感じだもんね。現状をもっと超えた案になってほしい気がします。

児玉　具体的に紹介させていただきますと、1階部分が公園で、車にはある一定の角度から登れない勾配などが出てくると思うので、これまでは車路としての空間と分かれたけれど、勾配の角度から

人には登れて車には登れないから、自然に車の車路と人の空間が違う意味で共存する設計を1階部分でした。

末光　そういう話は面白いと思うのですが、何故これほど積層しなくてはいけなかったのか。マンションは下に駐車場があって上にマンションオフィスの室内がありますよね。それと同じ程度の割合でできると言われると、確かにそう変わっていくかもという気がするけれど、これはほとんど車路のように見えている。そうすると、下に駐車場を置いて上に住まいなどをつくってしまいそうな気がします。

児玉　自分の中で、車がもっともっと身近な存在になると思っています。例えば、持ち運ぶ家電のようになるのを想像しており、例えばコンセントを挿したら目の前が急にキッチンになったり、自分の部屋をそのまま持っていくことができたりと、車を下に置いて上に登るというよりも、車のまま来られて自分の部屋をそのまま持ち込めるというのが、自分が仮説を立てている「可動族」の暮らし方なのではないかと思っています。

末光　その話もすごくわかるけれど、でもそれは想像がつく世界だと思うのです。もう一つ、建築の

卒業設計として提案するからこそ、できあがる建築の姿をもっと明快に示してほしかった気がします。もしかしたら模型があると印象がまた違っていたのかな。どこかのフロアのプランが模型でパッと見られたら、この模型よりも印象がよかったかもしれない。

児玉　そうですね。

末光　高架のような感じになっているのが少し残念です。

児玉　一応、後ろの高速道路なども通っており、そこから入り込めるような空間も設計しています。例えば6階のホテルの空間などに車のまま入り込めます。

末光　部分でもいいので、このような関係を車と人がつくっているというのがバーンと伝わってくるものがあるといいですね。現状は立体駐車場を是として見えてしまう。レム・コールハースやMVRDVなど、80・90年代などにやっているような世界観に近い。「WovenCity」なども実際にできそうな時代だからこそ、さらなる先の何かを見せてほしい気がする、難しいとは思いますが。

職藝と建築

私の家業は家具屋であり、幼少より職人という職能に魅せられてきた。本提案は丹後ちりめん
が栄えた小吉織物を題材に、職人と設計者の関係について再考し、職人と建築家が対話し職人
が建築したものを設計者がつなぎとめ調整する「かすがい」のような関係となる「職藝」というシ
ステムを提案し、異種多様な職人を巻き込みリノベーションを行うことで地域おこしとなること
を目的とする。

ID25

有吉慶太
立命館大学理工学部
建築都市デザイン学科B4

A1. Illustrator, Photoshop, Rhinoceros, 手描き、
Twinmotion　2. 20万円程度　3. 1〜2ヶ月未満　4.
意匠　5. 実家が家具屋で、昔から廃材を使って遊んだ
りしていたから。　6. 倭文神社

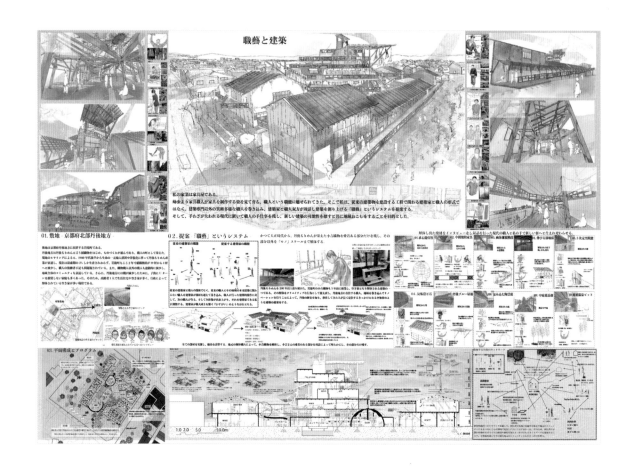

大西 実際に職人と話しながら計画してきたのですか?

有吉 はい。それで、できたらまた見せようかなと思っています。

大西 でも、この建物は相当立派だから、文化財級なのでは?

有吉 ここは全部工場で所有者がいらっしゃるのですが、今はすべて空き家で重機が1個だけある状態となっています。本当にどうしようかすごく迷っていらっしゃるのですが、友達の家ということもあり、何かそういうのに使いたいと言ってくださっています。

大西 すごく頑張って実現させるといいと思います。これが処女作としてできたら、建築家としてすごいデビューになると思うのだけれど、斜めのこれは少し激し過ぎるかな。既存の建物は絶対素晴らしいので、もう少しリスペクトしてリノベーションしたほうがよいかもしれない。

有吉 既存建物をリノベーションしていく方法も考えたのですが、建材屋さんの集成材と大工さんの力があれば、この程度のボリュームを中央に建てて温泉も建てられるということを卒業設計で提示したくて、1個のプロトタイプとしました。実際にこの案を持っていったら、また全然違う形にはなると思います。

大西 いや、おそらく町割などがあるので、敷地の周りを見ると、これが斜めに来ると、すごく巨大な施設のようになってしまう。むしろ、その大きさを持て余していると思うので、今の敷地も思いもとても素晴らしいし、そういうつながりがあるのならぜひ丁寧に話を聞いて少しずつ実現できたら素晴らしいと思います。だけど、この形ではないほうが絶対いいと思う。例えば減築していくとか。もとの空間を生かして設計したほうが実際に訪れる人も面白いと思うし、木造ではなく鉄骨造でないと難しいように見えます。

有吉 減築をしていくけれど、それを廃材として捨てず蘇らせて使うというストーリーです。少し鉄骨造のようになってしまうのですが、建材屋さんの集成材と職人さんの技術があれば本当にこのようなものをつくれるという提示をしたいと考えました。ボリュームになっているのは少し反省点ではあります。

大西 頑張ってほしいですね。ただ、中央にいろいろ建っているのを壊してバーンと建てるよりも、小さな塔のように少し建てるほうがいいかもしれない。これだと、急にテーマパークのようなものが、しかも温泉という機能により余計に、バーンと建てられたように見えると思います。既存も生かした工夫があるほうがいいと思います。でも、敷地の人が知り合いということなので、ぜひ丁寧に話しを聞きながら、先生や周りの人にもいろいろ意見を聞き、その中でつくっていったらいいのではないかと思います。

末光 これから職人に見せに行くということですか?

有吉 実際に見せて、この空き家を使っていいと許可をもらえたので、それを地域にできたらと思っています。

末光 どの空き家ですか?

有吉 この解体をしているのですが――。

末光 それも全部使っていいのですか?

有吉 そうです。ここだけ人が住んでいらっしゃるので、それ以外は使えます。

末光 いいですね。誰の持ち物なのですか?

有吉 みなさんというか、旗が織られていた工場になっていて――。

末光 これは何故このような形をしているのですか?

有吉 福田さんが15m以上上がればあの人たちが実は見えるんだよということで、職人さんによってのばされて温泉がここにできて老若男女が語り合い、壁を取り払って丹後の本音とかを語り合える場所ができたらなと思っております。

末光 これは徐々につくっていく予定なのですか?

有吉 そうですね、時系列ごとにつくっていく設定です。徐々に人が増えていくという。

末光 なるほどね。なんだか面白そうな気がします。僕は左官職人の挾土秀平さんと知り合いなのですが、彼は職人軍団で「職人社秀平組」をつくり、手づくりで自分たちの村のようなものをつくっています。儲かったらそこにまた投資するんです。いろいろな職人の芸のようなものが混ざり合い、ショールームでもあるし美術館でもありゲストハウスでもある。このようなものが出来上がっているのだけれど、その雰囲気が面白かったというか、すごかったんです。だから、手の痕跡のようなものがもっとこのあたりとかにも表れると、もう少しこの在り方が変わるのではという気もします。

有吉 壁なども、畳になっていたり石が入っていたりします。

末光 ここがどうしても目立つと思います。もう少し、これではない在り方があるのではないかなという気がします。

有吉 そうですね。そこから、自社のものを見せに行って、いいハレーションが起きたらという感じで考えていこうかと思います。

末光 これも同じ色で塗っていますね。そういう感じではなく、もっとコラージュされて全部相対化されていくような姿のほうがいいと思います。

有吉 コラージュしていくような形も考えてはいたのですが、見た目がガチャガチャと雑然とした感じになってしまうと、地域の人からそれを指摘されてしまうと思うし、実際に言われているので、もっと統一感を出して愛されるような感じに。

末光 スタンスがやや曖昧になってしまったのかもね。コラージュだけれど統一感のある店も良かったような気がするけれど、職人の芸のようなものを統一されてしまうと、少し違う気がするんですよね。そこは白か黒に分けられない世界がある気もします。

有吉 そのあたりの違いのようなものを、すごく細かいところで出せたらいいなと思ったのですが、模型で表現できなくて。

末光 サヴォア邸のようなもの?

有吉 そうですね、既存の中にはつくったのですが。

末光 既存の窓はどこかにあったものですか?

有吉 窓などはこの中にあるのですが。

末光 同じ高さに揃えるべきだったのか、そもそも、ちょっとホワイトキューブ的なイメージがあるので、どこか違和感があります。

有吉 見せることをすごく重要視して、高さのボリュームになってしまったのは反省点かなとは思います。

末光 ちょっと何かそのあたりが溢れると。ぜひ、挾土秀平さんを調べてみてください。

有吉 ありがとうございます。

末光 頑張っていると思います。

織都、綺羅を飾る
機屋ネットワークの醸成と半消費体験の表象

ID26
鈴木秀太郎
法政大学デザイン工学部
建築学科B4

群馬県桐生市の織物産業に服飾産業を掛け合わせる。レンタルという段階を踏むことで桐生織が地域の人々の日常の一部となり、閉ざされている機屋がネットワークを醸成していく。二重螺旋のスロープを巡り、生産からデザイナーの意図までを体験することで、「ものを大切に使う」という意識を再認識していく。桐生織を纏う姿がファサードに表象し、新しい風景となって桐生織は守られていく。「纏う」こと、それは「守る」ということなのだ。

A1. Illustrator, Photoshop, Rhinoceros, 手描き, Vectorworks, レーザーカッター　2. 15万円程度　3. 5〜6ヶ月　4. 意匠　5. 自分のつくったものが形として街に残っていくことがかっこいいと思ったから。　6. LocHal Public Library / Civic Architects

大西　どちらかというと、見に来る人のための施設ということですか？

鈴木　まず自分は、地域の人たちにこの工場を使ってもらい、桐生織を地域の人たちにもっと使われるようにしたいと思っています。

大西　つくっている人たちは1階にいるのですか？

鈴木　そうです。織機という織る機械を立体的に積んでいるのですが、そこに職人たちが滞在しています。

大西　ギャラリーのようなところも、地域の人が来るのですか？

鈴木　そうですね、主に一般の方とか。周辺に群馬大学という群馬で唯一の大学があり、そこの学生さんも取り込めるように、既存の部分にバス停を配置しています。

大西　すごく複雑な形態をしていますが、この形はどのようにして生まれたのですか？

鈴木　まず調査の際に、既存の部分の軸組の通り芯が9×10ピッチで揃っていくことに気付き、それがスケール感のヒントになるのではないかと思いました。こちらはもともと空き地で、図面を見ていただければわかるのですが、そのグリッドを引っ張っています。もっと奥には団地があるので、そういった人も取り込める。

大西　既存の9×10ピッチのグリッドをこちらにも伸ばしていき、新築だけれどリノベーションなのかなと思うぐらい、ここに四角いボリュームがあり、複数の建物がくっついたみたいなつくり方をしているのは何故ですか？

鈴木　フェーズごとに建物が完成していくようなイメージで、工場はこの生産の過程でできていくけれど、最初にそういった各工程のボリュームが廃止されていき、その上に増築する形で、こういったスロープなどがついていくイメージです。

末光　全部新築ですか？

鈴木　いえ、ここが既存で、ここが新築です。

末光　こちらが既存なのですか？

鈴木　はい。1階の部分に裁断から検品までの服飾の過程のようなものが配置されています。訪れた人を巻き上げるようにスロープがめぐり、スロープは二重螺旋構造になっていて、服飾の生産過程が見えたり、デザイナーと会話できたりなど、その服にまつわる体験をできるようになっています。物を大切に使うという日本人特有の意識を再認識してもらうような工場になっています。

末光　スロープの見学通路はわかるし、織物などでやっているのもわかるけれど、何故このようなちょっとガチャガチャとしたデザインを目指したのか、理由はありますか？

鈴木　既存の工場が、増設を重ねてできたような少しほころびがあるような造形になっているので、自分はどうやったらそれを再現というか、踏襲できるか――。

末光　それを踏襲したかったということ？

鈴木　そうですね。綺麗にするよりも、ちょっといろいろなものが組み合わさったような豊かさを自分的に解釈して表現できないかなと思いました。調査をしたところ、既存の部分が9×10ピッチのグリッドで揃っていることに気付いてから、こちらの空地の部分に踏襲しました。そのため、スケール感なども工場に近いものを組み合わせて自分なりの空間を設計しました。

末光　全体としてはよくできているし、見学を兼ねて活性化させようとしているのもよくわかりますが、デザインのフォーカスをどこに向けたらいいのかが、わかりづらい。それは意図的なのかもしれないけれど、そのあたりの全体像として無限にできそうな、現状のようにしなくてはいけない理由はありますか？

鈴木　1番こだわったポイントとしては、このスロープのめぐり方というか。

末光　スロープが全体の骨格になっているんですね。

鈴木　はい。

末光　全体のダイアグラムのようなものはない？

鈴木　こちらにありますが、見づらいかもしれません。

末光　ここはスロープで、それが街とどうつながるといった、骨格に付随しているような話が見えてくるといいですね。

鈴木　外の動線などと絡めるのが今後の課題ではないかと自分的に思っています。

末光　それを骨にするのなら、例えば構造的にも、このような橋だけでは持たない。佐藤さんとはまだ質疑していないですか？

鈴木　まだです。

末光　おそらく、例えばこれがもう少し耐震要素にもなっていて、設備的にも空気が流れるといった意味があるとかね。昔、ベルリン大使館で、このような空気を流すようなのをやっていましたが、もう少し確然たるものとしてつくったほうがいいのではという気がします。少しポイントがわかりづらいかな。もちろん、それも含めてゴチャゴチャにしたかったというのもわかるけれど、やはりどこを見ていいのか少しわかりづらいかな。頑張っているだけに、どこを見ればいいのかが気になりました。

超マイクロツーリズム
客室の半分を開くことで街とつなげる

超マイクロツーリズムとは、徒歩圏を宿泊を通して再発見することである。その方法として、客室の半分にロビーをもたせることで街と連続させ、街と一体化した宿泊を体験できる。かつてはパナソニックの工場で栄えていた私の地元である大阪府門真市を敷地とする。街と連続したロビーを備えた客室で一晩過ごすことで、門真市の息づかいを体感し魅力を再発見する。

ID27

中森綾香
大阪産業大学デザイン工学部
建築・環境デザイン学科B4

A1. Illustrator, Twinmotion, Revit　2. 1万円程度
3. 1〜2ヶ月未満　4. 意匠　5. 姉がやっているのに憧れたため　6. 金沢21世紀美術館

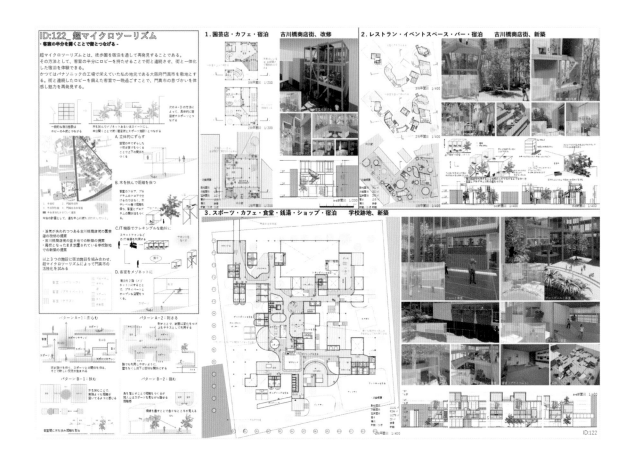

大西 今持ってきてくれているのは、この辺りですか?

中森 レストランと宿泊施設を二つだけ、取る部分でつくった模型になります。

大西 すごく規模が大きいですね。マイクロツーリズムとして点在したところを行き来するにしては、これだけ、かなり異色というか。ここで割と完結してしまいそうにも見えるのだけれど、どのようにしてこの3つを選定したのですか?

中森 まずここが商店街の道になるのですが、始めは商店街から攻めていこうと思っています。この

中で、もう使われていない園芸店の改修と、それよりも3倍くらい大きくした新築の提案をします。ここに高架下があるのですが、そこも今後の課題としてつくれたらいいなと思っています。この三角形の道をまずつくっていこうと思っており、ここにもともと学校のグラウンドが空き地としてあって使われていなかったので、そこも開発できたらいいなと思っています。規模は大きくなりますが、また少しプログラムが違ったもので、違った体験をできるようにつくりました。

大西 例えば行き来しながら泊まる時によくある

のは、フロントは中にあり風呂がまた違うところにあるというように、機能を分散させるのはあると思います。これは、1個で機能が完結しているようにも見えますが、何か意図されているのですか?

中森 一応ここにレストランがあり、ここはちょっとしたテイクアウトができるカフェです。これは2階しかありませんが、4階に銭湯があり、各場所でメインとなるようなものはバラバラに点在させ、全部を行き来できるようにつくりました。

末光 パナソニックさんとお仕事していたので門真を知っていますが、市役所がそこなんですね。いつのまにか、街の中にそういうツーリズムの拠点ができているという感じで、街自体を体験するという話ですか?

中森 街の中にこういったツーリズムの拠点をつくりますが、今後の課題として高架下にもそういったものをつくり、まずはこの三角形のエリアを攻めていくという考えです。

末光 ここからここはパナソニックではないんですね。パナソニックの巨大な50haくらいの敷地の横にも、このような商店街があったような気がします。

中森 ここが商店街で、ここに結構大きなやつが

あります。

末光 話の骨を折ってしまうかもしれないけれど、門真はやはりパナタウンのようなところがあるから、パナソニックの巨大キャンパスをどのように街に開いていくかという話も一緒に提案して欲しかったです。そこだけ別世界のようになってしまっていて、税金も多く納めている関係なのでしょう。例えば、パナソニック自体も街の人と一緒にクリエーションしていく中でツーリズムが起きるとか、そういう話にしてもよかったような気もします。

中森 少しずれてしまうかもしれないけれど、パナソニックで働いていた方が、定年退職後に清掃などのボランティアを通してパナソニックと関係していくというのも考えていました。

末光 もう少し踏み込んでもいいかもしれない。実はパナソニックさんとそこの計画を少し考えたことがあります。その時、パナソニックさんの広いキャンパスはもう使っていないところがたくさんあるので、街に開いたほうがいいという話をしました。街にどんどんパナソニックさんが飛び出して、街の人と何かクリエーションしていく。こちらも街の人が使える場所をつくってみる。例えば社員食堂を開いてもいいし、会議室を開いてもいいとなると、街と融合してくるじゃないですか。そういう話があってもよかったかな。すみません、提案と少しずれたかもしれないけれど、そういうのがあってもよかったのではという気がしました。

朝のしじみ縁
朝屋台でつながるまちの提案

かつて松江の中心地として栄えた町を敷地とした計画。忙しい大人たちの影響を受け、朝ごはんを食べることができない子どもたちがたくさんいると聞く。また、この町では、高校を卒業すると、多くの子どもたちが町を出ていくため、残された老夫婦だけの暮らしについても問題となっている。その2つの問題をつなぎあわせ、松江市民にとってソウルフードであるしじみ汁をきっかけとした、世代を超えた人のつながりを朝屋台を通してつくる。

id30

舟津翔大
北九州市立大学国際環境工学部
建築デザイン学科B4

A1. Illustrator, Photoshop, Rhinoceros, 手描き、Lumion, Vectorworks　2. 3万円程度　3. 1〜2ヶ月未満　4. 構造・材料　5. 父が建築関係の仕事をしており、家に図面が日常的においてある環境で育ったため、建築学に興味をもった。　6. 安曇野ちひろ美術館

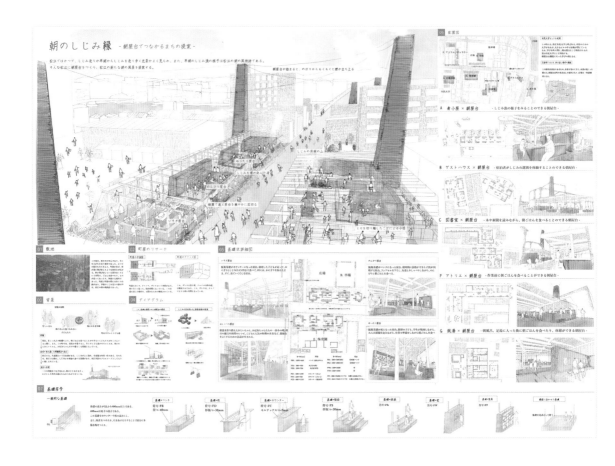

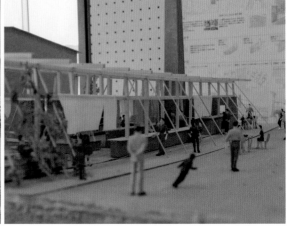

大西　なるほど。模型を見て気持ちいいと思ったのだけれど、基礎の話に関しては、屋台で基礎となると、むしろ独立基礎のような簡易な基礎になっていくのでは。これはすごく激しい基礎になると思うし、それにより屋台というより建築になるのではないかと思います。

舟津　そうですね。屋台を建築化させようと思ったのと、しじみがたくさん採れるので、それを使いたいことから、版築のようなイメージで。

大西　屋台の基礎が違うというのは、屋台は普通の建築よりも基礎が簡易だということですよね？

舟津　そうですね、はい。

大西　でも、これは普通の建築より基礎がすごくゴツいので、言っていることと少し矛盾があります。基礎は置いとくとして、朝ご飯をみんなで食べるような屋台をつくるのは気持ちよさそうだけど、基礎の話は本当かなと思いました。この集落の規模に対して、これだけたくさんつくっているのにも何か理由があるのですか？

舟津　ここは松江市で一番古い街で橋が四つもあるのですが、空き地がたくさんあって何もないという話だったので、ここに朝屋台をつくり、その後ろには市場や保育園があります。今は全く人が使わない、ただ人が歩いているだけの敷地に、舟小屋やゲストハウス、図書館などをつくり、その前に朝屋台をつくれば、そこへ行く前に朝ご飯を食べて施設を利用するようになります。また、銭湯では基礎が足湯になることを想定するなど、朝の街の風景をこのように変えたいと思っています。

大西　ほとんど半屋外のような空間なのですか？

舟津　そうです。この場所だけが屋内であり、本が守れる空間で、少しクローズな空間になっています。

大西　朝だけオープンしているわけではなく、昼間は別の用途として使えるのですか？

舟津　そうです。

末光　これは構造的に生かしているのですか？

舟津　そうですね、ここがガバッと開き、ここがねじれるなと思ったので、これを補強材にし、これの間隔を少しずつ広げることで、ここはプライベートな空間で奥は開けた空間となります。

末光　ここはコンクリートですか？

舟津　これは版築でつくった壁です。しじみの貝を焼いて版築に使ったり、この農場に使ったりしています。

末光　そのあたりの話は結構大事かもしれませんね。

舟津　これが実際に砕いて焼いてつくったものです。

末光　面白いですね。

舟津　基礎のいろいろな在り方を卒業設計で考えました。

末光　基礎もこういう版築でつくるのですか？

舟津　これが全部基礎です。

末光　基礎が建ち上がっているんですね、そういう話から入ったほうがいいかもしれない。

舟津　そうですね。

末光　なるほど、巨大な基礎があるということですね。

舟津　そうですね。非常にいろいろな表情をつけています。

末光　構造体としては鉄筋などを入れるの？

舟津　そうですね。鉄筋を入れて、コンクリートと土、しじみを混ぜます。そういう建築が海外にも結構あります。その上に木造がのっているとか。

末光　「しじみ版築」とか、何か名前をつけるといいと思います。

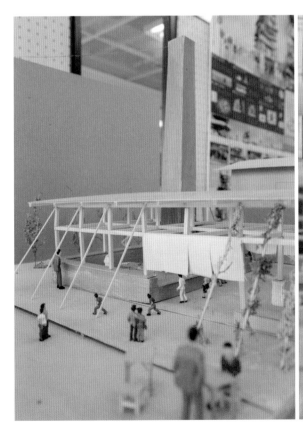

収穫する都市
農業を媒体とした都市型コミュニティ施設

ID31

中山翔太
麻生建築＆デザイン専門学校
建築工学科B3

A1. Illustrator, Photoshop, Rhinoceros, ArchiCAD,
Twinmotion, AutoCAD, レーザーカッター　2. 5万
円程度　3. 2〜3ヶ月　4. 意匠　5. なにかをデザインす
ることに興味があった　6. VIA 57 West

平面的に拡がっていた農地は、垂直方向に伸びてゆく。現在の食糧生産・流通システムは作物を田舎から都市へと流通するものである。しかし、増え続ける都市部の人口を支える為にはその関係性を再考しなければならない。そこで垂直型の都市農業を提案する。それはより少ないフットプリントで作物を生産し、レストランやマーケットへと提供される。「生産」と「生活」が共存していくことで垂直型農業施設が地域の拠点となってゆく。

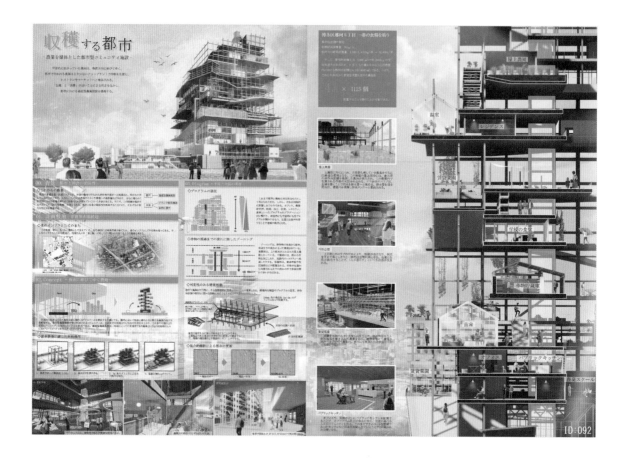

大西　敷地はどこですか？

中山　博多区の郊外のもともと青果市場があった場所で、その跡地として今はららぽーとが建設されているのですが、そういった場所に消費されるような空間が生まれるのはおかしいと思い、地域の人と農業が関われるようなものを計画しました。

大西　具体的に住む場所はどういうところですか？

中山　割と上層につくっています。例えばこういったところも、仮住まいのようなレジデンスで考えています。例えばここは農業ができるベランダがある形態となっており、温室がテラスになっている場所などがあります。屋上ではメインの農場がつくられているのですが、そこから流れた水が生活排水として、こういったところに流れるとか、この中でのサイクルを考えています。

大西　アイデアはいいと思うけれど、都市と農業で、そこに暮らしがあると、暮らしの豊かさについて証明する必要があるのではないかと思います。だから、どのように家が入ってきて、農地とどのような関わりがあるとか。現状だと農業はどのようにしていくのか想像ができるけれど、暮らしについては想像しづらく、どのような豊かさが出てくるのかな？

中山　例えばパブリックキッチンなども入れていまして、今までキッチンはプライベートなものでしたが、例えば建物の中で採れた野菜を調理していたら、近くのオフィスで働いている人たちが来て、背景の違う人たちの交流が生まれるとか、農業と暮らしが掛け合わさった時に……。

大西　普通のシェアハウスでも起こりそうなことを超えた、すごく面白いことをどこかで言えるといいなと思います。これとこれが隣り合っているから人が集まるといったような、機能の組み合わせで説明するのではなく、もう少し空間で言えると、よりよくなるのではないかな。

中山　例えば、最初に平面的に考えた時に、中央にエレベーターやコアなどを入れて、そこから採光を取るためにスラブを拡張したり削ったりしています。そういった操作は採光を取るための農業的な操作でもあるし、その時に生まれる階層的なズレや空間の抜けなど一体的な使い方だったりして。

大西　普通の集合住宅の中が、立体的な空間構成になっているということですね。

末光　できれば模型などを使いながら話したほうがいいかな。あと、コミュニティを目的としたものなのか、それとも生産を目的としたものなのか、どちらですか？

中山　コミュニティを目的として──。

末光　先ほど、生産量をこの地域で賄えると言っていたのは？

中山　例えば、田舎でやっている農業を都市に持ってくる時に、効率や生産量を重視したら、屋内の植物工場のような耕作中でも収穫していくほうがいいのですが、このように外側に広がったところで農業をすると、そこに対して、オフィスなどの都市的ないろいろなものが関わってくることで、コミュニティが起こるのではないかという考え方です。

末光　それはどちらかが結構重要な気がします。コミュニティと言うのなら、結構こういうのは本気の雰囲気がありますよね？

中山　地域一体という限定した農業をする際に、

ある程度の生産量の確保──。

末光　言いたいことはわかりますが、そうすると、模型は途中なのかもしれないけれど、もう少し生産している感じがないと。加えて、この建物はどういう根拠でこの形になっているのかが気になります。外周に温室などがくっついて、中にオフィスなどが入っているということですよね？

中山　はい。こういった温室のように苗を育てるところもあれば、こちらは住居で、それらを接続するところはテラスのような使われ方をするとか、オフィスの近くにあるところならミーティングができるとか、温室でも多様な使われ方が想定できます。

末光　そこの関係性をもう少しデザインしたほうが面白いのかな。ここで植物を温めるために使う温かいエネルギーとか、水が全体として循環しているとか。そういう農業的な面白さがあるのかな、それとも、そこまで提案はしていないのですか？

中山　細かい設計はまだできていませんが、この

中で自給した生活を目指しています。

末光　それは最初に言ったほうがいいと思います。先ほど言ったのは、そのあたりについて話して欲しいということです。この地域の食を賄うためなのか、それとも、いわゆる都市型のコミュニティ農園なのか。でも今の話だと、ここで自給自足をつくるということですよね。それを最初に言ってから、ここで自給自足するために必要な量やエネルギー、水の循環、つまり、人が使って汚した水を何に使うか、例えば堆肥をつくるなど、そういう話があると面白いですね。

中山　ゾーニングとしては、採光が取りやすいように屋上農園を設けて1番面積を取るようにしており、そこから下へ降りていく際に加工する場所などの流れがあり、一番下が青果市場で商品を買う流れがあります。そして地下に堆肥施設を設けて農業としてのサイクルは一周します。

末光　模型がもう少し完成していたら、評価が違ったかもしれないですね。

鎌倉五差路の家
― 多世代居住の可能性を探る ―

多世代が集まる環境はライフスタイルや思考の多様性につながる。そうした住環境に身を置くことは、付き合う人の範囲が狭くなりがちな私たちにとっても価値あることではないか。現代人の「孤立」という社会問題を背景に、ドイツ「多世代の家」の空間構成とシステムを鎌倉の五差路に適用した多世代型集合住宅を提案する。「日常の登場人物を増やす」「帰ってきた感の誘発」をテーマとし、多世代居住の可能性を探る。

ID32

尾﨑美都
日本女子大学家政学部
住居学科B4

A1. Illustrator, Photoshop, Rhinoceros, 手描き, AutoCAD　2. 5万円程度　3. 1〜2ヶ月未満　4. 意匠　5. ビフォーアフターの匠に憧れていたから　6. ヘリタンス・カンダラマ

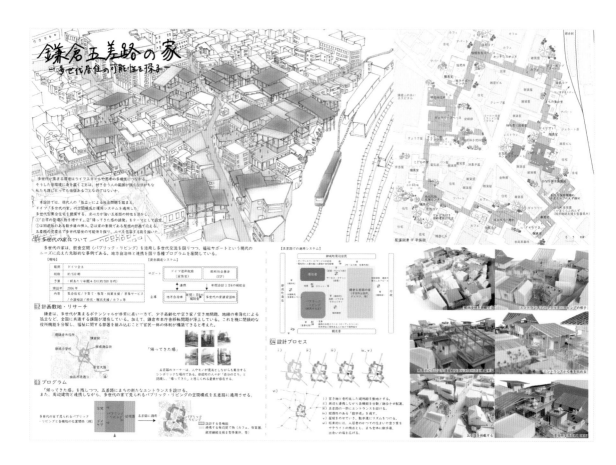

大西　模型が見たかったです。話を聞いていても、よさそうだけれど、わかるような、わからないような。リング状になっているところは、もともとどのような敷地なのですか？

尾﨑　基本的に空き地になっていて、いい具合に回れるような形で、一部老朽した建物を取り壊しながら回遊性を持たせました。

大西　なるほど。その隣接する家というのは、もともとは裏側になっているということですよね？ 隣接する建物の裏側、裏庭のようなところということですか？

尾﨑　はい。鎌倉は路地が有名というか、いろいろあるので、そういったのと交わらせながら路地の

ような空間をつなぎ、回遊性を持たせた散歩道につなげたという感じです。

大西　なるほど。そうすると、裏庭のような、この「多世代の家」は周りの人にとってどのような場所になっていくのですか？

尾﨑　経済的には、この運用システム通り、お金がうまく循環するような形で周辺店舗と関連させる予定です。形態的にも、例えば御成保育園のすぐ隣に園庭をつくるとか、それぞれの場所ごとに近くの建物と関連させながら地域全体を使った多世代居住を提案したいと思っています。

大西　完全なプライベートの部分というより、地域の人や周りの人も入って来られるような場所と

いうことですか？ また、オレンジの部分の2階に住んでいる人はいないのですか、むしろ、周りに住んでいるということですか？ 平面図を見ると、市役所支所や託児所、ギャラリースペースのようなパブリックな機能が入っています。

尾﨑　ここは商店街なのですが、一応住んでいる人もいます。基本的に2、3階が住宅で、サ高住などの住宅も一部あり、それは設置階に入れています。

大西　わかりました。プラス、1階スペースは周りの人も使えるような場所になっているというイメージですか？

尾﨑　そうですね。基本的にそういうことになっています。

末光　面白そうな雰囲気を感じますが、すみません、集合住宅を提案すると言いましたか？

尾﨑　はい、多世代型集合住宅兼福祉機能も入った施設です。

末光　このリング状になっている提案の2階が、すべて住居がメインになっている？

尾﨑　そうですね。基本的に2、3階が住戸で、一部、サ高住になっているところは、設置階にも住宅が入っています。

末光　五差路の少し交差点から離れたところに、何故リング状につくろうと思ったのですか？

尾﨑　もともと空き地だったのが1番の理由です。回遊できるようにちょうどよく空き地が散らばっていたので、それを活用しようと思って選びまし

た。あとは、街の風景をできるだけ壊したくないので、五差路の交差点は大切だろうと思って、そこは残しつつ、その空き地を積極的に使おうと考えました。

末光　敷地の選定自体がおそらく提案のかなり重要なポイントを占めている気がしますが、五差路を内包することによって、何かいいことはあるのですか？

尾﨑　この五差路自体が主要な建物や道に続いており、多世代ということで、いろいろな人が集まりそうなので、ここを選びました。

末光　なるほどね。模型がないのが残念ですが、面白そうな気がします。1周回ると何mくらいあるのですか、300mくらい？

尾﨑　範囲としては、五差路の中心からおおよそ半径70mくらいの円です。

末光　たまたま空き地だったという話ですが、ちょうどそれくらいのリングが、コミュニティとしてちょうどいいといった意識はありますか？

尾﨑　この敷地がたまたま空いていたのが大きいですが、関連させたい建物を考えた時に、このくらいの大きさでそれぞれの店舗などと関係させていこうとして選んでいます。

末光　僕は司会なので評価には関係ないですが、空き地を選んだことには自分の意思が入っていると思うので、たまたま空き地だったからではない形で説明できるといいような気がします。でも、すごく面白そうな提案だと思いました。

あなたが世界にいたということ

私自身が経験した、大切な人の死への向き合い方の疑問から生まれる第三台場における新しい火葬場・散骨場の提案。東京湾に遺された外周160mの台場、そこは過去と現在の彼岸、喧騒の中の静寂、海と陸との狭間である。この場所を巡ることで大切な人を弔う。訪れた人々がそれぞれの弔いの時間を過ごし、何度でも戻ってこられる場所。また遺灰は海草再生の循環に巻き込まれ、故人への想いは東京湾に広がっていく。

ID33

橋口真緒
東京理科大学工学部
建築学科B4

A1. Illustrator, Photoshop, Rhinoceros, 手描き　2. 3万円程度　3. 1〜2ヶ月未満　4. 構造・材料　5. 建築が生み出す空間が人にもたらす影響の大きさと魅力に気がついたから　6. 豊島美術館

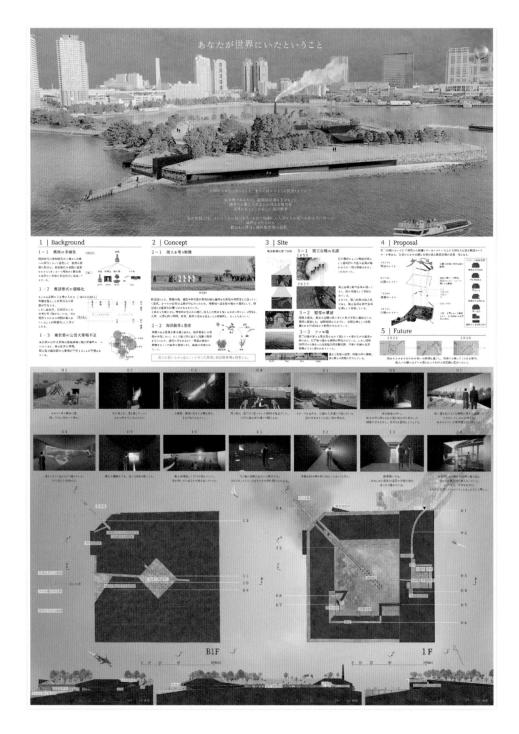

大西　敷地を東京湾にしたのは何故ですか？

橋口　東京湾にしたのは、今までは墓地が都市のど真ん中にあってビルに囲まれ、家族以外が立ち入らない場所にありましたが、この場所以外でも海藻が再生するプロセスをつくり、日常生活に葬送が少し入り込んでくるということを……。

大西　みんながなんとなく見えるというか、そういう位置ということですか？

橋口　そういう意味もあります。

大西　野辺送りは、例えば歩いている人や葬送している人たちだけでなく、集落の人にもおそらく見えるようなところがあるじゃないですか。そういうイメージも含まれているということなのかな、どのように再解釈したのですか？

橋口　土葬の時代であったことを火葬の場合に読み替えたということと、この時代はこれが当然の習慣ですが、今はそれが失われているので、日本ではタブーとされていることを絶妙に見えたりすることもあります。

見えなかったりしながら距離感を保つことが、私の再解釈です。

大西　例えば？

橋口　例えば、スウェーデンに行った際に、街の中心に墓地があり、そこがみんなの散歩道になっていました。帰国すると、墓地が確立したところにあり、夜通るのも怖い。それに対して、ここでピクニックすることもできるし、そういったなかで弔いが入ってくるといいのかなと個人的に思いました。

末光　模型で、どこから入ってどこから出るか教えてください。

橋口　ここが入り口になっていて、地下を通って——。

末光　それから地上に出て、ここは何があるの？

橋口　ここは火葬場になっています。

末光　ここを行った先で何をするの？

橋口　ここで長い一直線を歩きながら、もとはことの対比になっており、気持ちを整理する——。

末光　ずっとここを進むんですね。

橋口　そこの下に出て来たら、ここは満ち引きが2mくらいあり、水が入り込んでくる場所なので、火葬場で灰にされるのを待っている間、気づいたら海水が足元に入り込むとか——。

末光　最後にさよならをする場所はどこですか？

橋口　ここで受け取り、どんどん歩いて行き、ここで海洋散骨をします。

末光　そういうことなんですね。ここは何ですか？

橋口　もともとあった遺構です。ここから光が入ることもあります。

末光　もともと穴はあるのですか？

橋口　それは私が設計しました。上にあるもの自体がもともとある遺構で、陣屋の土台の跡になっていますが、これも火薬庫の跡だったり地形自体が台場の跡だったりします。

末光　ここで一回上がるのは何故ですか？

橋口　空に向かって一度上がって公園の人と目が合ったり、下から二重階段になっていて、こちらでかつて散骨した人がここでまた戻って話をしたりとかできるようになっています。

末光　ここに行った後、大勢で見送り、ここから帰るんですね。

橋口　こちらから巡って、最後に流した花などを眺めながら、少し見る時間があり、最後にここから帰っていきます。

末光　1周はどのくらいの長さですか？

橋口　一辺160mです。

末光　少し長いのでは？

橋口　そうですね。その長いのが野辺送りで、遠回りをしながら送るというように考えています。その時間が大切ではないかと思っています。

末光　きれいな模型です。全体的にきれいにできているけれど、もう少しドローイングに迫力を出すとか、手描きのこういうのも入れるとか、陰影をもう少し出すとか。やはりCGでつくると、少し抽象化されてしまうので。何か重さのようなものが紙面にもう少し出てもいいような気がします。

橋口　そうですね、はい。

末光　RCRを知っていますか？ ドローイングなどの美しい感じなどが出てもいいような気がします。

橋口　そうですね。

末光　この人がもう少し上で、これはもう少し小さくてもいいかもね。これとかも、1枚ずつ頑張っているので、少し下のほうにあると勿体ないかもしれない。

二階囃子による立体的なサウンドスケープ
生の音楽を街に届ける建築の提案

音楽が好きな人はもちろん、普段あまり聴かない人でも気軽に音楽に触れることができるサウンドスケープの提案を行った。祇園祭のお囃子の練習は町屋の二階で行われ、街中に音が滲み出している。この二階囃子に着目し、京都らしくさりげなく漏れ聞こえる音楽が多彩な形で楽しめる空間を目指した。公園を音楽堂、楽器店試奏室、音楽教室で囲み、反射板を配置することにより、二階囃子を立体化した音響空間で包むことを提案する。

id34
竹村勇也
大阪産業大学デザイン工学部
建築・環境デザイン学科B4

A1. Illustrator, Photoshop, Twinmotion, Revit 2. 1万円程度 3. 7〜8ヶ月 4. 意匠 5. ものをつくることが好きだったから。テレビ番組に影響されて。 6. サグラダ・ファミリア

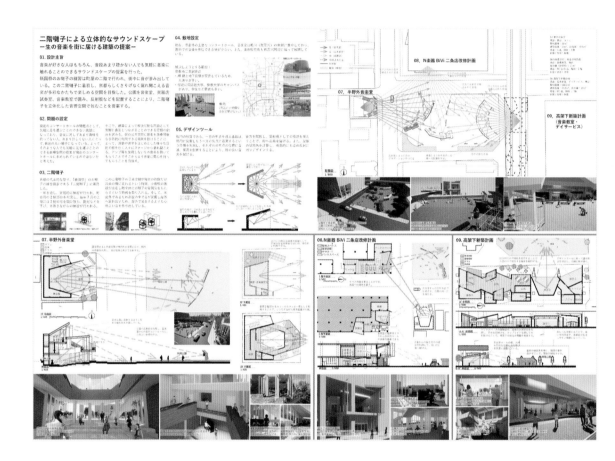

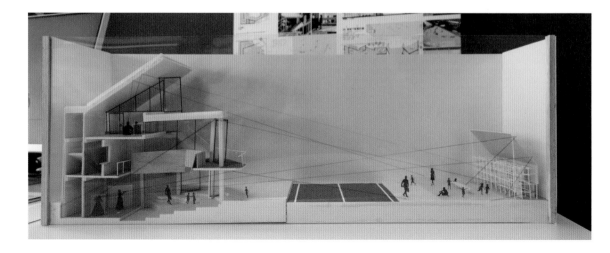

中山　誰が何をするところなのですか？

竹村　その通りの方たちに、小規模な演奏や、練習をさりげなく聞いてもらう感じです。

中山　このくらいの音響反射板でも効きます？

竹村　通りすがりにさりげなく聞こえるものを、興味を持った方が立ち止まって少し聞くくらいの形で考えています。

中山　でも、子どもが遊んでいるので何か違う音が聞こえそうだし、車の音などもドンドン戻ってくると思います。

竹村　もともとモチーフとしている二階囃子が、道沿いにある街から囃子の練習がさりげなく聞こえてくるというものなので、いくつかある小規模な建築の音が混ざり合い、街全体で祇園祭の雰囲気を味わうところを最終的に目標とし、それに近いものをつくろうと考えています。

中山　音響反射板のようなものがパブリックスペースの勘所にいくつか、さりげなく設置してあり、

何に働くのかわからない不思議な形をしたものが分散的に配置されている。その一角にある音楽ホールがファサードをパッと解き放つことで、そのエリア全体が一つの音場になり、バルコニーに座っている人も道端を歩いている人も、みんながしばし一つの音楽に耳を傾けられるような場をつくるという想像をしました。それは大変素敵なことだと思ったけれど、それをするには場所の選び方とスケール感が少し遊具のようになってしまっている。ダイナミズムが足りないというかすごくもったいない。ここの壁もすごい反射音をつくれると思うんですよね。

竹村　もともとは、遊具や壁を共存させて、壁だけでなく遊具としてもさりげなく使えるようにして、それに＋αとして音響を考えたものをつくろうと考えました。

中山　周りを囲っている巨大なビル自体を意識していないけれど、極めて大きな音響反射装置になると思います。そういうものを含む音調になって

いないと、自分の都合のいいところだけに音が飛んでくれるような空間に見えてしまいます。そのあたりを確信犯的に設計されていたら、この場所に行って音を聞いてみたいとすごく思える。そのあたりがイメージに留まっているように見えるけれど、どれくらい確信がありますか？

竹村　確信……。

中山　ここで鳴っているピアノの音が、ピンクの音響反射板によって、すごく離れたところにいる人にも何か響いてくるようなものになりますか？

竹村　完全な野外のところに比べると、もう少し音響に配慮しており、閉じると中での音響がしっかり考えられているところとして音楽ホールというのと、完全に外で演奏するものの中間的な施設を計画してつくっています。

中山　野心はすごくいいと思います。ただ、設計が少し散漫な感じがしてもったいないと思いました。すごくいいコンセプトだったと思います。

津川　すごいですね。祇園の二階囃子の音の漏れ方を応用するということですが、具体的に設計としてどのようなことをして応用したのですか？

竹村　二階囃子の特徴として、町屋の二階で練習をするのですが、その際に二階の窓を開け放って半野外のような形にして、そこからさりげなく漏れ聞こえる形の音の漏れ、聞こえ方に対して、従来なら箱型の部屋からの音となるところを、ホールの音響の問題などからホールの形状を少し参考にしました。四角の形から少し台形のような形に

することで、音を前方向にもっと集めるような形に変えたのと、天井の傾斜を計算して届けたい方向に音を届けるという工夫をいたしました。

津川　どこに届けるのですか？

竹村　これらの三つの建物から、中央にある栂尾公園に向けて音を届けるように設計しています。

津川　音楽堂自体は屋内で音楽を楽しむものですが、それが内部で音が喪失することで、屋外のパブリックスペースでもその音楽を楽しめるということですか？

竹村　そうです。音楽堂の客席の後方部分が開放できるようになっており、閉じた場合は内側で楕円形になることで、二つの焦点をステージと客席側に持っていく音響を計画しています。開放した際には、それぞれ開放したドアを反射板として使い、公園の反射板に反射して音響をつくっています。

津川　いろいろなところから外部に音が喪失する時、音も重なった時に雑音になり得ないかなというのが少し気になりました。

繋の廻閘
淀川大堰における舟運拠点の提案

関西を横断するように流れる淀川は、かつて大阪と京都をつなぐ生活に欠かせない交通手段だったが、陸上交通の整備により衰退してしまった。現在の淀川大堰の場所に閘門を含めた複合施設を新設する。これまで大堰により分断されていた、淀川上下流間の航路を創出するとともに、馴染みのなかった土木と私たちの生活が身近になる場を提案する。建築と土木、舟運、そして人々がつながり合うことで、淀川沿川のさらなる活性化を目指す。

ID36

二宮幸大
神戸大学工学部
建築学科B4

A1. Illustrator, Photoshop, Rhinoceros, Twinmotion, Cinema 4D　2. 7万円程度　3. 5〜6ヶ月　4. 意匠　5. 兄の姿をみて　6. ヒルサイドテラス

繋の廻閘
－淀川大堰における舟運拠点の提案－

中山　どういう設計になるのですか、レベル差を解消できるようになっているのですか？

二宮　はい、そうです。

中山　これがすべて閘門なのですか？

二宮　閘門は中央の部分だけです。

中山　他のところは区切っているんですね？

二宮　そうです。船着き場のようなところも下の部分にあります。

中山　でも、水位差はあるわけですね。

二宮　はい、大堰でせき止められているので、そこは通れない状況です。

中山　その上に立っている立派な建築群は何をするところなのですか？

二宮　具体的な機能として大きく三つ考えています。一つは、今後、大阪万博があるのと、淀川沿線の活発化のようなことを考えて宿泊施設の機能、もう一つは、周辺の状況から機能を考えています。こちら側の柴島には小中学校が多いので、小中学生がたくさん使えるような講義室など。こちら側には、ここでかつて使われていた閘門と洗堰のようなものが国の重要文化財として保存されているので、それらを学べるものを考えています。

中山　なるほどね。歴史を学びながら子どもたちの拠点にもなり、泊まったりできる場所にもなると、なかなか面白い。模型はつくったのですか？

二宮　模型は今日持って来られませんでした。

中山　何故このようなことをしたいと思ったのですか？

二宮　一言で言うと、船を通せるようにしたいと思いました。

中山　何故、船を通せるようにしたいのですか？

二宮　大きく三つ理由があり……。

中山　政治家ではないから建築家としての喜びとして、何故これをやったらいいと思ったのかを教えて欲しいです。

二宮　そもそも、今回は土木と建築の融合のようなところも考えています。何故このようなことをしているのかというと、実際に僕も閘門を通る体験をしたことがあり、水位が上がってこれまで見えなかった風景を見られたのがすごく面白かったのです。でも、閘門を友人などに聞いても知っている人があまりいないことに少し失望というか、もっと知って欲しいところも含めて……。

中山　だとしたら、こちら側から入って来て、こちら側のものを閉じて、水が抜かれて下がったり水を足して上がったりすると、都市のグランドレベルがワーッと変化していくけれど、そのスペクタクルを設計者として、どのような設計にするか。つまらない鉄の板だけをずっと見ながら時間が経つのを待つのではなく、例えばあなたの設計した閘門に、

どのような喜びがありますか？

二宮　実際に水位の変化や船の出る状態も……。

中山　例えば、ホテルの部屋にいたら船がバーッと目の前にせり上がってきたら、すごく感動するじゃないですか。そういう喜びが、何か設計されていますか？

二宮　実際の水位差は2、3mほどなので、そこまで大きなことはできなかったのですが、でもここで……。

中山　3mも船が上がったら結構すごいと思いますよ。

二宮　ここで考えていたこととして、この階段状の部分をつくったのですが、座れたところが座れなくなるといった空間的な変化も考えています。

中山　いや、「も考えています」ではなく、建築はそういうところに命をかけて欲しい。ただの閘門ではなく、エンジニアリングとしてつくられたものでもなく、都市に暮らすことの喜びや水を司る技術力のスペクタクルを、楽しめたり驚いたりできることが最も大事なところなのです。その喜びを持って説明して欲しい。そうでなければ、政治家のスピーチのようになってしまいます。

津川　なるほど。これを見た時に丹下健三の「東京計画1960」のような、メタボリズムの時代の熟成させた幾何学操作に見えたのですが、こういう構造物をつくった意図のようなものはありますか？このパースは魅力的だと思います。

二宮　配置計画として中央の部分に閘門があり、2つの門があって、必要とする機能を入れたら、このような形になりました。

津川　ここは人のための場所ですか、すべて内部空間ですか？

二宮　内部空間のつくり方としては、構造体フレームを導入してそこに土木的な機能を付加するとともに、そこからフレームに対して床を吊って建築空間をつくっています。そこに建築と土木の融合

を提案しています。

津川　なるほど。スマートですね。何故この形がいいのかはまだ伝わってこないです。

二宮　土木としての形態美というか、簡素の美しさのようなものも表現したかったので、割と規則的な形──。

津川　この道路は既存ですか？

二宮　既存です。

津川　既存に付加する形ですか？

二宮　道路からアクセスできるようになっています。

津川　なるほど。船として使う場所はここだけですよね？

二宮　停泊所のようなところが4箇所にあるの

と、水を引いてきたところに小型の船が泊まれるようなところがあるので、街から来て行くこともできる。

津川　建築的な操作性はスマートだと思うのですが、もう少しこれをほどくというか、これに対してここは閘門でこのような熟成があってもいいのですが、人のための空間は、もう少しここをこういう強い熟成というよりは、例えばこちらの対岸からどのように見えるかとか──。

二宮　配置図では描けていないのですが、平面図で描いているような形で、中は通路として通れるようになっています。

陽だまり　神だまり　人だまり
立体参道がつなぐ商業神社

都市部の神社は経済至上主義により奥へと押し込まれた。前を通る人々は神社の存在に気づくものののわざわざお参りする人は少ない。原因は、俗空間と神聖な空間とのグラデーションがないことにあると考えたが、経済的な理由や都市計画上の理由から参道を平面状に再現することは困難である。よって、本提案では参道を立体化させ、参道が各店舗、各施設をつなぐことで、本殿へのグラデーションとさまざまなシークエンスを獲得する。

id37

岡﨑輝一
立命館大学理工学部
建築都市デザイン学科B4

A1. Illustrator, Photoshop, Rhinoceros, Lumion、レーザーカッター　2. 20万円程度　3. 1ヶ月未満　4. 意匠　5. 理系の中で一番文系科目の力も必要な学科であると考え、建築学科を受験した。　6. スパイラル

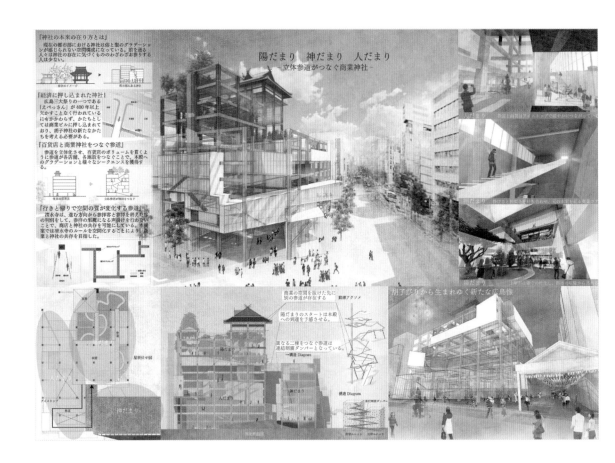

中山　神社の正面はどこですか?

岡﨑　神社の正面は、ここから見た面が正面となっています。

中山　何で脇から入っていくのですか?

岡﨑　そうですね。脇から入っていくよりは、ここから正面を見るほうが大切だと考えて、ここに設定しました。

中山　神社は通常、鎮守の森を背負っていますよね? でもこの鎮守の森は、足元に何かあるとか、宗教的な寓意か何かが折り畳まれた場になっているのですか、それともなんとなくこのような形になったのですか?

岡﨑　ここは恵比寿様を祀っている商業の神社で、この本殿が広島の街全体を見守っているイメージにしています。

中山　どこまで本気なのかな。僕の目から見ると、一つずつ丁寧に丁寧に大切なことを積み上げてできた建築には見えない。商人が一発噛ましてやるというようにつくった、下品な建築に見えます。でも、つくった本人は優しそうな人なので、どのようにこの作品を解釈すればいいかがよくわからない。真面目にやったら、このような形になったんですよね?

岡﨑　すごく大事なアイデアとして参道を設定し、あげるという動作が必要になったため、少し下品と言われれば下品な建築にはなったかもしれないですが、僕としては誠実に……。

中山　見直すのが良くないのかな。今の話を聞いていると、自分の家に天守閣を建てる城マニアの人などがいますが、それと同じタイプなのかな。

岡﨑　そうですね。広島のシンボルのような、ランドマークになるようなもの。ここの対角にも道がありますが、ここから抜けた本殿がそういうところで……。

中山　パースを見たほうがよく見えるかもしれませんね。

岡﨑　パースは力を入れて頑張りました。

中山　でも、これを見るとふざけているように見えますね。

岡﨑　模型のクオリティは申し訳なかったのですが、誠心誠意取り組んだつもりです。

中山　わかりました。

津川　考え方はすごく面白いと思っています。着眼点が面白いし、やっている操作も面白い。ただ、このグリッドが何故このように強烈に構造物として存在しているか。なんちゃら溜まりということや、参道と商業という別の要素が混じり合っている空間として、このグリッドの構造柱と梁が均質化しており、その設計のメリハリを上げてデザインし、魅力的に見せたい部分と、既存でどうしても資本主義的にあり得る商業の場所を魅力的につなぐため、これはどうしても黙っているほうにしか見えないです。

岡﨑　百貨店のもともとのフレームを構造として残しながら自由な空間を維持するため、フレームは構造として少し残し、その空間は点在できるように計画しています。

津川　次のプレゼンでそれは言ったほうがいいですね。参道が結局は商業の動線になるということですね。

岡﨑　そうですね。商業の動線にもなっていますが、そのまま進むと本殿にたどり着き、帰りの道から見ると、可視領域が広くなっています。ここがガラスで出口になっています。

津川　商業が残っているリノベで、かつ構造体が残っていること、計画全体もわかるけれど、この計画で最も大事な参道が斜面にスロープをかけたようになっています。ここはしっかりデザインしなくてはいけないところで、商業よりも密度濃くデザインしなくてはいけない場所です。この場所は手すりが絶対必要になるのに、そのつくり方などがないです。

仮に住まいて
木造仮設住宅団地の復興デザイン

これまで被災者の一時的な生活の住処にすぎなかった仮設住宅団地は復興後の利活用も期待され始めている。しかし、仮設建築としていまだ地域と分断された空間となっている。本計画では木造仮設住宅を建設後もフェーズごとに復興デザインを施すことで、この場所は被災地の拠点となる。そして復興後はものや人の関係を循環させる被災のレガシーとして、地域に溶け込む恒久的な建築となる。

id40

寺本圭吾
滋賀県立大学環境科学部
環境建築デザイン学科B4

A1. Illustrator, Photoshop, Rhinoceros, AutoCAD, レーザーカッター　2. 3万円程度　3. 1〜2ヶ月未満　4. 構造・材料　5. 親が建設業を営んでおり、建築設計に興味をもった。　6. 江之浦測候所

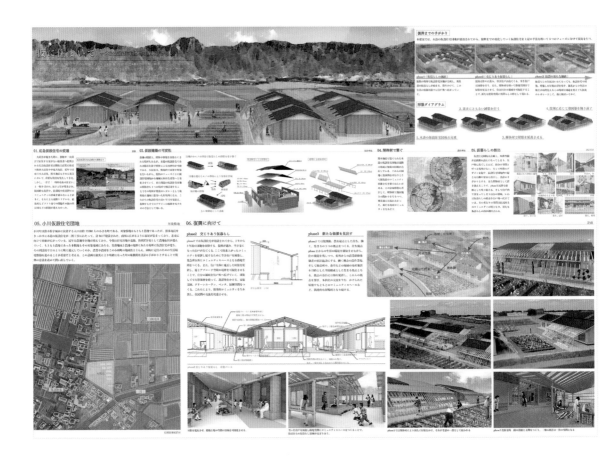

中山　家ではなくなるということですか？

寺本　そうです。もともと、フェーズ2はまだ入居した人が住んでいるのですが、最終的な形としては仮設住宅に住んでいた人はそれぞれ復興して外に出て行くことになります。でも、地域のものとして残していくことで、関わりを続けていく場にしたいです。

中山　宿泊施設と地域センター、農作業は、自分でレイアウトを決められるなら、いわゆる仮設復興住宅の定番とは異なる配置をする工夫もできたような気がします。

寺本　もともと、この住宅自体は既存の住宅を使っています。僕の中では、既存からその後の復興住宅が建てられるまでは行政と関わっているけれど、その後から、ほったらかしになっているように感じています。そこをあえて既存から復興するまでの流れを計画したかったので、既存を用いました。

中山　その一方で、災害復興住宅はやはり急ごしらえなものですし、それが使われなくなるのは、みんながもとの生活に戻れたという意味で、役割を全うするのはいいことでもありますよね。役割を全うしたものに次の生を与えて、新しい関係性をつくり出そうと建築家が考えるのはわかります。ただ、一般の人はそのように考えるかな。そこが心配ですし、本人がどの程度想像されているかは、すごく気になります。

寺本　実際に被災地に行った時に、道や土木などが地震で壊されてマイナスな面ばかり見えていると思いました。そのマイナスだった仮設建築を、恒久的なプラスとして……。

中山　建築家がそう考えるのはよくわかります。でも、あの場所のことを思い出したくないと思う人もきっといるだろうし、例えば復興を遂げた後に、しばらくここにいた人たちが戻ってきた時、どういう気持ちでこの場所と向き合うのか、どのような思いがこの場所に宿るのか、それに対する想像力がどのように働いているかがすごく気になります。僕も災害の当事者になったことがないので、その想像力がないんですよね。だから確たることは言えないけれど、そういう経験をした人がこのプロジェクトを見て、どういう気持ちになるのか想像し、想像したことに対して、どういう設計で答えているのか。本当にこうあるべきだと思える何かが言葉としてあり、それに対して設計の工夫が重ねられていると、すごく聞いてみたいと思いました。

津川　どうして、ここはこのような感じなのですか？

寺本　もともとは熊本地震の仮設住宅なのですが、ここが玄関で庇が伸びる形になります。

津川　それをそのまま応用して、この架構だけ伸ばすということですか？

寺本　そうです。

津川　リノベーション的な感じですよね。

寺本　フェーズ2で、間の部分だけを伸ばし、フェーズ3で、全体で公共施設として使っていくとなった時に、屋根を下ろして畑の野菜を植えたり……。

津川　恒久的に仮設が使われる時に、どのような使われ方をするか、もう少し表現して欲しいかもしれないですね。ただ延長して伸ばして屋外空間をつくっているように見えると、すごくもったいない。これはすごく良いので、これがもう少しいろいろついていると、この畑をつくっている意味もわかります。結局、仮設というもの、テンポラリーのパーソナルスペースになっているものが、例えば職能や産業と一体化して新しい文化を育む、もう少し連帯感のあるものになるという情景を描くために、ここをもう少しきちんとデザインしたほうが良かった気がします。でも、やりたいことはすごく社会的で面白いと思います。

「積乱の橋梁区」
ニュー・テアトロン計画

id41
長井一乃眞
東京電機大学未来科学部
建築学科B4

A1. Illustrator, Photoshop, 手描き　2. 15万円程度
3. 2〜3ヶ月　4. 意匠　5. 3歳の頃、実家を新築する際
に大工さんがかっこ良いと思い、大工さんに憧れるよう
になった。　6. せんだいメディアテーク

人類は、自己の舞台をつくり上げることで、進化し、時代を生き抜いてきた。建築もその舞台の一つである。私はこれを「ニュー・テアトロン計画」と呼び、橋を建土の動かぬ可動構造物として建設する。この橋は渡橋者という観客が自ら移動することによって場面転換を繰り返し、観客を演者へと誘うことで演劇が行われる。これは都市への刑務所演劇であり、新しい舞台提案である。これはインフラ更新期の日本においても重要な視点の一つである。

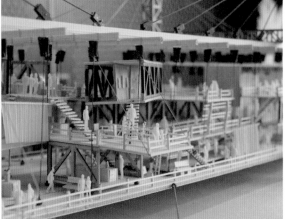

10年前に撤去された鶴見の橋跡に、今年、新たな橋を着工するのですが、本案は、その橋の活用による浮遊性を利用した劇場空間の提案です。人は自己の舞台をつくり上げることで、進化し、時代を生き抜いてきた。建築もその舞台の1つである。例えば、教会が建築と宗教の行為の舞台であったように。そこで私は現代社会の隙間に古代テアトロンのような舞台を発現させる計画を「ニュー・テアトロン計画」と呼び、インフラ更新期の日本における建築・土木の設計を開始しました。そして、日本において「駅で待つ」などの舞台なき演劇を用いて、それらの副次的な価値観を目指します。私は幼少期から身近に存在していた橋に注目し、橋には特有の舞台性があると考え、設計を行いました。橋は2つの異なる世界、日常と非日常、此岸と彼岸を紡ぐものであり、出会いと別れの場といったドラマの生まれる舞台になります。橋は人を集め、相互作用を醸成し、さまざまな環境に影響を与える。私はこの卒業設計で、橋を、多様な感情を表出させる劇場として解釈し、橋を都市で生きる人々の劇場性を顕在化させる舞台に転換することを考えます。本計画のベースとなる都市計画は今年から始まる、水道橋跡の鶴見川人道橋計画です。10年前、住民のけもの道となっていた水道橋が、老朽化や河川法不適合などを理由に地域住民の反対を無視して撤去されました。しかし、新設の要望が相次ぎ、横浜市議会に提出されたことで、今年、人道橋の建設が決定した計画です。鶴見の生活の中心には鶴見川が流れており、河川利用状況調査では、全国1位となるほど、生活に川が溶けこんでいます。そこで、まさに川の街とも言える鶴見の橋を、将来、土木と建築を等価に扱う未来を構想し、橋の構造を空間化した舞台として演者と観客が入り混じる構造物を建設します。本計画を建設するにあたって、日本に多い同行型の芸能空間

を調査して行くなかで、木が1本立つ1本道でひたすら待つという劇「ゴドーを待ちながら」をモチーフに、川が通る人道橋を「渡橋を待つ」という「渡橋」をテーマとした舞台を設計に落とし込みました。設計としましては、まず都市の廊として公園から公園にかけて橋の構造を用いて大屋根を架け、そこから吊り橋を吊るし、橋を架けます。この構造体によってできた無中空間に、鶴見の舞台を挿入して漂わせます。この渡橋者が、「渡橋」という演劇の場面を、潜在的な橋の浮遊性を可視化します。渡橋者が渡橋という演劇の場面を転換しながら橋を渡る。「拡張するプロムナード」。橋から連続する1本道を通し、その周辺に橋の浮遊物を配置する。それらは渡橋という演劇を予感させる。「アートの迫り出し舞台」。ギャラリーという視覚的要素の強い舞台性から、渡橋という視覚的変化を意図する斜めの配置に生まれたたまり空間に、アートの活動を挿入します。「マルシェの花道」。商店街が30近くにぎわう鶴見では、定期的にマルシェという演劇が生まれる。そこでシェアキッチンを配置し、片廊下とすることで、反対側の広場にてマルシェが行われ、中心が花道に変わる。「奈落の図書館」。橋という共有廊下を、回廊として出現させた図書空間が、読書という演劇を波紋のように広げる。「人と川の交錯地点」。橋ならではの空間が展開していきます。橋は人の世の中が顕在化したような稼働建築であります。渡橋者という観客は自ら移動することによって、この劇場は場面転換を繰り返し、ときに観客を演者へと誘い、サーカス的劇場を体験する。その中で鶴見の橋を仮設的に使いこなしていくことで、鶴見の集体として橋を舞台化し、建築と土木の境界を開放します。そしてこの実験的建築が、建築・土木の調停を行っていくものになるのではないでしょうか。

佐藤　どこに建てるのですか？

長井　神奈川県横浜市です。すべて新築です。もともと十年前に橋があったのですが、解体され、それ以来ずっとクレームなどを受け、今年やっと着工することになりました。

佐藤　これとは異なる形なのですか？

長井　普通の桁橋ですが、10年前に撤去されてクレームや苦情が相次いだため、その負のものを正に転換する一つの舞台の提案としています。架橋に浮遊性というのを考えて、一つの渡橋体験というのは……。

佐藤　ここの構造デザインはいいと思うけれど、今はデジタルファブリケーションを用いれば、ものすごく細かい構造もつくれるから、そういうのも提案として盛り込めそうですね。模型はよくつくっているけれど、構造の説明が何もないですね。

長井　一応、大屋根を橋の重さの顕在化というイメージでとらえています。

津川　何故このような機構というか、特殊な引張で構造体全体をつくろうとしたのですか？

長井　この橋のスケッチによる分析なども行いましたが、橋をつなぐ一つの個の力を形として線的に表したいと思ったのと、この建築との折り合いをつけるためにこのような形で取り上げました。

津川　これの何が秀逸に思えるかというと、橋の土木的な構造物と宙に浮く劇場的なものの強弱が、この繊細な弱々しい機構でつながっていることです。

絶妙なバランスで建築全体が成立しており、設計者の操作が邪魔をしていないというか、むしろ際立たせている。そして、不安定のようでありながらギリギリのラインできちんと安定している。劇場化なんですよね、劇場だとあれを捉えるのは、どういう状態なんですかね。

長井　今回は渡橋体験を劇場にしていくような、一つの現象的なものを形にしていくような提案をしています。本当はここで雨宿りなどもいろいろ考えています。

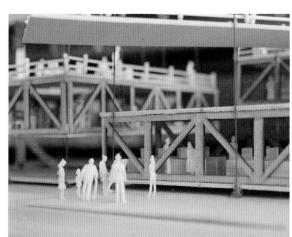

自然よりも快適な風環境を
― 玉ねぎ小屋から学ぶ乱流の多様な快適性 ―

風にはさまざまなかたちがあり、整った流れや複雑な流れなど、それぞれのかたちによる体験は異なる。現在の計画では均質な流れの流速によってのみ計画され、多彩な風の体験を捉えられていない。これまでは見えていなかった風のかたちをCFD解析し、風を具体的なかたちがあるものとして建築で扱えるようにする。多彩な風のかたちの分類を行うことによって、整流の流速だけでは見えなかった多様な風が体験できる建築を提案する。

id42

丸橋由季

大阪産業大学デザイン工学部
建築・環境デザイン学科B4

A1. Illustrator, Photoshop, Twinmotion, Revit　2. 1万円程度　3. 5〜6ヶ月　4. 意匠　5. 実家をリフォームしたから　6. 軽井沢千住博美術館

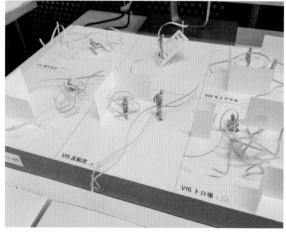

中山　具体的には、リノベーションですか、それとも新築ですか？

丸橋　こちらが新築で、こちらがリノベーションです。

中山　これは玉ねぎ小屋だったものですか？

丸橋　もともとは大きい工場があった跡地です。

中山　すべて透明なので、魚が好む渦や流れの関係をこの空間の中に再構築するために、どういう手立てを行ったのかが見えてきません。

丸橋　具体的には、壁がこのように入っている部分のこの角度が向かい合っていたら、毛玉のような風ができあがったり、あと、吹き抜けから立ち上がってくる風によって乱流が生まれたり、穏やかな空間ができる壁と屋根の挿入で、風の形をつくっています。

中山　その最初に入ってくる風向きは、淡路島の季節風や卓越風などを参照したのですか？

丸橋　はい。今回は、淡路島の夏の卓越風である南東からの風を想定して設計しています。

中山　非常に高度なシミュレーションをしていますが、もっとダイナミックな計画でも良かったかもしれない。少し小さいですよね。風はもっと大きな流れをつくるものだから、建物の配置などはもう少し広がりを持ったレベルで考えないと。周りにたくさん建っているので、この中だけでシミュレーションをしてもよくわからない感じがします。このようなところで何が起こっているかなどをもっと考えると、インテリアの風の場所の設計というよりは、もう少し大きい設計でやったほうが面白かったような気がします。

丸橋　今回は壁や屋根で操作するという……。

中山　環境系の研究室なのですか？

丸橋　いえ、特別そういうわけではありません。

中山　個人的に興味があったのですか？

丸橋　はい。

中山　すごく感心して見ていました。

津川　この風環境のシミュレーションには、何かソフトを使いましたか？

丸橋　CFDです。

津川　なるほど。気持ちはすごくわかりますが、この風の表現がなくても、心地良さが伝わる空間に見せられるかどうかが肝だったと思います。表現としては、こういうのがあってもいいけれど、計画したものに風の表現がなくても、心地いいと思える建築の力強さと、建築の持っている特殊な能力が見えたほうが良かったです。例えば、CFDにあったシミュレーションでこちらの風の表現が強くなっていますが、あの壁の操作なども、おそらく意図して傾けてこの乱気流をつくっていますよね。そちらが目立ったほうがいいです。だから、自分が何を意図して設計したから、この状態が起こっているかを見せ過ぎたかな。あの壁の感じや斜めの角度、傾斜などもおそらく図面に描くべきだし、おそらく意図があって繊細に置いたわけですよね。それに対して、どのような計算があってそれを行ったのかがもっと図面に描かれたほうがいいし、おそらく模型にも表れていたほうがいい。これもおそらく気流のためにあるんですよね？

丸橋　はい。

津川　この曲線などもおそらく意味してつくっているので、そちらが目立ったほうがいいかな。これも乱気流を生むための物質的な操作であるなら、ガラスでつくった透明材でも、ものとしてきちんと見せたほうがいい気がします。

台本のない建築

利用者が設計者の意図を超えて空間を変容させていく様は魅力的だ。同じ形の建築を異なる敷地に同時に存在させ、各敷地の特色をうつしだす3つの美術館を設計した。複数の同じ建物を連続的に巡る空間体験は、外的要因をとりこみ変化した固有の空間体験をより鮮明に際立たせる。美術館のケーススタディを通して、設計不可能な他者性を最大化する建築設計プロセスを提案する。

ID43

新井理久
慶應義塾大学環境情報学部
環境情報学科B4

A1. Illustrator, Photoshop, Rhinoceros, 手描き, Grasshopper, レーザーカッター　2. ―　3. 4〜5ヶ月　4. その他　5. ものをつくることが好きだったから　6. Museo Gypsotheca Antonio Canova

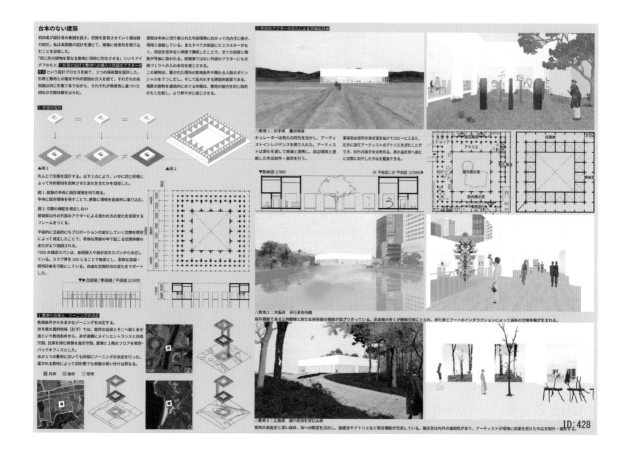

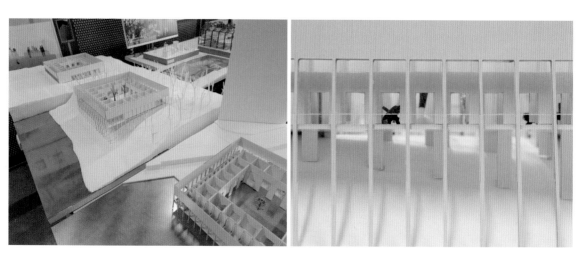

中山　どこに置いてもいいというマルチ建築は、どのような根拠でこの形になっているのですか？さらっと中庭があるという内容で流しているけれど、もっと巨大でももっと小さくても、正方形グリッドではなくても良かっただろうし、この形にしなければいけないと決めたのには、何か根拠があるのですか？

新井　まず美術館というプログラムを選んだので、展示室や搬入関係の諸室などのグリッドの寸法を決定し、それから、美術館にまつわるすべてのプログラムを同じ部屋で行いたかったので、なるべく絶対的な幾何学によって構成することで、ここが展示室、ここはロビーというように用途を決めないようにしました。中心性のあるこの正方形の幾何学を使ったことで、どこでも入り口になり得る、どこに置いてもまた新しい使われ方を発見できる

というのを目指しています。

中山　もう少しきちんとしたルールやロジックなどがダイアグラム化されていて欲しかったです。なんとなく、好みとセンスで泳ぎ切ったような感じが端々に見えます。ロジックを積み上げて実現させた感じが、今のところ話の中にないですね。何かありますか？

新井　この中庭も、本当は中庭ではなくて一つの部屋になるという位置付けです。

中山　なるほど。というか、それが一番重要なポイントですよね。それがこの大きさでなくてはいけないという説明がやはり欲しい。おそらく、いろいろな場所に代入しても絵になるというのは実は検証していると思うんですよね。

新井　検証しています。

中山　そうだよね。最初につくったものをただ置

いたらできたのではなく、置きながら、こちらのほうがもっと汎用性があるとか考えただろうし。そういう意味で、もう1個敷地が増えたら、このプロポーションは変わるかもしれない。そういうフィードバックをしながら、どこに行っても新しい意味が環境によって付与されるという、台本のなさのようなものがストーリーとしては語られるけれど、設計者としては物語がうまくいくようにコツコツ積み上げた部分をプレゼンテーションで披露して欲しい。だから率直に言うと、そういうフィードバックをしながら取り組んだ結果、強い建築ができあがったということなら、そして、そこにもし秘密があるのなら、今からでもいいので素敵な言葉で話せるようになると、作品の感じ方が変わるのではないかなと思います。

津川　これを見た時に二つ思ったことがあります。言っていることがわかるし、結構このようなものをつけているところなど、センスがいいし秀逸だと思います。ただ、「台本のない建築」というタイトルにもあるようにやりたいことはわかるのですが、一方で、そういう建築には何があるのでしょうか？いかようにも展示空間が変容していくためのフォーマットだけを設計している気がしますが、台本がないのはわかるけれど逆に何があるのか、それをタイトルにして欲しかった気がします。これは、プラスの意味でどのような新しい価値を読んでいると思いますか？

新井　台本のないようにしようと言いながらも、その中で建築家が何を設定し得るのかは考えま

した。今回は部屋と部屋が隣り合っており、だんだんと大きさが変わっていくようにしましたが、これが建築家の責任として僕が提示したものとなります。そこに予測不可能なアクティビティが生じた時に、例えば廊下がなくてすべてが部屋になっているのですが、こことここで起きるアクティビティが廊下のような部屋を通り抜けると、だんだん移ろっていくシークエンスがあるので、部屋同士の衝突や見切れなど──。

津川　それはプレゼンに入れたほうがいいですね。あと、このような建築をつくろうとした時に、グリッドでマッシブな立方体系の建築をつくるのはアイロニーを含んでいると私は思いました。すごく自立的造形なのだけれど、建築家が何もしなくても、

環境とともに移り変わることを意味している批判的な感じにも見えてしまう。これを本当に魅力的だと思って提案しているのか、それともアイロニーを含んでいるのか、スタンスとしてはどちらでしょうか？

新井　批判です。

津川　それは最後に5秒でもいいので絶対言ったほうがいいですね。そういう批判性を感じるから、例えばこのような廊下をなくしたグリッドの分解や、あえて純粋幾何学を使っていることをもう少し推して欲しいです。あと、タイトルがやはり気になる、何があるのかを言って欲しいですね。

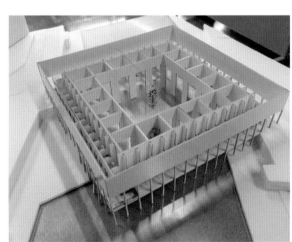

原発解体新町
原発立地地域における歴史の継承と廃炉後の生業・暮らしの提案

原発廃炉が進む日本。廃炉になることがすでにわかっており、原発の歴史や原発立地地域の経済難に対して向き合う必要がある。そこでワークショップやヒアリングを通して、原発廃炉の背景を踏まえ、廃炉が決定している大飯原発の解体廃棄物を活用し、原発の技術の継承及び歴史の伝承、新しい産業の創出、持続可能な集落の再生を目的とした提案を行う。地域住民へヒアリングを行い、原発の肯定的な意見が見受けられたことから原発があった歴史をポジティブに捉え、未来へ継承する。

1044

佐藤俊
立命館大学理工学部
建築都市デザイン学科B4

A1. Illustrator, Photoshop, ArchiCAD, レーザーカッター　2. 8万円程度　3. 5〜6ヶ月　4. その他　5. 海外の街並みやオープンキャンパスでの卒業設計作品を見て、建築に興味を持ったから。　6. MIYASHITA PARK

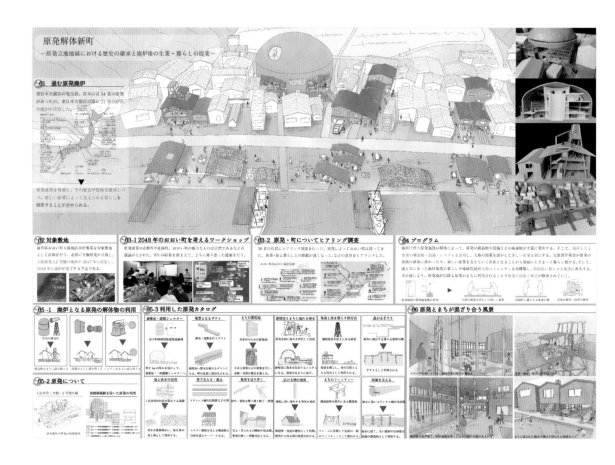

中山　何年スパンの計画ですか？

佐藤　こちらの原発の廃炉が2048年に完了する予定ですが、解体されていく中で行われていくように考えています。

中山　2048年から何年くらいかけるのですか？

佐藤　2048年に廃炉が完了するので、それをちょっとずつ移動していくのに20年ほどと考えています。

中山　ここに持って来るということですか？

佐藤　はい。新しい原発の可能性として、こういった新しい……。

中山　持ってくるのは無理でしょう。

佐藤　正直難しいとは思いますが、原発の一つの新しい可能性として、このようなことができないか、原発の技術をここに活用したらどうなるかというものです。

中山　すごく面白いと思ったけれど、これはSFではないのですか？フィクションというのはつくり話ですが、それにサイエンスがついているので、科学

的につくらないといけない。いい話だと思って聞いていましたが、この巨大なものを曳家するという設定が出てきた瞬間にただのフィクションとなり、もったいないと思いました。

佐藤　この集落に活用するとしたら、このような使い方ができるのではないかという提案なので、もし原発のその部分でできるとしたら、そちらでも……。廃炉での過程としては、一気に全部が廃炉になるのではなく部分的に廃炉になることから、一部の解体廃棄物を持って来るという感じに……。

中山　巨大なコンクリートを運ぶ技術はないですよ。

佐藤　解体してそちらにもし使えたらと考えて……。

中山　これは思い入れのある場所とか、出身地ですか？

佐藤　出身はここではありませんが、研究室で実際に関わり、この地域の問題と原発を知っていく

中で、その二つを掛け合わせて、ここで原発をプラスのものとしてポジティブに捉えて——。

中山　根本的には、原発が建った地域の住民は金持ちなんですよね。ものすごい助成金が湯水のように垂れ流され、わけのわからない大きな道ができているけれど、実際には誰も住んでいないんです。でも、今は本格的に誰も住めなくなっている。それに対して、人が住んでいる高密度な場所に、お金が発生しなくなった原発を落下させて混ざり合わせた風景を、あなたが言うようなストーリーでみんなが捉えてくれるだろうか。そういう意味で、結構危険なプロジェクトのように思います。それをきちんと意識していないと、思わぬところで人を傷つけてしまう可能性があるというか傷つけていると思います。私は、建築家はそういうことに対して非常にセンシティブではないといけない仕事だと思うので、気を付けたほうがいい部分はあると思います。

津川　原発の再利用というか、もともと既存でここにあるのですか？

佐藤　ここではない場所にあるので、この集落に持って来た時にこういう使われ方ができるのではないかという可能性の一つとして示したいと思っています。

津川　原発はどこにあるのですか？

佐藤　福井県大飯町の大飯原発を使うことを考えています。

津川　福島のこともあって社会的になかなかネ

ガティブなことですが、それを新しくメタファーに使うという話ですね。ただ、原発の機能をすでに持っていないとしても、この形から想起される既存のイメージがあると思います。それに対して、どのように考えていますか？

佐藤　やはり事故などもあったので、原発にはすごく悪いイメージがあると思いますが、中身を見ると、放射線汚染の範囲ではないものを利用するなどしており、実際に原発に触れたり、街に活用されたりすることで、新しい原発の可能性や技術をもっ

と集落に生かせるのではないかということを示したくて今回の提案を行いました。

津川　既存の原発の廃炉は、どのような色なのか、わかりませんが、もう少し色味があってもいいのでは。

佐藤　白っぽいものが多いのですが、今回は解体廃棄物をすべて灰色で表しています。

津川　発想としてはすごく独創的なアプローチだと思います。社会的だし面白い。

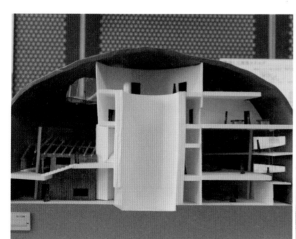

滲みの空間
中間領域の多重構造による高密度都市の再考

現在存在している中間領域の多くは、日本の縁側や庇のように本来環境制御の目的によってつくられていた。しかし、これらの中間領域は技術の進歩によってそれらの要因を部材の性能のみで解決できるようになったことにより、中間領域内での人々の行動や営みなどが限定され、空間内の豊かさがなくなりつつある。そこで、本計画案では高密度化された現代都市に多重構造の中間領域を挿入し、中間領域内の空間の豊かさを取り戻す。

iD45

末永慎之介
九州産業大学大学院工学研究科
産業技術デザイン専攻M2

A1. Illustrator, Photoshop, ArchiCAD, Twinmotion, InDesign 2. 8万円程度 3. 5〜6ヶ月 4. 意匠 5. ものづくりが好きだったことと、幼い頃から建築に関するものが身近にあったため。 6. 福岡銀行本店

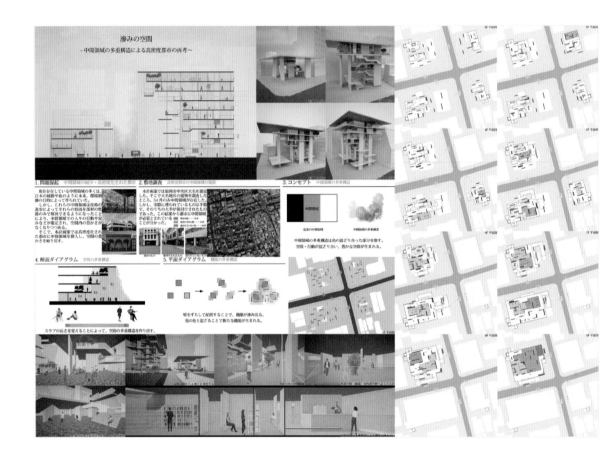

中山 中間領域を挿入したことによって、がらんどうができているように見えてしまいます。中間領域の良さはやはり何かと何かが出会うことによって生まれるので、何かと何かがなくてはいけない、そして中間領域のみが存在することはありません。何と何が、この場で出会うのですか？

末永 一つの同じ中間領域なのですが、スラブのそれぞれの場所で起こる行動とは異なり、中間領域と中間領域の間の中間領域などをずっと突き詰めていって——。

中山 例えば縁側は日本人が一番好きな代表的中間領域ですよね。これは、家の中で雨風から守られつつ、家の外にいるような場所をつくると、座って外を感じたり家の中からではできないようなコミュニケーションが生まれたりします。

末永 はい。

中山 ただ、これは一体何と何がどのように出会うための工夫なのかが見えてきません。

末永 例えば、ダイアグラムでこれを表しているのですが、E1〜E4はそれぞれのスラブの高さや構成タイプなどで得られたものをもとに行動されるのを想定しており、そこの場所同士の行動が生まれるとか、内部空間だと機能が異なる室同士が混ざり合い新しい機能が生まれるとかを考えています。

津川 中間領域を何故つくろうとしたのですか？

末永 まず、空間体験がすごく好きなことから、今回の中間領域をテーマにしています。

津川 完全に断絶されるものではないという点ですか？

末永 そうですね

津川 半分はグラデーションのように横方向に見えます。

末永 そうですね。

津川 なるほど。壁を合間に構築すると、中間領域でにじみ出ると思いますが、すごくダイレクトにつながっていますよね。壁だから100％断絶する

のに対し、例えば半分だけ建てたり半分だけ垂直方向に外したりすることで、にじみ出るという考え方はすごくシンプルだしあり得ると思います。ただ、率直に言いますと、安直にも見えます。中間領域の捉え方はもしかしたら人によって違うかもしれないし、例えば縁側は面が一枚あるだけの中間領域だとよく言われているように、このような中間領域もあり得るかもしれないという発想が膨らむような提案をしてくれると良かったです。どのような中間領域のあり方があり得るのだろうか、もしかしたら壁を100％つくっても中間領域はつくれるかもしれない、というくらいの驚きのある提案が胸

を打つのではないかと思います。やり口としてはわかるけれど、それ以上の何かをこちら側が想像しづらいところは少し気になりました。

末永 今回、中間領域を通して事例調査や敷地の調査を行ったうえでどのようなものを提案しようか考えた時に、新しいタイプの中間領域をつくるというよりは、その逆で、結局どれも黒と白の間の1個の空間としか思えず、本当にそれが中間領域なのだろうかと考えました。そこから、多重性のほうがより魅力的なことが伝わるのではないかと思い、今回は多重構造でつくりました。

わたる、であう、つむぐ。
歩道橋がつくるまちの新たな風景

ID47
高宮弥
日本工業大学建築学部
建築学科生活環境デザインコースB4

A1. Illustrator, Photoshop, Vectorworks, レーザーカッター　2. 5万円程度　3. 1～2ヶ月未満　4. 意匠　5. 内装系に興味があったが、設計課題などを通して建築の面白さを知って、幅広く学びたくなった。　6. mitosaya薬草園蒸留所

さまざまな背景から、利用率が低下し各地で撤去されている歩道橋。渡るだけのものとして不要とされているが、視点を変えると、車道によって分断されたまちをつなぐ役割や立体的な道として空間の魅力に溢れている。この設計では、3つの現存する歩道橋を再編し、周辺環境を巻き込みながらまちの居場所となるような歩道橋のあり方を提案する。まちの要素や魅力を取り込んだ歩道橋を渡ることで、さまざまな出会いが生まれ、人々をつなぎ、まちの風景をつむいでいく—。

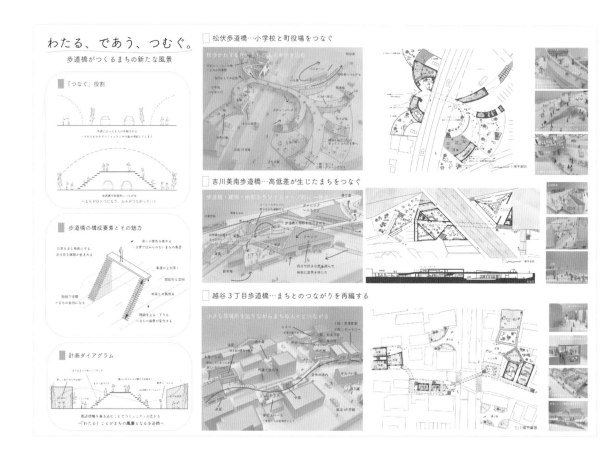

津川　実は、私が次に設計したいのが歩道橋なんです。ニューヨークにある「ハイライン」（設計：ジェームズ・コーナー）を知っていますか？「ハイライン」は高架に設計された、人が歩くための遊歩道で、世界的に有名なので調べてみてください。おそらく参考になると思います。都市の中で目的地までの最短距離をつなぐ土木的な機能だけでなく、そこに人間の機能として、居心地の良さなどを生み出そうとする発想はすごく面白いです。「ハイライン」は、それを世界で初めて実現したプロジェクトです。「ハイライン」が面白いのは、もともと鉄道の線路があったところを遊歩道に変えたプロジェクトで、全長2.3kmあり、例えば、このようなパスのところが既存の歩道橋と同じになっているのではないかという、1個のちょっとした批評性があり、結局は歩道橋も枝分かれされるんですよ。このように階段に落ちていくんです。でも、その先にブレースを設けるというより、この歩道橋の数自体がブレースになっている操作がもう少し欲しい気がします。例えば、三角形のところなどが居場所になっているじゃないですか。でもあれはもう完全に歩道橋ではないのです。何かの建物の屋上ですよね。それが、この歩道橋としてある場所をどのようにブレース化していくかは、ここのデザインをもう少し手がけていき、その先でやってきたいろいろな操作、各エリアの操作がもっと連携され、デザインが歩道橋に見えなくなることがおそらく肝なのです。でも、まだ歩道橋に見えてしまっている気がしました。そこが気になりましたが、着眼点としては面白いと思います。

高宮　ありがとうございます。

津川　すごく共感します。

末光　これは何ですか？

高宮　これは全部小学校があり、図書のスペースと学習の配置スペースをつくってもらい──。

末光　面白いテーマだと思ったけれど、せっかく小学校からも歩道橋がただ通る場所に見えてしまっているのが少し気になる。きちんと居場所としてできている場所と、よくわからない普通の歩道橋の所があるのだけれど、もう少しこの辺りの工夫をしなかった理由はあるのですか？

高宮　このような形だった歩道橋に対して、こちらから降りてこちら側に行く子と、このように降りてこちらへ進む帰り道の子たちがいるので、そちらに対して流したかったからです。

末光　それはわかりますし、普通の歩道橋はそうだと思います。当たるという行為以外にも意味を持たせるのがメッセージだと思うのですが、その辺りが少しわからない。ここからもきちんと入っていけるとか、もしくは、これをもう少し上がって内部に入るとか、そういうのがあれば、もう少しいいのかもしれない。もう一方は、ボリュームがあり、広くて良いのだけれど、何か意味を持たせて欲しいという気がします。

高宮　歩道橋ではないものをつくりたいけれど、歩道橋の特徴も残したいというのがあります。歩道橋ではないものに渡るという役割をつけた新しい歩道橋というのが、少し違うなと思っていました。それで、残したかったという意識が少し強く出てしまったのかなと思います。

末光　その辺りはもうバランスとしか言えません。あまり建築化してしまうと、巨大建築のようになってしまうということですよね？

高宮　あと、もともと歩道橋が4.5m以上あるため、高さもあまり変えないようにしました。あと、最終的に場所が何個かあることによって、自然と人の溜まりができるというように、この場所がなればいいなと思い、普通の道の延長として考えていたので、そういう意識のほうが強くなりました。

心象風景がつくる火葬場

都市の拡大と共に建築の効率化が進み火葬場もその影響を受けている。住宅地に立つ火葬場の外観は大きな壁で覆われ、内部ではいくつもの火葬路が連続して並び、その姿は処理施設のように感じられる。果たして最後の見送る場所として適しているのか。森や地平線のような漠然と広がる風景の中、思いふける場所を計画することで都市における火葬場のあり方を提案する。

iD48
上垣勇斗
近畿大学工学部
建築学科B4

A1. Illustrator, Photoshop, 手描き　2. 5万円程度
3. 2〜3ヶ月　4. 意匠　5. 親の仕事の影響　6. ロンシャンの礼拝堂

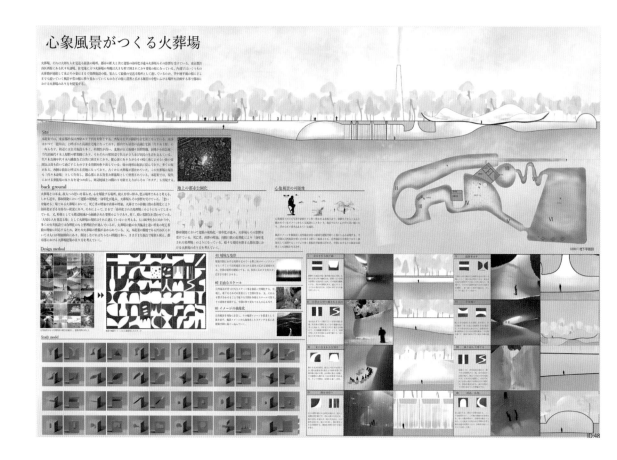

津川　先ほどもあそこにあるやつを見てすごく良いと思ったのですが、おそらく全作品の中で唯一空間の力を強く信じている人だろうと思ったからです。心象風景というものが建築に存在すると、おそらく信じていて、それをつくることで人の感情や内面性に建築でアプローチをしたいと考えている。だから、火葬場という機能をつくるのではなく、火葬場という場所が人にどのような影響を与えるのか、それを建築空間で表現したいというのが見るからにわかります。今の時代に、それを信じている人がいるのは希望になると思いました。1個言うとしたら、ここの話をする時に内部空間がすごく大事だと思うので、俯瞰で見ても何もわからないので、どういう機能があるのか、どこの内部空間のパースを指しているか、長い棒か何かを持ってそこ

を示しながら説明してくれると、すごくわかりやすいと思います。あとは、自分で生み出したタイポロジーがどのようなことかが肝になってくるはずなので、それをもう少し聞きたい気はしました。例えば1個、何かありますか？

上垣　このスケッチは、イメージの抽象化の部分で、心象風景から概念的に持ってきた部分です。第3の風景をつくっていくにあたり、風景の写真から輪郭を切り取り、イメージのスケッチを作成しています。自然の風景に感じられる、曖昧な境界や自由なスケールを3つ合わせてスタディモデルをつくります。自由なスケールでは、このスケール感を徐々に変えていますが、下に降りていき、上に上がっていくという流れをつくり、曖昧な境界では、この接地面のエッジのラインをなくしており——。

津川　なるほど。例えば、この心象風景から抽出したのは、一個人の心象風景の記憶か、それとも客観的なものですか？

上垣　客観的なものです。

津川　それはどういうことですか、心象風景とは何ですか？

上垣　心象風景というのが、心の中に刻み込まれている風景。その風景のイメージが先と言われたら、なんとなく輪郭が表れて——。

津川　それは上垣くんの中のイメージですか？それは、はっきり言ったほうがいいですね。これを2個くらいピックアップして説明しつつ、該当のものを示しながら、どこがどうなっているかを言ってくれるといいと思います。やっていることは面白いです。

末光　エントランスのほうですか？

上垣　エントランスです。この長い通路になっています。入口がここにあり、地下に入っていくのですが、ここから地下を通ってエントランスに抜けると、日常から切り離される渓谷という場所があります。先が見えず下りていく渓谷のような空間で、吹き抜け空間となっているので、視線が自然と空に向かい、地上との隔たりや距離を実感して日常から切り離され、四季の始まりを観測します。告別室を通って炉前ホールを抜けて行くと、ここに待合

室があり、立ち合い室は地上と空の境界となる空間となっており、丘を上った先には空が広がり、その図を顕にします。会葬者は火葬の煙突から立ち上る煙を眺めます。最後に繰り返しここを通っていき、最後にここで終わりです。

末光　審査員ではないので少しアドバイスすると、絶対に原稿を読まないほうがいい。このような火葬場なら、入り口からのシークエンスで語ったほうが良いから、ここから入ってこの空間はこうなっているというのを言ったほうがいいし、もしそれに

ついて伝えたいことがあるなら、最後に言ったほうがいいかもしれません。あとは、ドローイングや模型を頑張っているけれど、ドローイングにもっと迫力が欲しい。先ほども、このような火葬場に取り組んだ子がいたけれど、こういうプログラムだとCGとかCADなどに描いている絵が少し寂しい感じがする。手描きなどで、陰影があったほうが迫力がある気がします。あと、素材や構造などをおそらく聞かれると思います。

山嶺へ、一条の道程から

山頂までの道のり上で山の環境は大小に変化する。その変化が登山者の目に映る時、登山体験はどれほど感動的なものになるだろうか。本計画では、麓から山頂に至るまでの登山道に堤防や小屋など、個々の建築が山のスケールの変化を感じるためのものさしとして働くように設計した。これらは山岳地帯の人工物のあり方を示すものであるとともに、登山者はこれらを舞台装置として登頂に至るまでの登山という一つの演劇を体験する。

id49

河田祐希
東京理科大学工学部
建築学科B4

A1. Illustrator, Rhinoceros, 手描き　2. 12万円程度　3. 2〜3ヶ月　4. 意匠　5. ものづくりに携わりたかったから　6. 世界平和記念聖堂

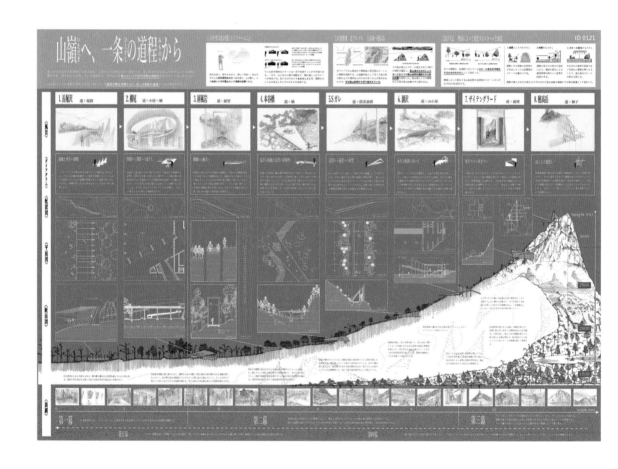

津川　一番推しのやつで、具体的に何をしてどのような状態になっているかを説明できませんか？

河田　これは、200mの距離がある中で10mしか標高が変わらない、山の中でも珍しい場所だと思いますが、そのような長い道のりを淡々と歩く中で、意外と標高がだんだん上がっていることを建築によって——。

津川　なるほど。ここは高さが変わっているんですね？

河田　ここは変わっていないです。ここはずっと水平で、この銅板がだんだん目線の高さに近付き、やがて消えていきます。そのように歩き、微地形を感じている中で——。

津川　登山という行為を、地形とともに登山の体験として拡張する、ちょっとした身体的な体験装置ということですか？

河田　そうですね。

津川　機能は特にないのですか？

河田　例えば、機能としては、堤防だったり山小屋だったり安全装置だったり。山の中に挿入されていく既存の人工物を、ただ補助的に入れるのではなく、登山体験を拡張するものとして改めて見直してみるということです。

津川　なるほど、登山はするのですか？

河田　10年くらい登山をしています。その中で、玄人でも素人でも感じる、山の小さな変化を、建築——。

津川　それは話したほうが良さそうですね。

河田　建築が1個の気付く物差しになる。

津川　面白いですね。エンターテインメント性というか、ちょっとしたテーマパークのような感じになると危ないと思いますが、それと絶妙な距離を取りながら、地形などもギリギリのラインで成立している。自然の地盤にちょっとした緊張感のある構築物を挿入していき、ここでしか味わえない体験空間をつくっている。可能性を感じる面白い提案だと思いました。プレゼンは1分しかないので、登山の体験を拡張しているとか、もっとわかりやすい言葉を入れて伝えるといいと思います。

末光　まず、これが複数ある理由と、どこが1番の見せ場で、どれを見たらわかるのか教えてください。

河田　登山道は人が山を登るために、例えば梯子だったり、岩が落ちてくるのを防ぐ安全装置であったり、橋や堤防、山小屋などがあります。山小屋に行く人はそこに泊まるけれど、登山体験の中には関係しません。登山道を守るために堤防はつくられているけれど、そういうものは風景を阻害しているので、すべて登山道の中に組み込んで、建築を体験の中に組み込もうと考えました。山の中にある建築がどのような働きをするのかを、自分は登山をしていたので感じることがあります。山小屋は遠くから近くへ進むうちに小屋が大きく見えてくる。そうなった時に、山はすごく大きなスケールだけれど、小屋が大きく見えてくると、少し自分が進

んだ感じがあります。それらの体験の物差しのようになっているのではないかなという。

末光　それはわかります。全体として1番伝えたいことは何ですか？

河田　麓では山全体を捉えるシークエンスをつくりました。このあたりの中盤の建築であれば、山の中を100m、200m進むなかで少しずつ木々や岩の変化があるので、これなどは水平のラインを強調されているのですが、それを通った時に、建築を通して少し変化しているのを感じます。それによって、山を登るうえでかなり変化しているというのを感じさせる装置になっているものをつくりました。

末光　全体的にスケッチも綺麗だし、模型も提案も全体的に良いと思うのですが、もう1段階、上位概念で語ったほうが良いのでは。今の話だと、登山道にある建築一般論くらいの話だと思います。

建築とはこのようにサイト・スペシフィックに考えてつくっていくべきとか、建築デザイン論に持っていったほうが良いかもしれない。話してくれた内容は、当然の内容なのでしっくりはくるけれど、物足りないです。

河田　デザイン論というのは、例えばどのようなものですか？

末光　その環境に対峙する時の建築のつくり方がどうあるべきか、といった手法論と言うんですかね。何らかの形は根拠によってできているのだから、機能だけではないはず。何故このようにあるべきかを伝えてくれたほうがいい気がします。例えばこの素材はカッパーか何かでつくられていると思いますが、何故その素材を選んだのかとか。このような作品をつくれるのだから、そこまで言ってくれるといいと思います。

小さな模倣都市
失われゆく都市の空間的豊かさの保存

広島の都市空間に溢れている「日常生活においてあたりまえになっている現象」をもとに構成された、まるで都市が凝縮されたかのような建築。都市がミニチュア化された小さな模倣都市は、人々に気づかれず失われていく都市の空間的豊かさを建築/空間体験という形で未来に向けて残していく。いつの日か都市の姿が変化し、人々の記憶から2022の広島の都市空間の姿が失われたとしても、この小さな模倣都市は力強い空間として人々の記憶に残り続ける。

ID51
曽根大矢
広島工業大学環境学部
建築デザイン学科B4

A1. Illustrator, Photoshop, ArchiCAD　2. 3万円程度　3. 5～6ヶ月　4. 意匠　5. あなたに合っている将来の仕事というサイトで建築士が出たから　6. 六甲枝垂れ

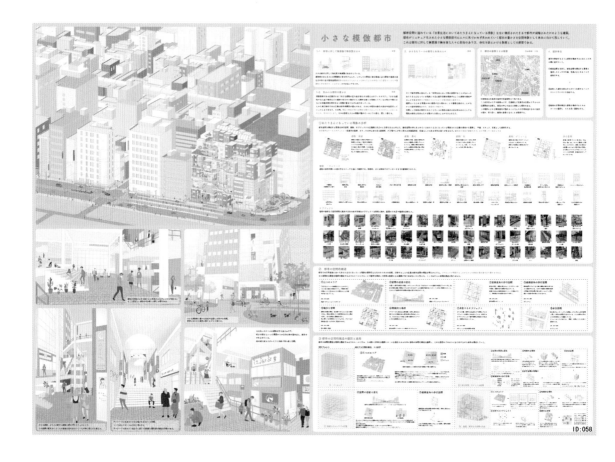

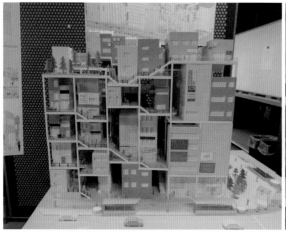

津川　これは曽根くんの中で、大きな一つの建築なのですか？

曽根　そうです、一つの建築です。

津川　面白そうですね。なるほど。具体的には中に何が入っているのですか？

曽根　僕が調査した結果、広島の都市は商業エリアとオフィスエリア、その2つに属さない中間エリアの3つに大きく分類できると考えました。だから、このあたりには商業的なものが入る飲食店などです。

津川　半屋外空間がたくさんあるけれど、これは一体何ですか？

曽根　こちらを向いたら道路などで、それと地続きに連続している——。

津川　それを立体的に立ち上げると、何がいいと思いますか？

曽根　例えば、基本的に僕たちは歩いていると思うのですが、そういったところから見える室外機から出る汚れとか、そこでしか起こらない人の生活もすごく雑多な感じがあります。ここでしか起こらない人の生活というのはあると思うんです。道ばたで座り込むとかいったことは、道路がないとわからない。実際に僕たちが生活する都市で、そういった体験的な道路だから、この建物くらいの半屋外空間である道路がすごく大事だと考えています。

津川　手法としては、意外性がさほどないけれど魅力的に見えそうな手法を使っている感じがしますが、結果できたものが結構魅力的ですね。映画のワンシーンに出てきそうな感じです。結局、これは何をしたいのですか？　曽根くんにとって、模範都市とは何ですか？

曽根　僕も、昔いた都市の記憶が断片的にしか思い出せず、どういった生活が起こっていたのか思い出せません。今の都市で生活している人を見ても、おそらく広島の都市がこれからまるっきり姿が変わった際には思い出せないのではないかと思いました。だから、広島の全体を一つの建築にするため、小さい建築にするのと、単純に新体制を体感できるようにしました。都市は高過ぎて全部を認識できないけれど、ここなら商業やオフィスエリアまでの距離が短いため、すべてを認識できます。そういった意味で、小さく凝縮することで未来の人が思い出せるのではないかと思っています。

津川　「記憶をさせる都市」で「身体的な記憶をさせる」というのが、割と本質的な目的だったということですね。

末光　今ある都市をサンプリングして、ここに保存するということ？

曽根　建物などを保存するのではなく、このくぼみや、このあたりはすごく雑多感が出ていますが、そこでしか起こらない人の生活などまで保存したいと思っています。

末光　そうすると、そういう話なのだろうと思うけれど、これをどう組み合わせているのかが気になります。

曽根　ここにたくさんあるので例を出すと、特に僕が調査した広島の都市において、中間エリアをもとにしたゾーニングから建築にどのように対応させたかという話になります。これを見るとわかりますが、外側ほど建物が高層なので、内側に入っていくと、このようになっている体験と、建築で下から上に上がっていくだけ、大気の流れ的に同じだと思いました。

末光　街のあるエリアをそのまま持ってきているんですか？

曽根　そうですね。

末光　そういうことか。広島のあちこちの面白い地形や建築をサンプリングしているわけではないんですね。

曽根　すごく緻密にしたかったので、広島がすごく凝縮されていると僕が判断した中心のところを緻密に再現しているということです。

末光　よくわからないところがあるのだけれど、下手すると遊園地や博物館に。

曽根　遊園地的なものを目指しているところはあります。テーマパーク的というか。

末光　テーマパーク的になってしまうので、街ごとというのが本当に意味のあることなのか。街ごとだったら平面で保存したほうがいいように思えます。

曽根　テーマパークなどと異なり、ここにはすごく身体的な体験があります。この空間のみの変化、狭いところから高層などのように。また、実際の流れや身体性というのが、ここのところにあるので、どうですかね？

末光　これをどう評価していいかわからない。可能性があるようにも見えるし、「これはテーマパークである」という一言で終わるような気もします。可能性があるとしたら、どこをサンプリングしてどのように持ち込んだのかとか、もしくは、それをそのまま残すのかとか。むしろこの外壁なども全部真っ白にして抽象的な空間だけ残すので良かったのだろうか。何か新しい機能を与えるべきなのか、そうじゃないのかというバランスの中で、卒業設計として意味があるのかどうかが変わってくるかな。今この瞬間は、僕には評価しきれないかもしれない。いろいろなことを言われると思うけれど、自問自答は自分でしなくてはいけないと思います。

魚線
変わりゆく魚と魚食文化の再構築

id.52

船山武士
近畿大学工学部
建築学科B4

A1. Illustrator, Photoshop, Rhinoceros　2. 6万円程度　3. 5〜6ヶ月　4. 意匠　5. 自分で空間をデザインするのが好きだから　6. 関西国際空港

魚の棚商店街には昔からのたくさんの魚食文化が残っている。だが、その魚食文化が卸売市場の移転や港の埋め立てにより衰退した。かつて魚の仲卸店や加工場が多くあった魚の棚商店街と港の間には、加工工程の機械化により空き地や空き家が増え、明石の魚食文化が薄まりつつある。商店街と港の間に生産から販売までの魚の流通路を計画し、明石の魚食文化を再構築する。

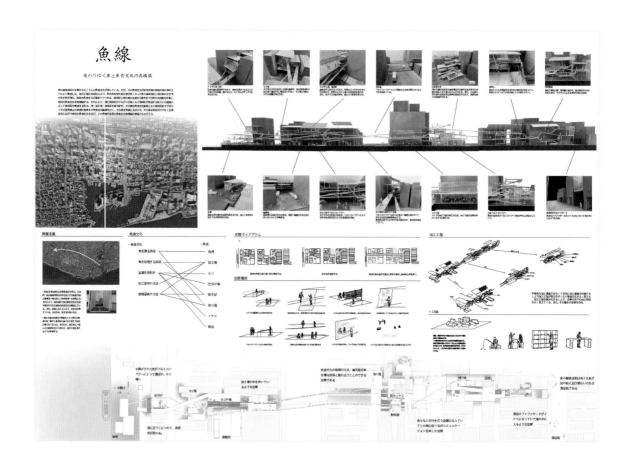

津川　商店街をつくったということですか?

船山　左側の海から魚が引き上げられるので、その魚が加工される加工場を設計し、加工された魚は商店街に売られるという流通路を設計しました。

津川　魚の産業の流通の流れを建築化し、場外からも人が来られるようにしたのですか?

船山　もともとあった魚をさばく技術などが薄れているという問題があり、そういうのが体験できたり体感できたりするような用途を入れつつ、加工場もあるという形です。

津川　なるほど。

船山　釣り堀もあります。

津川　動線として、普通に人も歩ける場所ということですよね?

船山　そうですね。

津川　せり場で働く人が入る漁業の流れと、一般の人が入る動線を交差させた、ある種の漁業とパブリックスペースの融合のように思うのですが、これにより、どのような価値を社会的に見せたいとか、ありますかね。それをすることで何が生まれるのでしょうか?

船山　1つは、今の子どもなど、魚がどのようにさばかれるか、魚をどのように捕るかという技術を知らない人が多いと思ったのが始まりです。それをもっと見えるように商店街の近くに設計したのと、これから商店街が廃れていくけれど、廃れてからこのようなものをつくるのではなく、廃れる前にこのような装置をつくることで、もっと活性化していくのではないかと考えました。

津川　すごくシンプルに、この提案は面白くて魅力的だと思いました。ただ、それ以上の広がり、つまり、こちら側の想像が掻き立てられるものが若干足りない気もしています。機能を線状に解いていき、そこに人の動線を絡ませているので、そういうことが起こるのは理解できるんです。でも、予想外のことも起こるかもしれないとか、こちらの想像を掻き立てられるような、ワクワクするような状態がもう少し欲しかったです。だから、機能を解くことに終始している気がします。各模型の写真のキャプションに、もう少し情緒的な部分が欲しい気はしました。例えば、全部のスラブがスロープのようにかけられているのですが、本当は手すりなども出てくるとか、その手すりの高さでどのような見え方をするとか、壁もあまり立てていないけれど、どのようになっているのかとか。こちらのイメージが膨らむような、もう少し詳細な掘り込み方のようなものが欲しい気はしました。

末光　なるほど。この敷地は卒業設計でよく見るけれど、それほど魅力的なのですか?

船山　地元で一番栄えているというか、一番有名な場所ですね。

末光　港がありますが、フェリー乗り場がある場所ではないのですか?

船山　フェリー乗り場の近くです。

末光　淡路島かどこかへ行った時に、そこで降りて駅まで歩いた気がします。あのあたりではない?

船山　そうです。その間です。

末光　不思議な光景が見られる場所ですよね。みんながぞろぞろ歩いている。既視感があると言えばあるので、ここの一番の新規性を伝えてもらえると。

船山　商店街を歩いた時に、魚や切り身などの加工されたものがあるけれど、どうやって加工されたのかがわからないと思ったので、そういうのを一般の人も見られる加工場があれば良いなと思って設計しました。

末光　なるほど。模型もないのでコメントはできませんが、これは常設でつくるのですか、仮設ではなく?

船山　仮設ですね。

末光　もう少し戦略が必要な気がします。この細長い線形のところにこういうアイデアを突っ込み、人の流れをうまくつくり出そうとしているところまではいいと思うけれど、仮設・常設なども含め、もしくは素材や構法なども含め、何かしらの提案をもうひと捻り欲しい気がします。

船山　そうですね。一応全部ベルトコンベアで、魚などは移動します。

末光　回転寿司のようにずっと動いているのですか?

船山　回転寿司のように魚が乗っています。

末光　それは面白いかもしれない。建築の提案かどうかはわからないけれど、そういうのも少し大きく書かないと伝わらないかもしれない。なるほど。審査員の先生の時には、そのあたりも含めて説明してあげてください。

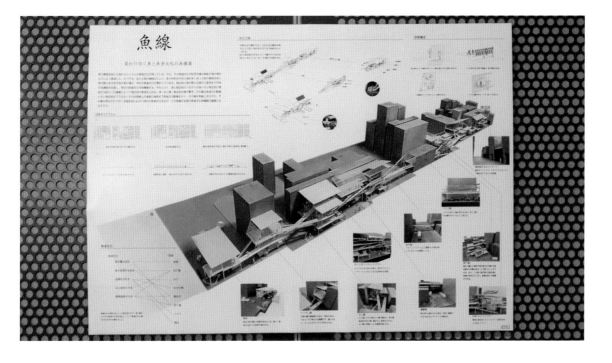

地に生きる
人と土木の接点の拡張に関する計画

ID53

樋口貴大

滋賀県立大学環境科学部
環境建築デザイン学科B4

A1. Illustrator, 手描き　2. 3万円程度　3. 4〜5ヶ月
4. 意匠　5. 絵を描くこと、空間を想像することが好き
だったこと。　6. 豊島美術館

今まで当たり前だと思われていた場所が、些細な新規性を持って生まれ変わった時、人はただ新しいだけのものを見るよりも深く印象付けられることになるだろう。木の影を見る、水の音を聴く、土に触れる……人々の日常から遠ざかってしまった土地を再認識させる。護岸、擁壁、道路、石垣、水路……人が土地と重なっていけるように土木の存在を拡張させる。本計画では、人と土木の接点を拡張し、人の経験の連鎖を設計することを目指した。

津川　これは何ですか?

樋口　これは水路の提案です。既存の水路の真上に、新たに水平な水路を設けます。それがあることで、水路の水が流れる程度の、普段は気付かないような勾配などを感じることができます。

津川　魅力的で気になっていました。土木的な機能でしか成立しないようなスケールのものに、このような人の手が繊細に加えられたリサーチや、ちょっとした簡易的な操作で、人と土木がすごく密接になれるような可能性のあることをしています。小さな操作で大きなことを成立させています。ただ、このような徹底的なリサーチに、どのようなものを見出したのかも聞きたいです。

樋口　このリサーチを通して、人や水の音、土に触れたり木の影を見たりなど、人が忘れているような感覚と、人の間にはどのようなものがあるのかを探していきました。

津川　おそらく情景を、自分の主観で切り取ったということですよね?

樋口　そうですね。

津川　これはどのような状態か説明できますか?

樋口　これは店の前で人が会話している関係です。ただ店があるだけだと、通り過ぎるだけ買っているだけになるので、椅子が置いてあるとか、このような小さなものがあることが、人と店をつなげます。

津川　賑やかさのようなところがあるのか、無機質なパスワードに対して何か有機的な意味を見出そうという感じなのかな。

樋口　そうですね、柔らかさとか。

津川　人と土木の接点を拡張するというのは、どういうことだと思っていますか?

樋口　拡張することで、ただあるだけだった土木のような存在を通して、水が落ちるのに気付くとか、今まで忘れていた感覚に出会うとか、そういった経験の連鎖のようなものを言いたいと思いました。

津川　経験の連鎖いいですね。

末光　これだけの模型をつくれるというのは、力があるのだろうと思うのですが、敷地はどこですか?

樋口　敷地は京都府の伊根町というところです。

末光　川があるのですか?

樋口　そうです。

末光　川沿いに展開していくってこと? そうすると、その人と土木の間に注目して操作することで、一番変わるものは何ですか?

樋口　先ほど言ったように、水の音を聞くなどといった行為自体を今の人は考えないのかもしれないと思っており、その原因は、土木の無機質さやスケールの違いなどではないかと考えました。土木が人と自然というか、土地をつなげる接点になるのではないかという意味で提案しています。

末光　でも、それは何故土木ではないといけなかったのですか? もしくは、何故そこに注目して問題があると思ったのですか?

樋口　老朽化とか、専門家しか維持管理できない点などからです。

末光　面白いと思うし、すごくささやかな提案をたくさんするのを意図的にもちろんやっていると思うけれど、それを導く全体のビジョンやメッセージは何ですか?

樋口　ささやかな操作にすることで、土木を軸にして最終的に住民が手を加えるような土木にするとか、その手を加えることでもともとの土木の壊れている部分を発見するとか、そういう気付きにつながるのではないかなと思っています。

末光　維持管理的な話なのですね?

樋口　そうですね。この提案自体は、住民たちで維持管理していくという。

末光　なるほど。少し腑に落ちないところもある。維持管理も大事だけれど、土木は、人のスケールでつくられたものではないから、それをヒューマンなスケールにどう崩すか考える時の一つのやり方を重ねているともいえますね。ただ、アート的なものなどを見ると、結局アートのようなことをしたいようにも思えてしまいます。これも、そんな雰囲気があります。

樋口　今あるのに気付かれないものを、気付かせるというか、こちらのテラスの水平ラインがあることで、普段は全く感じないような勾配に気付くとか。

末光　それはわかるけれど、一つひとつがインスタレーション的な感じがします。それに本当に社会などを変えていく力があるのだろうか。1個ずつ

がささやか過ぎる。それと、何故そこに行ったのかがわからなかった。樋口さんはすごく力がありそうなので、先ほどから指摘していることをしっかり言って欲しいです。今のだと、小さなことの集積をやって小さな気付きを与えたとしか伝わってこないです。

樋口　ささやかであるから、人が手を加えやすいとか。

末光　そうですが、それではまだ弱い気がします。大前提として土木やインフラは都市などの骨格上、重要なところを占めているので、それに対して、人がもう少し介在できる余地をつくっていくことで街全体が変わるというような、大きな話を最後に持ってきて欲しい。

樋口　この地域ぐるみのプロジェクトというか、現在も美化活動のような形で行われているので、そこにこれらの土木を組み合わせていくというか、そういう地域全体の提案として——。

末光　地域全体というか、そのあたりは建築界や社会へのメッセージとか、新規性などがもう1つ欲しい。ずばり言ってくれたら腹落ちします。これだけできるのなら、それくらい言えないと駄目だと思います。

原初的創成根
大都市に生む農風景・対立性の共存

都市における私たちの居場所はどこか。現在の都市は人をも排除してしまい居場所が少ない。そこで、自然を許容することのできる立体農園を都市に差し込み、人を許容する場を取り戻す。立体農園となる躯体に人々が住み着き成長していく。この建築は本来の自然のように循環し、機能や形態を変えながら膨張や収縮を繰り返すことで、永続性を獲得する。そして、都市に根付くように変わらない居場所を人々に与え、渋谷という変化が多様な都市の活動を受け止め、見守り続ける。

id54

福原直也
法政大学デザイン工学部
建築学科B4

A1. Illustrator, Photoshop, Rhinoceros, 手描き、AutoCAD, InDesign, xyプロッター　2. 4万円程度　3. 1〜2ヶ月未満　4. 意匠　5. 物づくりや数学・物理が好きで、それが生かせると思った。　6. FROM-1st ビル

津川　立体農園を差し込んで、枠組みとしては何をしたのですか？

福原　住居居住者と元居住者が中心となるのですが、外部利用者もすぐに参加できるような枠組みを渡します。また、現在使われている畑の区画を、個人ではなく複数人で一つの畑に取り組む「アーバンファーミング」にすることで、もっと農に関わる機会をつくることや、コミュニティごとに合う農風景を渋谷に実現できるのではないかと考えています。

津川　なるほど。立体農園も面白いと思うのですが、それを支える土木インフラの構築物が非常にインパクトがあって農園よりそちらが目立っている

と思ってしまいます。土壌や水などを考えると、このくらいの厚みは農園の下におそらく必要なのでしょうが、それを支えようと思うと、このような構造ができますよね。土木インフラが垂直線にあり、その上にペタッと農園が張り付いているように見えてしまっている。でも、例えば、立体農園にたどり着く縦動線階段などもおそらく出てくると思うのですが、農園に行くまでの動線がどうなっているのか。例えば、グランドレベルの都市を歩いている人からすると、立体農園は地上にあるので、アイレベルから見ると、この立体がどう見えるかといったことも含めて、大都市の中にある立体農園としては本当にいいのだろうか。どちらがいいのか、これは議論

になりますね。建築と自然だったら、建築のほうが今は勝っていますが、本当は自然が勝っていて欲しい。そちらの構造にできなかったのか。でも確かに、渋谷にこのくらいインパクトのあるものが建つと、立体農園としての新しい価値を生み出せそうな気もします。それこそ、今日の会場である九州産業大学の駅前にあると浮くけれど、渋谷なら、ありえるのかな。渋谷という記載を読んでいなかったので、ごめんなさい。これは悩ましい。他の審査員の人たちはどう思うのかが気になる。後でもう一度戻って来てもいいですか、ちょっと難しいです。

末光　これの素材は土ですか？

福原　そうです。RCの枠に土を流し込んでいます。

末光　この中はRCなんですね？

福原　そうですね。

末光　そういうことか。そうすると、屋上緑化しましたということ？

福原　この躯体に対して絡まるように住居が——。

末光　テトラポットに魚が住み着くような話ですか？

福原　そうですね。巣のような生活が都市でできるので、渋谷という敷地を——。

末光　そうするのであれば、もう少し効率自体は別の意味を持っていたほうがいいのではないかな。例えばこの水を浄化する仕組みを考えるとか。これが都市農園かわからないけれど、その生産に

もう少し特化して水の循環なども含めて提案するとか。そういう場所に人が寄って来て住むというほうがわかりやすいけれど、この形でやりたかったというようなものも感じました。

福原　T字に関しては、一応水の流れなども考えて直線にしたりとか——。

末光　これは農園なんですよね？

福原　そうです。

末光　だから、水の流れがどういう順番で流れていくとか、どのように日当たりを確保できるとか、ここでどのくらいの生産量になるとか、そのあたりをきっちりと押さえておけば提案が違ってきた気がします。そこがややぼんやりしたままで、そういう構築物に人が住み着きますというような話で終わっているのが惜しい。ここが土でこことつながっていますと言ってくれたほうが良かったです。生態系も

水もつながっていくという話なのに、RCと言われた瞬間に疑問を抱いてしまいました。

福原　なるほど。それでは、地下では土とつながっているというのは？

末光　でも、中もコンクリートが充填されているんですよね？

福原　中は土です。

末光　土なのですか？　それは、はっきり言ったほうがいい。

福原　外側がRCで、中に土を大地とつながるように入れている感じです。

末光　それはしっかり言わないといけない。そうすると、この断面が少し怪しい。そのあたりをきちんと説明できるようにしてください。

持続可能な木づかい

森林資源が豊かな日本の森林管理として間伐が行われている。しかし、間伐材は林地に放置されたままとなっている。また、建築発生廃材は再利用されず処分されている。これらの持続可能な資源である木材を有効に利用してもらうため、木材利用の機会や知識、経験を得る木材工房を設計した。さらに、森林とのつながりを育むと共に、利用者同士の「きづかい」から今まで関係性をもたなかった人とのつながりを育む。

id55

上原知己
福岡大学工学部
建築学科B4

A1. Illustrator, Photoshop, ArchiCAD, Twinmotion 2. 3万円程度 3. 7〜8ヶ月 4. 意匠 5. 幼少の頃からブロック遊びや折り紙など物をつくると言うことに興味があったので、建築学科に進学した。 6. せんだいメディアテーク

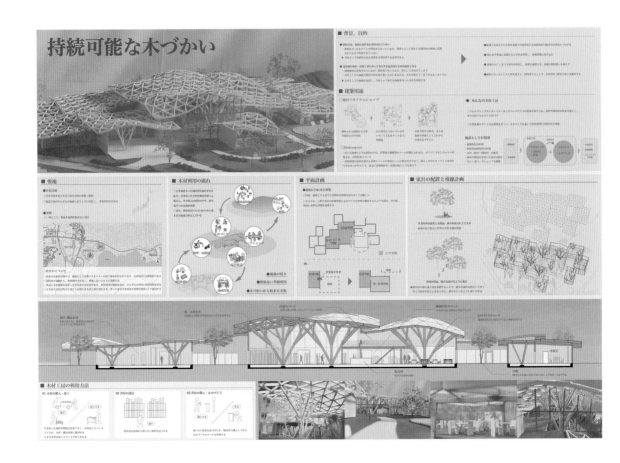

津川　「木づかい」?

上原　「木づかい」は、木を使う「木使い」と「気遣い」の意味を含みます。

津川　何故この構造体なのですか?

上原　これは木材を利用してもらうための措置です。機能だけではうまく利用してもらえないかなと思って、視覚的にも材質的にも木を使いました。また、樹木をイメージしてもらえるように樹状柱としました。

津川　なるほど。まずゾーニングを平面的に考えてから、木材を利用する意味も含めて木材でつくられた架構を全体の屋根に展開しているように感じますが、どうしても、平面的なゾーニングを雁行してずらすパターンで、屋根をひたすら架けているように見えてしまいます。

上原　システムを用いていますが、この施設が1台でうまく利用されるのは難しいと思うので、まず、彫刻という空間とものづくりの空間を設けて、その後に増築していきます。ただ、垂直な壁がやはり少し平面的なゾーニングに見えてしまう。というのも、増築時の取り組みやすさを考慮して垂直になっています。

津川　このような活用をしてもらうために、どのような機能が入っているのですか?

上原　ものづくりの空間やミーティングルーム、ワークショップのスペース、資源を再構築したものを販売する展示販売スペースなどがあります。

末光　構造解析までしているので、構造系の研究室ですか?

上原　いえ、意匠系ですが、ソフトを使って自分の考察でつくりました。一応柱と柱の間が一番強くて簡易的なものにはなります。

末光　きれいですね。でも、それ以上は何とも言いようがない。何故樹上にしたのですか?

上原　機能だけではなく、素材的にも木材を使いたかったのと、視覚的にも森林を意識してもらうように樹木を模してつくりました。

末光　何故ここだけなのですか?

上原　このあたりにもありますが、模型は屋根が取り外せるように表現できていません。

末光　循環させて、ここに使ったり、ここでものづくりをしたりするとして、その後はどうするのですか? これらが長い時間にどうなっていくのかとか、もしくはものづくりの後の端材や廃材などはどうするのですか?

上原　ものづくりで出た廃材などは意匠的なものとして床に使ったり、壁に使ったりします。

末光　要は、そこまでの話だったら、すでに世の中で行われている世界観です。もう少し先まで突っ込んでいかないと、面白さが出てこない。もっと数十年経った時にどうなっていくのか。森というのは、髪の毛のように生え続けるわけだから、そのリズムとこの建築がどのようにあり続けるか、そのリズムをどのように関係づけるデザインをするかなど、もう少し踏み込まないと、きれいな形ができただけに思えてしまいました。これがあったから構造系の提案かなと思ったのだけれど、そういうわけでもないんですね。

上原　成長について話すと、増築システムは入れています。

末光　どこに入れているのですか?

上原　ここです。第1として、こことここがあるのですが、その地域に合わせて立ち直して——。

末光　古くなってきたら、壊すところを持って来て入れ替えるとか、そこまで踏み込まないと。きれいだけれど、提案が弱いです。

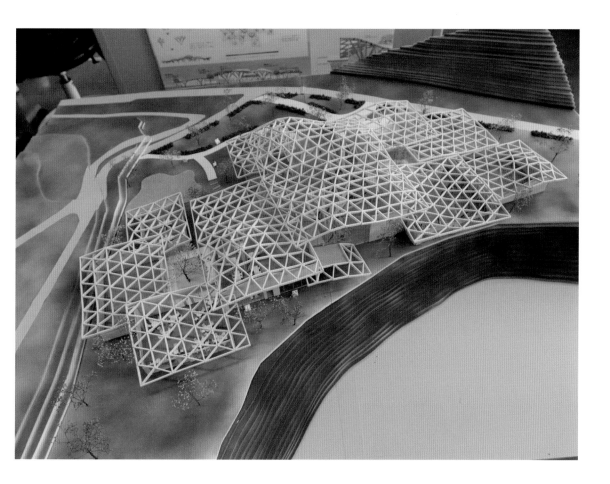

微分の大地

九州北部豪雨の被害を受けた福岡県朝倉市杷木地区に林業従事者の育成と環境学習の場となる林業学校を計画した。防災の手段として一般に巨大で無機質なコンクリートの土木構築物を構築するが、これらは周囲の景観や人の営みを阻害してしまう。本提案では、土木擁壁を人間や建築のスケールに微分化することで人の居場所や機能を持たせる。また、敷地周辺の放置人工林の整備をプログラムに組み込み森林の循環サイクルと地域の防災を図る。

id58

山崎滉佑
九州大学工学部
建築学科B4

A1. Illustrator, Photoshop, Rhinoceros　2. 3万円程度　3. 1～2ヶ月未満　4. 意匠　5. 新国立競技場のニュースを見て興味を持った　6. 東京カテドラル聖マリア大聖堂

大西　かなり向こうにボリュームを放り込み、山をかなり削ったように見えるけれど、それは土木的に有効な方法なのですか？

山崎　擁壁をパーッと前に引き出すことも考えたのですが、ボリュームを奥に埋めることを考えたプロセスとしては、もともと擁壁に対して暴力的なイメージがあったので、技術的な裏付けは正直弱くはありますが、敷地に馴染ませるという意味で、埋めていくことに収束しました。

大西　例えば巨大な擁壁が出てきてしまっているところもあるけれど、サイズ的には100分の1ですか？

山崎　100分の1です。

大西　それほど非常に大きいわけではないと思うけれど、この敷地を選んだ理由は何ですか？

山崎　この敷地に擁壁が今あるわけではないのですが、この地域の周りにはもう擁壁がかけられ

ている状態で、復興段階というか。

大西　では、敷地はまだやっていないところなのですね。

山崎　地形モデルをつくって傾斜を炙り出したうえで、やっていない地点を抽出して敷地として選びました。ここに擁壁が必要かは自分で考えました。

大西　林業学校にすると言った時に、産業にはある種の合理性があると思いますが、例えば北山杉の中川集落に行くと、山を下った先のちょうどいい場所に林業倉庫があり、そこには皮を剥ぐスペースがあるといったように、もし林業を行う場合は林業との関係でこの敷地が有効だと言えるといいと思います。周りに今は何もない場所にどうしてこれをつくるのかということに対し、例えば、これはなんですか、水ですか？

山崎　レインガーデンとしての役割を持たせています。もともと災害がある場所なので、雨の浸透速

度を遅くするレインガーデンだったり、苗木を育てる場所であったり、人の居場所だったりを段々にしてつくりました。

大西　土木は人が全然行かないような、例えば、阿蘇の山腹崩壊場所は人が行かないで全部人工的にやっていますよね。だから、どこなら人間が行くのにふさわしいか。人知れず土木だけがたくさんあるようなところもあるし、そうすると、わざわざこのような建築をつくらず、むしろ中央でやっていく方法があるなら、そのほうがいいかもしれません。

山崎　今は切れていますが、もともと集落のような場所が敷地周辺にあり、それが災害により減りつつあったので、そこを整備する施設があれば、人々が戻ってくるというストーリーも描けるのかなと思いました。

大西　集落の人がこれをきっかけに？

山崎　小規模ではありますが。

佐藤　土圧に耐える形態はありますか？

山崎　擁壁は、間伐材を使って井桁状に組んでそのユニットを固めていきますが、土木の力学的な……。

佐藤　腐食はどうするのですか？

山崎　ここは林業学校なので、周辺の手入れを行いつつ、腐食したら住民や林業学校の生徒たちで……。

佐藤　木材は土に埋めていたら、すぐ腐りますよ。

山崎　そうですね、土木や力学などの問題を含

め、屋根は木材だけではなく実際にはコンクリートの部分だったりアンカーを打った部分だったりも出てくると思うので……。

佐藤　これほどの斜面の土圧を木材で抵抗しようとしたら、もっとゴツゴツしているし、ボリュームのある木造建築物になってもいいと思います。それほど隠さなくても。

山崎　僕的に、既存のコンクリートなどは異物感がすごいというか。暴力的な部分を抑えようと思って埋めました。

佐藤　それだけのボリュームは必要だと思います。ただ、ボリュームを持たせながら、パラパラと散りばめられた森の風景のような、もしくはきれいな構造デザインでそれを見せるといったことをすると、その圧迫感を消すことができると思います。構造の強度的にかなり負担していそうなところに対する、構造デザインの工夫が薄いです。

山崎　そうですね、知識が不足している部分はあります。

佐藤　テーマはいいです。

山粧う軌条たち
建築として蘇る廃棄レール

2017年九州北部豪雨により甚大な被害を受けた福岡県東峰村。村を走る日田彦山線もその影響を受け廃線となった。現在、一部廃線区間ではBRT専用道路化計画が進行中であり、軌条や枕木の撤去が進んでいる。本提案ではインフラとしての役目を終えた軌条たちを建築として蘇らせる。豪雨災害により傷ついた東峰村の風景の補修、村民に長く愛されていた日田彦山線鉄道としての記憶の継承を目的とする。

id59

西村香多郎
九州大学工学部
建築学科B4

A1. Illustrator, Photoshop, Rhinoceros, AutoCAD, Lumion, レーザーカッター, 3Dプリンター　2. 3万円程度　3. 1ヶ月未満　4. 意匠　5. 幼い頃から手を動かすのが好きだったから　6. サン・カルロ・アッレ・クワトロ・フォンターネ聖堂

佐藤　重力に対して全体が広がるように、ふわふわ柔らかいのは、わかっていてやっているのですか?

西村　はい。わざとそのようにしています。そもそもレールに異方性があることから、僕はレール上屋に使われているボルトの接合をしようと思っていたため、この形が一番展開しやすく、かつ、わざと少し柔らかくしてそれを連続させ、互いを少し拘束するような意味を持たせています。

佐藤　互いに拘束があまりできていないです。隣にこれを持ってきたところで、みんな一緒に膨らむことができます。

西村　確かに。

佐藤　だから、もう一工夫必要です。

西村　なるほど。

佐藤　例えば、見栄えがどうあれば良いかわからないけれど、このユニットを少しジグザグに配置するというのも一案です。それがレールの形とうまく合うか、全体的な見栄えが良いかは別として、何かもう一工夫あると良かったですね。

西村　自分がこの平面上にしか曲げていないので、そこを三次元的に曲げるのもありかなとは考えてはいました。

佐藤　こういうレールは現実にはないの? わざわざ曲げなくても。

西村　最初からこの形……。

佐藤　このようなところは、こういうのがあるんじゃないですか?

西村　この曲率はおそらく非常にきついので、もっと緩いのしかないと思います。

佐藤　でも、かなり緩くても、それを組み合わせると、このような構築物になるというのは見たかったです。

西村　なるほど。既存の曲率のものも。

佐藤　レールはかなり材料効率が良いことから構築物に使われるため、提案としてはまぁまぁ良いと思います。このくらいの繊細な構築物にもできそうなので、そこはいいと思います。

西村　現実的に三次元的に曲げるのは……。

佐藤　できなくはないけれど、それはちょっと大変。この弱軸に曲げるという提案は、それはそれでいいと思います。組み合わせをもう少し考えましょう。

西村　もうちょっと考えようがあったら……。

佐藤　これはこちらの方向に弱いよね?

西村　そうですね。梁は4mスパン縛りでつくったので、そこの設計が少し詰められていなかったかなと思います。

佐藤　出展作品全体で構造デザインの提案が少ないから、好印象ではあります。

石川　エキスパンドメタルみたいですね。これは今あるんですか?

西村　これは今もあります。九州北部豪雨で土砂災害がこの線路沿いで起き、現在は補強されていますが、棚田がきれいで蛍もたくさんいるポテンシャルのある山なのに、削り取られた山肌にほかの土地からやってきたものが取り込まれたのが、自分の中で異質に感じられています。その傷を癒すというわけではないのですが、そこにあった土地で山肌を覆うことで山を装い、住民が愛着のあった鉄の記憶の継承とランドスケープ的な風景の補修を行うのを目的として建築は成り立っています。

石川　線路は、歴史的にどのくらいの期間ここにあるのですか?

西村　路線としては60年くらいです。

石川　そうなのですね、だから十分に地域の風景であると。

西村　赤字の問題などもあり、JRはもう廃棄するということに。そこで、村との協議が結構あったらしいです。

石川　線路を支えていた枕木かな。この時代の枕木は、今は使えないクレオソートなども塗っているので腐らないからね。

西村　はい。もう少しストーリーを続けると、年々どうしても腐食は進んでしまうので、最終的に人は入れないけれど、朽ちた枕木から植生が出てきて、山より一体化するというストーリーになっています。

石川　これは朽ちた枕木から植生が出つつあるところですね。いや生えるのかな、別にそれが生えなくても成立しそうだけどね。これは実際のものですか?

西村　はい、実際のものとなります。

石川　何故このように都合よく小さいピースがあったのですか?

西村　これは別で買ってきたやつです。そこにあったやつではなく、同じ規格のやつを持ってきました。さすがに工事現場の人などはいらっしゃらなかったので。

石川　これはどうやって使うのですか、溶接?

西村　ボルトの接合にしています。もともと門司港などは上屋がレールでつくられていたこともあり、レールが建材として使われていたことに対するリスペクトも含め、接合を自分の中で応用しようと考えました。

繋目を編む
昇りゆく下北沢

下北沢には迷路のような歩行空間が広がり、気づくと目的地を忘れ、探索してしまう。道と建物の間によって歩行空間が豊かになっている。そこは戦前から残る道と連続的に変化する建物であることから、継承と更新の狭間といえる。しかし、再開発の波が訪れ、町が大きく変化しようとしている。徐々に高層化に向かうこの街において、継承と更新の狭間を建築化することで街を立体的に再構築する。

ID 60

殖栗瑞葉
東京理科大学工学部
建築学科B4

A1. Illustrator, Photoshop, Rhinoceros　2. 3万円程度　3. 3〜4ヶ月　4. 意匠　5. 両親に家を建てたときの話を聞いて、人の思いを形にしたいと思ったから。
6. 鈴木大拙館

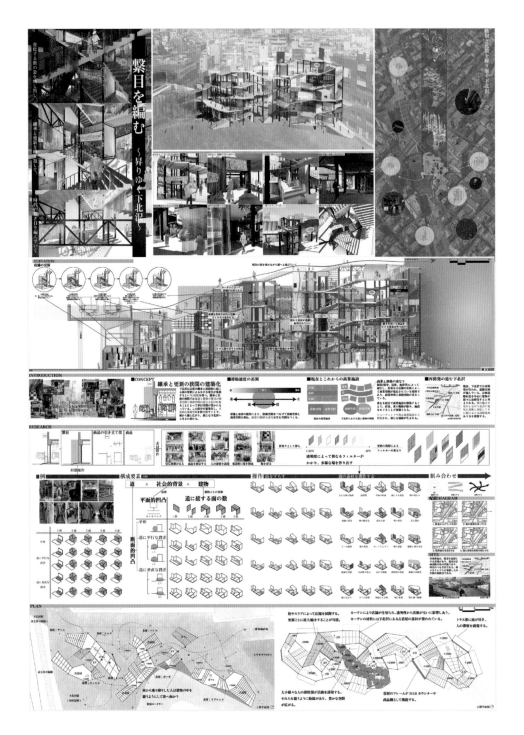

佐藤　この階段たちを配置する時は構造的なことを考えたのですか?

殖栗　柱をそれぞれに通し柱として通して……。

佐藤　例えば、これなどは耐震要素としてよく効くと思います。それで、かなり自由に階段を配置できる。だから、これ自体を構造だと見てうまく配置すれば、2方向の地震力に耐えられるものになるでしょう。それは考えていたのですか?

殖栗　えっと……。

佐藤　考えたと言ったほうがいいよ(笑)。

殖栗　考えました(笑)。

佐藤　そうすると、これはここまで太さが要らない。これよりも細くなるかもくらいにすればいいと思います。

殖栗　本当ですか。

佐藤　何故これは太いのですか? 耐震コアのつもりですか?

殖栗　そうですね。ここの部分だけなのですが、全体に張り巡らせて一部を太くして……。

佐藤　これ?

殖栗　はい。

佐藤　やはりこれが耐震要素になればいい。これは明日までにつくれないのですか? 明日までにつくり直したらいい。

殖栗　その柱ですか?

佐藤　明日までにこの柱は細くできない?

殖栗　できたらやります。でもこれはもう……。

佐藤　こちらは細いですが、それだけの透明感を出せるのです。やったほうがいいと思います。

殖栗　はい、ありがとうございます。

佐藤　明日はこれが細くなっていると、約束しましたからね。

殖栗　ここはおそらくできると思いますが、模型が崩れそうなので、こちらはわからないですね。

石川　ストリートを立体的に再構築しなくてはいけない理由は何ですか?

殖栗　現在、下北沢には再開発があり、それによって道路が建設され、その周辺がどんどん高層化していき、条例がどんどん緩和されています。今まで下北沢は戦争や鉄道の開発による影響を受けつつ、社会状況によってどんどん変化してきた街ではありますが、その変化の波に乗りつつも、自分たちの下北沢らしさをそのまま継承してきた2つの面があります。今回も再開発という波である社会状況に対応しつつも、今までの下北沢らしさを

どう生かしていくかを考えた時に、立体的にもう一度街を再構築していきたいと考えました。

石川　ストリートの楽しい賑わいを吸い上げてしまうと、ストリートのほうはどうなってしまうのですか?

殖栗　もともと、ここに広がっているストリートからさらに延長していくような形で考えています。下北沢の街を歩いていると、自分たちの目線に入る情報はすごく気になるのですが、道を歩く行為が中心となるので目線が上がることがあまりない。でも上げると、電車が高架で通っていたり、看板が

いろいろなところについていたりという良さがあり、もう一度街の変化に対応するというのもありますが、違う角度から下北沢を望むのも新たな下北沢の魅力として考えたいと思いました。地面での豊かさを残しつつも、さらに上に広がっていくのを考えています。

石川　そういうことですか。積んでもおいしいみたいな。

殖栗　そうですね。さらにおいしいみたいな。

石川　なるほど、わかりました。

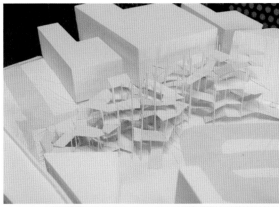

タワマン改替

本計画では、タワマンを取り壊す「解体」をするのではなく、タワマンの機能的な不具合、さらに低層部の空間・機能を新たにすることで、タワマンの役割や価値を新たにする「改替」を提案する。メガスケールの構造体挿入により、免震装置・低層部の既存躯体を取り替え新たに出来た大空間は、パブリックスペースとなり、街や自然との接点をつくり出す。

ID61
林田章吾
九州大学工学部
建築学科B4

A1. Illustrator, Photoshop, Rhinoceros, Grasshopper, レーザーカッター　2. 7万円程度　3. 1〜2ヶ月未満　4. 意匠　5. 親や先生にすすめられて　6. 京都市京セラ美術館

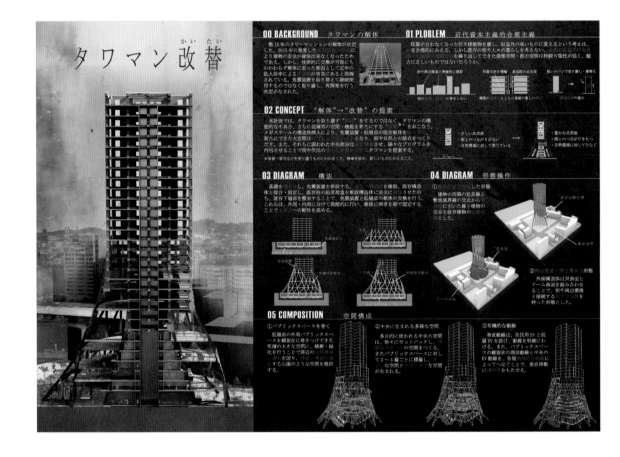

Ishikawa's poster session

石川　具体的な敷地があるのですか?

林田　具体的には築15年で解体が決まったタワマンが福岡にあるのですが、その理由が免震装置性能偽装事件で継続利用ができなくなったためで、技術的にはできるけれど金銭的なところで解体する決定に至ったという背景があります。短期的な利益によって、建築が形づくられることや今回は壊す決定がされたことに対して疑問を感じ、それにとらわれない方法でこのタワマンを改修する提案をしました。

石川　具体的にはどうするのですか? まずこのストラクチャーをつくるの?

林田　基礎を増打ちして、そこに免震装置を新設します。

石川　これ自体が免震なのですか?

林田　はい。

石川　どこに免震のキットがあるのですか?

林田　ここのすべての基礎を新しく広げます。基礎免震から構造体を組み上げていき、ここで既存の鉛直荷重を連結部分によって——。

石川　では、このようなところに大エキスパンションジョイントのようなものがくるのですか?

林田　はい。

石川　なるほど。ここまで広げなくてはいけない理由は?

林田　これまで閉じていたタワーマンションに対して、大きな開いたパブリックスペースを螺旋状に巻き付けます。

石川　そういうことですね。だから、低層部にセミパブリックスペースのようなものをつくるために、これがスカートのように広がったのですね。

林田　それと、ある意味、資本主義的な理由によって合理的な形が決まっているのに対し、今回で言えば、それとは異なる原理で形態決定をしたいと考え、敷地いっぱいまであえて使う形態にしました。

石川　なるほど。この形は、敷地に依拠しているんですね。

林田　はい、そうです。

佐藤　これはどこの何ですか？

林田　これは福岡市のタワーマンションです。

佐藤　既存ではない？

林田　上部は既存です。下層部を取り替える提案です。福岡の免震装置の偽装事件により、築15年で解体が決定したタワマンです。

佐藤　上を残してここを新しくするんですよね？

林田　はい。基礎を新しく広げてそこから構造体を組み上げて——。

佐藤　増打ちしながら、立ち上げながら解体していくわけですか？

林田　立ち上げてここの……。

佐藤　最後に解体するの？

林田　はい。ここで鉛直力をこれに伝達させて、その後に既存を解体します。

佐藤　もう少し軽やかにできないですか？

林田　スケールを土木的というか、大きくすることで大きな空間を——。

佐藤　この構造でやるならプロポーションはまぁ正しいです。だけど、もうちょっと何か。

林田　調和させるというより、あえて対比的にしたかったんです。

佐藤　見せる構造デザインにしたくはない？

林田　構造的に合理的な双曲面の構造と大きな空間をつくれるドーム曲面の構造を組み合わせ、ある程度構造的な合理性を保ちつつ、大きな空間をつくることを考えました。

佐藤　今やデジタルファブリケーションの時代なのだから、ものすごく細かい、このようなラチス状の細かい面をつくれるようにするとか。それも疎密を与えて、光がよく通る透明感のあるところと、密度の高い構造に、構造の強度を確保するところをつくるとか。ふわっとしたシェル構造のような、ラチスシェルのようなものを……。

林田　繊細な構造という……。

佐藤　そうです、好みはありますが。

林田　自分はインパクトを持たせたかったので、土木スケールのメガスケールの構造を……。

佐藤　そうですが、もう少し軽やかにしたほうがいい。少しおどろおどろしいじゃないですか？

林田　そうですね、あえてした部分と……。

佐藤　もうちょっとさわやかに。あと、これを残したいとなる魅力はあるのですか？

林田　壊すという決定に対するアンチテーゼとい

いますか。技術的には取り替えられるのに資本主義的な理由で壊すことに対して、それにとらわれない方法で……。

佐藤　資本主義のせいではないのでは？

林田　その合理的な理由で……。

佐藤　偽装を謳っていますからね。

林田　偽装は他にも百何十件あり、これ以外のものは、ほぼ取り替えられる予定なのに、この件だけ解体が決定しており、その理由が結構、資本主義的な……。

佐藤　いつ発覚したのですか？

林田　2015年です。

佐藤　最近なんですね。この件、あまり知らなかったです。

林田　免震装置の性能偽装事件です。

佐藤　そうなんですか。ダンパーのときの話題ではなくて？

林田　いえ、基礎免震のゴムの性能偽装になります。

灰白のレシピ
雪国住宅における機能的風除室からの脱却

降雪地にみられる風除室。住宅オプションとしての規格的なものばかりの中、生活が滲み出した
バッファー空間としての魅力を持つものも存在する。中間領域かつ雪国独自の風除室が当たり前
にある、というポテンシャルに目を向け、雪国独自の様式として提案する。風除室の特徴とふるま
いを洗い出すことによって新たな風除室のあるべき姿に思いを馳せる。

id62

福士若葉

法政大学デザイン工学部
建築学科B4

A1. Illustrator, Photoshop, Rhinoceros, 手描き、
AutoCAD　2. 5万円程度　3. 2〜3ヶ月　4. 意匠　5.
間取りやミニチュアが好きで、理系学部の中で一番楽し
そうだったから。　6. 前川國男邸

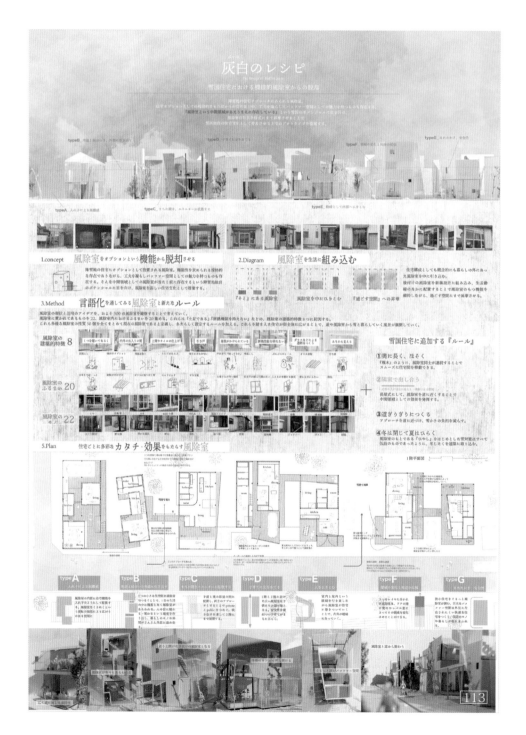

佐藤　模型はないのですか?

福士　模型は持ってきていません。今は住宅にこのように——。

佐藤　これがそうなのですか?

福士　そうです。現在は、このような後付けのものが街並みをつくってしまっており、それを住宅に取り込んで新しい風景となっていくというのを提案しています。7種を新築で設計しています。一見、風除室は風をよける用途しか感じられないのですが、調査を通して、中間領域らしい、雪国しかないという雪国の暮らしが溢れ出るきっかけになっていることがわかり、それを踏まえながら7種それぞれに新しい風除室のアイデアを組み込みながら設計しています。

佐藤　これはサンルームにはなり得るのですか?

福士　そうです。風除室としての機能もありつつ、居場所としても使えるという。

佐藤　現状としてみんなが付け足したように建てているのは、そういう既製品があるのですか?

福士　そうですね。カーポートのように、オプションで住宅に付けることが多く、付けない予定だった住宅も、後から欲しくなってアプローチのところにガラス戸を入れてつくることもあります。それで、そのように過ごす場所や風除室に、敷地の面積を割いて考えられた住宅はあまりないです。

佐藤　一個一個に統一感を出したかったのですか?

福士　いえ……。

佐藤　割と似たようなものをそれぞれに付けているけれど、それはいいんですか?

福士　いえ、形としては、住宅の周りに付けているものだったり、この横にすごく高いものをつけたりとか。

佐藤　これは少し特徴的だけれど、こちらは割と似た感じのものを付けていますね。これはそういう意図なのですか?

福士　風除室としての条件のようなものは自分で考えました。これがあることによって、今の風除室の面白さが出てくると思ったので、それを維持しながら、住宅同士につながった風除室などの新しいアイデアでつくりました。今は1階の玄関にしかないけれど、2階に付けてみたらどうなるかとか、室内の間に入れたらどうなるかとかも考えました。見た目としては、風除室らしさを残しつつ考えました。

佐藤　もう少しわかりやすい模型をつくると良かったですね。風除室が並んでいるのに、風除室が並んでいる風景に見えない。もっとはっきり見せたほうがいい。この図も、絵的に風除室が並んだ街並みを見せたいんですよね?

福士　そうです。

佐藤　しかも、そこにかなりの緑化ができるわけですよね。それは結構いいと思います。話を聞く分には良い風景が生まれそうなので、もっとはっきりつくれば良かったと思います。

福士　そうですね。

佐藤　あと、設定するとこうなるとか、何かデザインコード的なことをしても。みんなが自分に頼んでくれるわけではないので、デザインコードを設けることで、割と風合いある風景が生まれます、という提案が思いついてもよかったかもしれないね。

福士　今は引き戸になっているので、もっと開放できるようにして、夏は居間として使うとか、なるべく道に寄せてつくるというのは決めていました。

佐藤　もう少し即物的なルールのほうがいいと思いますよ。例えば、部材は50より細いことにす

る、それも丸パイプは使わないことにするとか。おそらく丸パイプを使うと、途端にチープになるでしょう。

福士　そういうことですか。

佐藤　例えば、ガラスの割り付けはこのくらいで統一しましょうとか。何かしらのルールがあるけれど、自由度も与える。少しデザインコードがあるおかげで、全体的に統一感のある街並みが生まれるんですとか、でも難問ですけどね。

福士　そうですね。あったらすごく面白いです。

佐藤　そういうことをやってみようという発想があるといい。自分が各住戸の人、もしくは各住戸から頼まれた設計者になったとして、このルールを使って、どのようなものを設計するだろう、もしその人たちがそれぞれ勝手につくったら、このようなものができるに違いないとやってみる。それを踏まえて、ルールを少し修正するのが必要となります。

福士　考えてみたいと思います。

佐藤　でも、わかりやすくしないと。風除室でガラスということから、透明なものでつくっているため、わかりづらくて目立っていないと思います。ただ、実際に建てると、街並みとしては結構目立つと思います。

福士　うんうん、そうですね。

佐藤　透明感があって緑あふれる空間ができるだろうから、それをやってみるといいと思います。

石川　説明や質疑応答を繰り返して何かありましたか?

福士　かなり問題点が出てきました。

石川　何を発見したのですか?

福士　7種の新築を考えたのですが、既存に増築するものや、住宅ではなくて病院や幼稚園、さらに、それらと連続したものなどがあると、もっと可能性が生まれたのではないかなと思いました。

石川　なるほど。でも逆に言うと、そういうものにつないでいける可能性を持っているということでもあるよね。

福士　そうですね。いろいろ話を聞いて、大学院でも続けていきたいです。

石川　でも、あらかじめ風除室を読み込むことで、中間領域的なものがまとわりついているような建築を構想するのは新築ではないと出てこない

アイデアかもしれないですね。

福士　そうですね。

石川　敷地はどこですか?

福士　青森市の住宅街です。

石川　近所のクリニックや信用金庫の待合室など、既存の住宅地を巻き込んで提案できそうな場所があるのですか?

福士　はい。というのも、風除室には可能性がすごくあるので、これだけに収まりきらないと、いろいろな人から講評をいただきました。

石川　そうですよね。銀行や病院の待合室こそ、風除室だと思えば、たくさん風除室があるといえますね。

福士　そのようなちょっとしたところ、室内とは違うけれど完全な外でもないところで過ごせるという場所の可能性がすごくあると思っています。

石川　なるほど、面白いですね。

福士　さらに、雪が降っている地域だと、外で寒いけれど雪が降っていないという、中間領域としての意味が強い。

石川　国外にあるような世界ですね。

福士　軽い素材でつくった透明なバッファー空間のようなものは国内にも結構あります。ただ、雪国で行われているものは探してもなかなか見つかりませんが、日本の建築家の方で、この風除室をデザインして北海道などで設計されている方もいらっしゃいます。

石川　日本独特の風景だとしたら、それもそれでまた面白いし、全然違うカルチャー、違う文脈でこのようなものがどのように出てきているのかも面白そうだよね。

ヘタニワこども園

川沿いの住居が有するヘタチのような庭空間を「ヘタニワ」と名づけ、そのヘタニワを介して街に広がる新しいこども園の形を提案する。ヘタニワは街の個性である川に対して、宅地造成の人為的なグリッドが重なることによって生まれた街の価値であり、それを更新の時期が迫る古い住宅地の再生のきっかけとする。

ID64
佐藤翔人
名古屋市立大学芸術工学部
建築都市デザイン学科B4

A1. Photoshop, 手描き, SketchUp, InDesign　2.5万円程度　3. 2〜3ヶ月　4. 意匠　5. ドラマ「恋仲」「結婚できない男」　6. シュレーダー邸

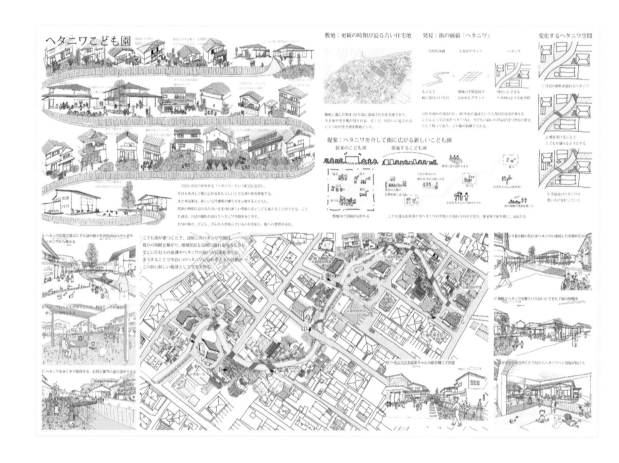

中山　知らない家の子どもたちが、家の前で騒ぐことはどう許容されるのですか？

佐藤　ヘタニワ同士をつなぐ方法として、橋を架けるだけという、すごく簡単な操作を選択しています。だから、そういうのが嫌な家は橋を架けないようにします。架けてもいいと言ってくれる家同士をつなぎます。

中山　その小さい橋はきちんと設計されているのですか？

佐藤　幅が2.5mから4mという内容のみで、あまり深くは設計できていません。

中山　ディテールがないのが少し気になりました。子どもを過剰に弱いものとして扱う過保護さに対しては反対だけれど、でも、管理する側としては、自分のところで子どもに対して何かが起こってしまうことを恐れるわけです。それを地域と建築がどう許すことができるのか。このエリアには、そういう大らかに許す強さが必要だと思うし、それを引き受けた人だけが橋を渡せるという決意が必要。耳障りのいい言葉だけでは、このプロジェクトは成立しない気がしています。それらを強く意識しているのか、それとも、そういうこともあるのかと

考えているかで、この作品が持っている意味や強さ、深みがだいぶ違ってくると思います。そこに自分なりの強い言葉があるといいだろうなと思いました。

佐藤　ここは地元で友人の一人が住んでいるので、その両親と祖母に話を伺いました。川沿いの住居のどこに何歳くらいの人が住んでいるかがわかる、互いにどこに住んでいるかがわかる地縁性の強い場所だと、寛容な形はあり得るのかなと思って計画を考えました。

中山　なるほどね。

石川　「あー、おばあちゃん倒れている！」と発見するんですね。

佐藤　それで助けを呼んで助かるというような。

石川　なるほど。

佐藤　そうやって川沿いの住居とこども園を一体にして、新しい共同体の形を形成していくという提案です。

石川　新しい生活リズムとは何ですか？

佐藤　例えば、保育園は時間割通りに動くので——。

石川　時計になるということですか？

佐藤　はい。この時間になると、子どもがヘタニワを歩いてくるというのを住民たちに認識され、その時間になると、庭に家具を出して子どもたちと話そうかなとか、生活に変化を与えるきっかけになると思います。

石川　なるほど。ヘタニワに注目しているのはどうしてですか？

佐藤　ヘタニワを実際に歩き、すごく楽しかったというか魅力的だと思ったからです。

石川　それは何故ですか？

佐藤　形式として、どの住居にも同じようなヘタ

ニワが見られるにも関わらず、ここは最近建てられた住宅なので、人工的な植栽やタイルが張られたきれいな庭があったり——。

石川　個性があるということですね。

佐藤　はい。個性が溢れていて場所ごとに異なるので、そこを歩くのがすごく楽しいのではないかなと思いました。

石川　あと、連続しているということですね。

佐藤　そうです。

ワクワクさせる建築
ドラえもんから学ぶ、都市空地への提案

id65

安達鉄也

千葉工業大学創造工学部
建築学科B4

A1. Illustrator, Photoshop, Rhinoceros, レーザー
カッター　2. 5万円程度　3. 2〜3ヶ月　4. 意匠　5. 幸
せを届けるため　6. 十和田市現代美術館

ドラえもんは、万人から愛されるキャラクターである。その特徴を建築に落とし込もうとする作品で
あるが、ドラえもんの整理から得た資料を到達目標設定のためのものとして利用し、設計自体は
それに縛られることなく自由に行った。計画は東京の都市計画道路上で、その両側には買収され
た後にフェンスによって囲まれた空地がポツポツとある。これでは街が死んでいる。本作品は、この
空地にドラえもんから学んだ設計到達目標にしたがって子どものための施設などを設計する。

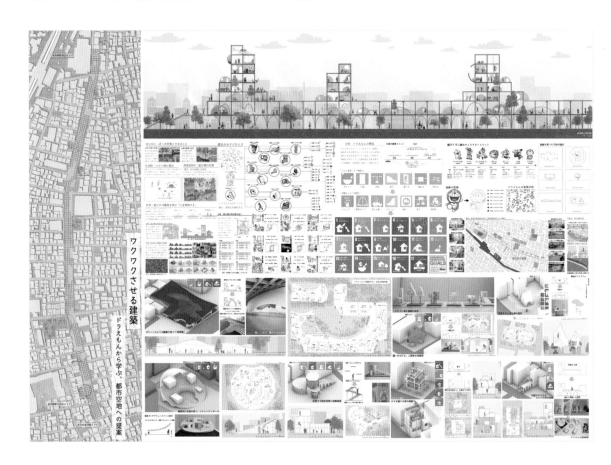

ワクワクさせる建築
ドラえもんから学ぶ、都市空地への提案

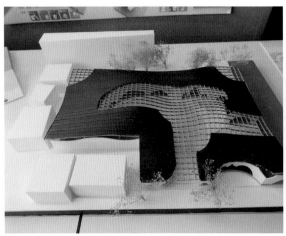

佐藤　ポケットの中から飛び出してくるのは……。

安達　ひょこっと顔を出す、ポケットの中から出てくるような体験かなと思っています。

佐藤　ポケットから、もっと意外なものが出てくるのでは？

安達　ポケットの中から人の活動が見えることなど、今回は考えました。

佐藤　そうなんですね。意外なものが出てくるのではないのですか、もしくは夢のあるものとか。

安達　建築空間における読み替えをした時に、14番が今回は「まんまるだんだん」のところに当てはまるのかなと思っています。

佐藤　そういえば、6番も8番も提案している形がない？

安達　今回の場所では、6番と8番は提案していません。

佐藤　何故ですか？ 17個全部使わないと。

安達　17個の中からドラえもんの空間を体験できるもので、今回は構成しました。

佐藤　そうかな。6番も8番も見たかったです。

石川　用途は保育園でしたか？

安達　はい。1つが保育園で、その他6つは空き地に対して遊び場や広場のように使えるような空間をつくりました。

石川　ドラえもんが使われているのは何故ですか？

安達　僕にとって幼少期に未来のワクワク感を与えてくれたキャラクターがドラえもんであるため、ドラえもんを分析し、どこに幸福を想起させるものがあるのかを分析して達成目標として定めました。

石川　なるほど。このSDGsのパロディーのようなものはいいね。全部ドラえもん的空間言語から導き出された形なんですね。

安達　はい、そうです。ただ言語を抽出するのではなく、概念としてドラえもんの空間を定め、ドラえもんのトレースや形から得られた線を自分自身に内在化させていき、それを実際につくった時に、生まれた空間がどれだけ達成目標と近いか吟味することで、設計者としては自由にドラえもんを表現でき、使う側は達成目標の何が可能になっているか客観視もできるという論理構成を考えました。

石川　このDDGsはどこから設計したのですか？

安達　DDGsは、構図・形状・特色という3つの分析から考えました。

石川　なるほど。安達さん的には、どのゴールが推しですか？

安達　最後の17番です。17番の狭間に生まれる四次元性が、ドラえもんの1〜16のすべてのゴールであり、それを体験できる空間がドラえもんの一番面白いところを引き出しているのではないかと思います。

石川　それはどこかに出てきていますか？ 引き出しを開けた時のヤバい感じということですよね？

安達　そうです。引き出しの中から突然出てくるような体感。すべての建築をリニアに街の中で体験することによって、結果として空きから遊び場を連想させる能力となり、それを子どもたちや大人たちに思い出させることが僕の卒制の裏の意図ですね。

石川　そういうことなんですね。単体では達成できない？

安達　そうなんです。それが17番の難しいところです。

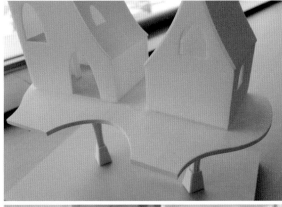

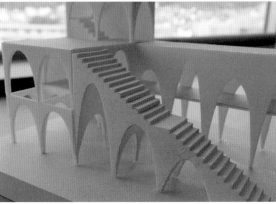

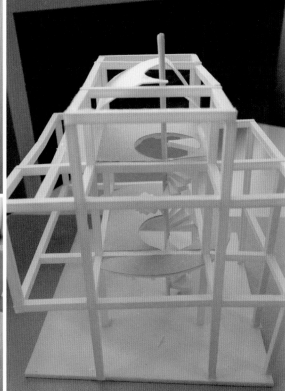

TANAでつながる商店街
TANAの動かし方や置き方でプログラムを縫い合わせる

ID67

宇野美玖
大阪産業大学デザイン工学部
建築・環境デザイン学科B4

A1. Illustrator, Twinmotion, Revit　2. 1万円程度
3. 6〜7ヶ月　4. 意匠　5. テレビに影響されて　6. サグ
ラダ・ファミリア

プログラム同士を区切り分断するのではなく、柔らかく縫い合わせてつなげた。そこでは、壁を
「TANA」にしたほか、可動式のTANAなど10種類のTANAを用いた。商店街の改修の武庫元町
市場、新築のTANAビル、改装の旧YASUDA宝飾店、旧美容院を入れ込むことで商店街の活性化
を行った。本計画を寂れた全国の商店街にも取り入れることで活性化を図れると考える。

佐藤　建物全体ではなく、建物内部にある空間の提案ですか？ それとも、建物全体も設計しているのですか？

宇野　はい。この建物の改修と、向かいにあるビルを新築で、さらに空き店舗に……。

佐藤　4箇所もあるのですか？

宇野　はい。簡易にできる改装を2つ。旧美容院と旧YASUDA宝飾店で改装……。

佐藤　それで、棚で内部の空間をつくるのを提案しているわけですね。

宇野　この商店街で、棚を起用できることが考えられたので、他の全国の商店街にも同じようなことをして、活性化していきたいと考えています。

佐藤　4箇所の似た空間なのですか？

宇野　まず、ここが現在は使われていない建物で、それの改装という形で、柱と梁を残して壁などを取っ払って棚で空間をつくっていきます。それと商店街の活性化として、商店街で対角の位置にある場所に新築を置くことで大きい2つを押さえて、空き店舗に改装を入れていくという形を考えました。

佐藤　それで、棚もデザインしたのですか？

宇野　棚は10種類あります。

佐藤　言い方が悪いけれど、どこかで見たような棚ですね。このシステムに当てはめるための棚を自分でデザインしたほうがいい。4つの空間にバリエーションのある空間をつくれますとか、異なる用途で使われるけれど似た空間が当てはまりますとか、いくつか当てはめる方法があるとか、そういうことを言えるといいと思います。

宇野　新築は、一番上まで棚にすることで、ブレースの役割として使われるため、柱を少なくでき、可動式の棚が動きやすくなります。

佐藤　おそらくやりたいことと、見せている内容が乖離している。もう少し特徴的に見せたほうがいいですね。現在の見せ方だと、しがない本棚に見えてしまう。

石川　何がわかったのですか？

宇野　商店街に棚を起用することで活性化していけると考えました。

石川　なるほど。このようにつくれるのがわかったということですね。棚の良さとは何ですか？

宇野　ここの商店街は、入らないと中がわからない店舗が多かったので、棚にすることで中が見えるけれど見え過ぎないようにすることを最初に考えました。

石川　なるほど。あとは、使う人がそこをどのくらい塞ぐかが決められるということですね。

宇野　そうですね。

石川　推しの棚はどれですか？

宇野　推しているのは、棚が上下に動く系です。この3つがビフォーアフターになっています。

場の保存とイマージュ
農地と建築の可能性と集落の終結あるいは再起

限界集落、場が消失していく土地に対して建築には何ができるのだろうか？ 都市部からの流入を期待した農業プログラムと農地における特殊な寸法を用いた建築の提案、そしてイマージュ、消失していく場に対して集落にある脆弱的な構成物からデザインコードを使用し、視覚、聴覚、身体感覚に入り込むような建築をつくり、想起することを用いて集落としての過去への実在性を獲得することを目指す。

id68

池成貴大

滋賀県立大学環境科学部
環境建築デザイン学科B4

A1. Illustrator, Photoshop, Rhinoceros, 手描き　2. 5万円程度　3. 2〜3ヶ月　4. 意匠　5. 小さな頃からものづくりが好きで建築模型もつくったりしていたのと、建築の力の大きさに魅力を感じたから。　6. IROHA village

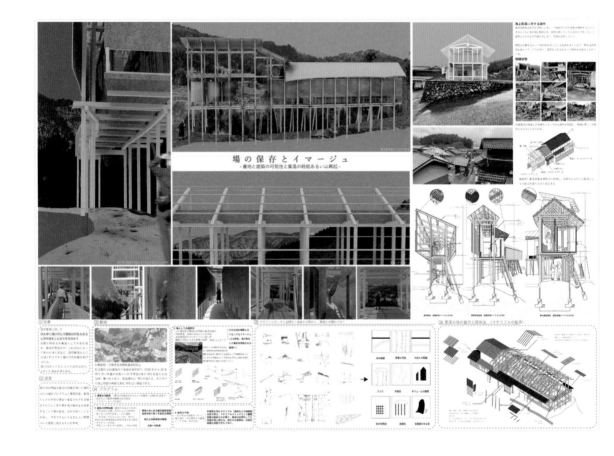

Ishikawa's poster session

石川　材も切り出した状態で残すのですか？

池成　そうですね。

石川　これはこちらに転移させるのですか？

池成　そうですね。危険を孕むマテリアルがすべてこちらに。

石川　何のマテリアルでしたっけ？

池成　飛散してしまいそうなマテリアルです。

石川　放っておくとトタンなどが飛んで危ないということですね。だから、全部壊すという話になるけれど、そうではなくて危ないものだけ取り払う。そして、それをこちらに転用しようということですね。これの用途は何でしたっけ？

池成　こちらは農業用の拠点なのですが、集落には耕作放棄地があるので、集落の住民や都市部から通い農業をする住民など、そういった場所に興味がある人が来るような場所になっています。軸線が全部通っており、対岸にも集落があるので、そういった場所に対しても軸線をとり、この建築が継承の記憶装置的な役割を果たすようになっています。

石川　なるほど。これはあぜの幅ということですね。

池成　そうです。全部土地に依存した形となっています。

佐藤　これはどこにあるのですか?

池成　それは、こちらの別の集落となります。設計敷地がこちらです。

佐藤　これは既存ですか?

池成　既存です。

佐藤　この3つをここに並べている?

池成　そうです。プログラムとしては、この空き家からマテリアル側に移るプログラムになります。例えばここが1500で柱のピッチをとっているのは、こちらのマテリアルがトタンなども使う場合に端などが欠けるので、そういったものに対して、ある程度トリミングして使用する時の寸法が、おおよそ1500ということから寸法を考えています。つまり——。

佐藤　もしかして、これは水があるのですか?

池成　こちらが棚田で水の部分となります。あぜ道の上にこの建築を建てます。

佐藤　では陸上に?

池成　そうです。

佐藤　では、ここがその水田なわけですか?

池成　そうですね。基礎に関して、真下に杭を打つという感じです。

佐藤　形態はよくつくられていますね。

池成　あぜ道の寸法をそのまま上に立ち上げた……。

佐藤　木の組み方にもう少し工夫が要ります。

池成　どういった工夫が必要ですか?

佐藤　耐震性能が全くないので、もう少し何かあるといいと思います。この挟み込みをする時に、少しちぐはぐですね。この梁は何故挟み込みにしないのかとか。全部統一しなければいけないとは限らないけれど、例えばこういうユニットで運んでくるとかはあるかもしれない。だけど、このユニットは貫的につくって、ここでだけ挟み込むとか。もしかしたら、すでにあるのかもしれないけれど、ざっと見た

ところ、そういうシステムがあるようには見えません。それがきちんと考えられていると、見ただけで感じられます。力学的なこと、組み立て手順などを考えて、このようになったと見えるだろうから。

池成　考えたこととして、中央に立っているフレームをまず先に建てる手順になっています。そこから付随するように、他の部分をくっつけるようにつくっています。

佐藤　そういうことですか。つっかえ棒的な部材の使い方もいいと思うけれど、もう一工夫あるといいと思います。このような組み方は、すでに提案としてあるじゃないですか。全体的な形態はいいと思いますが、少し既視感があります。

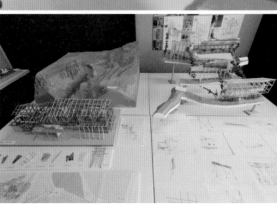

space storage tower
機能の集合により都市と成る

id69

宮脇大樹

近畿大学工学部
建築学科B4

A1. Illustrator, Photoshop, Rhinoceros　2. 10万円
程度　3. 6〜7ヶ月　4. 意匠　5. 家族から影響を受け
た　6. 中銀カプセルタワービル

都市に山のような自由な用途を持つ地面、余白のような場所があるだろうか。長い時間をかけ、人口増加の度に平面的に規則的に発展してきた今の都市にはそういった余白は見当たらない。だから今回、都市に余白を生むシステムを提案する。まず、建築と地面を分離し、その建築のもつ機能に形を与えていき、1ケ所で縦に収納していく。それを繰り返し縦に背を伸ばしていく、この建築は都市の機能の集合体であることから、都市の中で生まれる、第二の都市と言えるのではないだろうか。

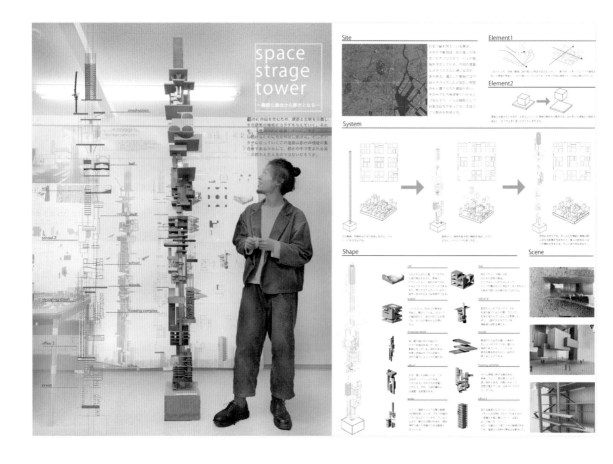

佐藤　高さは何mですか?

宮脇　設計時は540mです。200分の1でつくっています。

佐藤　耐震は?

宮脇　意匠の研究室のため、構造はあまり勉強していません。

佐藤　東京スカイツリーのフットプリントは調べましたか?

宮脇　免震のやつですか?

佐藤　東京スカイツリーのフットプリントの大きさは知っていますか?

宮脇　ここですか、90mです。

佐藤　これは何mですか?

宮脇　50mです。

佐藤　東京タワーのフットプリントは?

宮脇　同じ……。

佐藤　50mしかないのに、こんなにえぐるのですか?

宮脇　いや、ビルをすべて集めた時に……。

佐藤　ここから上は300mくらいあるのに、この細いのは何mくらいになるのですか? 20mくらい?

宮脇　4cmなので……8mです。

佐藤　8mか。8mで300mを支えるのですか?

宮脇　できるのではないかと思いました。

佐藤　支えられるわけがないでしょう。これもこちらの方向は、ほぼこれだけですよね。

宮脇　そうですね。すみません、勉強します。

佐藤　この構成はどう決めたのですか?

宮脇　この緑と赤、このスラブで一つの小学校をイメージしています。赤が教室ブロックで、せっかく空の上にあるので、ラピュタのような形をしている

小学校に変えられたらいいなと思いました。

佐藤　ここがグラウンドですか?

宮脇　そうです。これも小学校です。これは集合住宅です。

佐藤　集合住宅はわかりやすぎるな。というのは、集合住宅はどのような形でもあり得るじゃないですか。

宮脇　イメージとしては、ここが細いので、たくさんの人が集合するため、まず横の面をつくって、縦にここから派生してこのような形になっていくことを考えています。おそらく無理ですが、まず横に面ができて縦にスラブをかけるものが建ってから、ここから内壁が建ち、どんどん人が入っていく。おそらく外に出ようと思ってボコボコした形になるという自分の中のストーリーです。

石川　この人が吸い取ったところはどうなっていくの、オープンスペースになるのですか?

宮脇　何故余白をつくるかというか、言ってしまえば空き地のようなところになってしまうかもしれないけれど、この提案を考える前に、もともと僕は都市に対して山のような、人によって、対象によって、用途を変えるようなスポットが欲しいと思っていました。そして都市を考えた時に、都市というか現状の建築の形というものは箱型のものが地面と密接につながっていて、それがこの建築の機能に結び付いて拘束されているように感じたので、建築

をこういう感じで引き抜いた状態のものを、形を変えて棚のように飾り、地面と引き抜いて——。

石川　なるほど、串カツのようになると。

宮脇　そのような感じですね。建ったものを新築の状態にして新しく何かを始めようというよりかは、もともと建っていたもののリフォームをする。リフォームも別に悪いとは言ってなくて、僕は都市の生活での豊かさとは何か、卒業設計を介してすごく考えました。それは生活の選択肢を増やしてやることではないかと思いました。田舎よりも都会には物がすごく溢れていて、とても便利ですが、豊

かさを感じづらいのではないかな。これ以上何を付与すればいいのだろうと思って、あえて引き算というか、今あるものを引いて、また新しくそこに価値を付与できたらいいなと思いました。それと、縦に積む理由としては、空き家などがあるかもしれませんが、空き家が先ほど言ったように地面とつながっており、空き家という地面の用途になってしまっているので、本当の解放された余白は、現状として空中にしかないのではないかと考えました。その空中をうまく利用できるように縦に積んでいくという提案の流れです。

ROUND-TABLE TALK

座談会

例年、大会後にはクリティークの方々との懇親会を行っていたが、
今年は懇親会の代わりとして座談会を行い、ここでしかできない交流の場を設けた。

これからの構造家にはどういう力が求められるか

末光 例年は、お酒を飲みながら懇親会をやりますが、コロナ禍により難しいので、審査員に聞きたいことがある人は挙手してもらえればと思います。どなたかありますか?

舟津 30番「朝のしじみ縁」です。将来、構造家になりたいため、これからの構造家にはどういう力が求められるかを教えていただきたいです。それと、僕の提案に対して、ここが違うとか良かったとかあれば、教えていただきたいです。

中山 それでは、私が1票入れているので話します。布基礎が、カウンターなどの家具になっており、その上に木造が乗っています。しじみ汁を朝ご飯として食べられるし、酔っ払いのおじさんは徹夜帰りに食べられる。そして、子どもたちは学校へ行く前に食べられるという、すごくポテンシャルのある場所になります。人の居場所として布基礎を少しだけ肥大させ、その分基礎が高くなって上物としての木造が軽やかになるというように、きちんと構造エレメントに意味を与えて建築化するというものです。実務家が必ずやることをきちんとやりつつ、家具として使うため、夜中に酔っ払いが寝てもいいし、外飲みをしたい人はそこを使ってもいいという自由気ままな感じが、ストリートを信じているように見えました。構造的

なエレメントに意味を与えているのがすごいと思ったけれど、構造家になりたいのですね、納得しました。

佐藤 構造家には、丁寧にあらゆる材料とあらゆる工法を検討して柔軟に建築家のデザインに対応する大人な構造家さんと、マッドサイエンティスト的なことをする人がいますね(笑)。我々がそうだと思いますが、どちらになりたいのですか?

舟津 後者です(笑)。

佐藤 今までやったことないものへの挑戦を少しずつ盛り込むようにしていると、工夫たっぷりだけれど、奇抜過ぎないように気を付けているような、私は奇抜だと思われていないと思いますが(笑)、ある時そういうことができるようになります。

舟津 ありがとうございます。

末光 他にもありますか?

メタバース(仮想空間)について

宇野香 9番「一刻の輪廻」です。最初はメタバースで考えていなかったのですが、最終的にはメタバースのほうが可能性があるのではないかと思ってつくりました。実際に建てることの意義は

もちろんあると思いますが、仮想空間にも意味はあると思っているため、皆さんがどう思っていらっしゃるか聞きたいです。

津川 もうすでに仮想空間、メタバースの土地は売却されていて、2週間くらい前にも建築家が提案していましたよね。もちろんマーケットとしては今後もっと広がるだろうし、私たちの中でもその議論が出たことがありますが、メタバースの中の建築というのは重力がないですよね。だから、建築をバックグラウンドにしていなくても、例えばハリウッドの人やナイキのプロダクトデザイナーなども関わることができる領域なのです。このように建築の新しい領域の拡張性を感じる一方で、そういう仮想空間があるから現実世界はどう変わっていくのかという視点で、建築の専門性を発揮できる可能性もあります。そこだけは建築

のバックグラウンドがある人にしか提案ができないと思います。だから、バイオミミクリーについて考えていた人がいたように、仮想空間を考える人は今後もおそらく出てくると思います。そちらがメジャーになるかわからないけれど、その視点を持つことに私は肯定派です。個人的には、メタバース内につくるのではなく、そういう時代にそれがあるから現実空間がどう変わるかを少しでも考えて欲しかったです。でも、いい案だと思いました。

宇野香　津川さんがおっしゃったように、現実空間にどう対応していくかという議論は学校でも行われ、私はまだまだ着地しきれていないと感じました。

末光　将来どのようなことをしたいのですか？

宇野香　設計かなと思っていたのですが、メタバースに足を踏み入れてから、何をしたいのかがわからなくなってきました。

石川　たくさん迷うといいですよ。迷ってこそ。道を踏み外してこそ。

末光　開始予定時間より遅れたので、時間のない大西さんに聞きたい方がいれば挙手をお願いします。

自分の作品を
どうすれば響かせられるのか

二宮　36番「繋の廻閭」です。個人的なことですが、僕の作品が大西さんに一番響いていなかったので（笑）、どうすれば良かったのかご意見をぜひお伺いしたいです。

大西　建築はプランが重要ですが、卒業設計としてテーマがあるとしたら、土木と建築の間のようにも見受けられたし……。

石川　何が提示されていると良かったですか？その結果としての風景、それによって起きる人々の様子？　要するにプランがないんですよね。もともとは水上交通の要所だったので、これを復活させると大阪湾から富士の少し前までつながるんですよね。

津川　人のスケールが感じられなかったですね。

佐藤　舟がどこを通るのか、どこにどういう機能を仕込みたかったのかわからない。

二宮　それは発表時間の関係ですね。

大西　どこをやりたいのか、見せたい部分がわかったら、そこに共感できるかもしれません。それが例えば、京都と大阪というか交通の水運を復活させたい、それが都市の在り様を変えるということなのか。それとも、土木と建築の間に人がまとわりつくという風景をつくり出したいということなのか。どれがいいというわけでは

なく、どこに何をしたいのかがわかると共感できたかもしれません。

二宮　プレゼンを淡々と話していたので、そこが伝わりづらかったかなと思いました。

大西　最終的にはどこをやりたかったのですか？

二宮　江戸川舟運の活性化が一番したいことでした。それを実現するために建築と土木の融合を考えました。

大西　中山さんは、この作品をすごく推していましたよね。

中山　すごく推しているわけではないです（笑）。説明がすごく下手なんですよね。舟運の活性化も、政治家ではないのでそれが目的ではないですよね。ローマ皇帝などは、水道橋で自分の国を繁栄させてライバルを蹴落とすという目的

があったのです。活性化によって、自分はどんな未来を描きたいのかを語らないといけない。だから、語り方もあると思います。一方で、車社会の終わりについての提案が今日は多かったように思いますが、私はそれをとても残念に感じています。エンジンの鼓動が好きな人もいますが、自分の身体が拡張されるという暴力性、そのコントロールを手放すのが本当に人類にとって大事なのか。すべて機械任せにするのは、人間を見くびる行為ではないかと思います。力を持っているなら、それをコントロールできる理性が人間ではないかという議論もあると思うのです。だから、外側にいく議論もいいですが、内側にいく議論があっても良いと思います。その中の何が自分にとって大事なのかがあまり語られていないので、かっこいいパースを描きたいようなメカ好きに若干見えてしまっています。そのあたりが明確でないのが伝わらなかった理由ではないかな。

石川 私はわかりました。文脈を理解する人と理解しない人がいるのだから、それを念頭に置いて考えると良いと思います。

津川 私の所見ですが、断面は良かったけれど、平面的な操作があまり考えられていないように感じてしまいました。土木的なスケールでしか落とし込めておらず、人の居場所をつくっているけれど、そのスケールが見えてきませんでした。だから推さなかったです。

大西 昔、京都の都市図の先生が描いた、どうして京都に都が建てられたかをイメージしたパースを見せてもらったことがあります。北から淀川を通り大阪湾に向かって地形がランドスケープ的に広がり、そこに人々が来るという内容で、それを見た時に、歴史家というのはこういうクリエイティブなこともできるのだと感動しました。京都と大阪のつながりの中に、昔はあったけれど今は線になっているところがあれば、それにつながるといいかもしれません。しかし、どれほどの大きさでそれを語れるかというのはあります。

石川 現在の洛中洛外図のようなものを描くと良かったかもしれませんね。

大西 そうです、そういうのがあると良かった。京都は水が豊かですが、それが空間的に広がっていく俯瞰のパースで、そこを都に定めるのをイメージして先生は描いてくれました。

末光 ありがとうございました。ではもう一人。

卒制から何をどのように
生かして現在に到ったのか

小瀧 4番「史を渡す」です。この提案について、大学の先生方にこの先何をしたいのかと言われ

て提案がころころ変わりました。皆さんも設計をする際はギリギリまで迷い、もう少しやりたかったと思いながら提出することもあるかと思いますが、今回は卒業設計ということで、この作品を糧にこの先もつくっていくことになるけれど、皆さんは卒制から何をどのように生かして現在に到ったのかを教えていただきたいです。

大西 ギリギリまで考えたけれど、いい案が思い浮かばなくて出したことはあります。一方で、建築において締め切りがあるのは普通のことだと思っています。締め切りがないと永遠に考え続けられるような気がするので、締め切りがあることによって物事が常に前に動くというのはあると思います。卒業設計について、いろいろな考え方があると思いますが、私はつながっています。卒業設計で考えたことが今につながっている。それだけでなく、学生時代に読んだ『ルイス・カーン建築論集』の中で前田忠直先生が書かれていたことが学生時代は謎でしたが、今となって理解できるようになりました。大学時代にまいていた種がなかったら、このようにルイス・カーンの思想を受け取れたでしょうか。そのように、何でもないと思った出会いや学んだことが違った形で花開くことはあると思います。

中山 僕は舞台を見るのも宝塚を見るのも大好きで、宝塚は戦時中に女性の権利が弾圧されたのを踊りによって切り開いてきたという歴史的な背景があります。戦時中は弾圧により踊れなくなったなか、自分たちが躍ることでいかに多くの人を鼓舞できるかという戦いの歴史でもあるのです。現在はある種、ファンの人たちの間の閉じたコミュニケーションの場のように思われていますが、彼女たちが踊りによって社会を切り開いてきたことにより、今、多くの皆さんが気づいていない何かが開いているのです。それが川の向こうにあり、こちらに風呂がある。それをつなぐ時に、社会的に閉じた趣味の人たちだと思われている集団によって開かれた扉が、今私たちの住みやすい世界をつくってきたという、多くの人の共感が広がるような提案ができるとすばらしい。

津川 巡回審査では、もしかしたら票が集まらないかもしれないけれど、やりたいことは絶対忘

れないで実現してねという話をしました。それを伝えた理由は、本当に建ちそうな提案だったし、考えていることがとても現実的で、リアル過ぎると思うほどだったからです。それは場所を知っているからというのもあります。私は卒制で神戸市の市役所を提案して市役所にストッキングをかけたんですね（笑）。それは最終模型ではありませんが、当時は情報社会と建築のリンクの在り方を考えていました。その結果、設計展での評価はそれなりでした。でも、当時はそれを本気で考えていて、この考えが建築に必要ではないかと思い過ぎて就職先が見つかりませんでした（笑）。自分のやりたいことをしている建築家が見つからないけれど、お金は稼がないといけなくて、とりあえず就職しました。とりあえず3年間はそこで働いたけれど、そんな気持ちで働いているから環境に馴染めなくてどんどん尖って髪の毛も真っ赤にしていました。その時にやっと、私が世界で唯一面白いと思えることをやっている人たちがニューヨークにいるのを見つけました。ディラー・スコフィディオ＋レンフロという事務所になります。その事務所に行くと180度人生が変わったというか、やりたいことをやっている人たちを見つけてしまった。そこで神戸の広場のコンペがあったのですが、修士設計でやっていたロジックを、手を変えてつくって出したのです。つまり、一度自分にうそをついて社会に馴染もうとしたのですが、私にはできなくて、だんだんおかしくなっていったのです。その結果、ようやく到達したところで、水を得た魚のように変わっていった。だから、本当に望むなら実現するし、その思いが本物かどうかは人生の中で勝手に決まっていく気がします。だから、本当に小瀧さんがこれをつくりたいなら市に提案してもいいと思います。このコンペの後に、神戸市役所のワークショップなども関わるようになりました。卒制の敷地を考える実務の仕事に関わっていくことで、本当にやりたいなら、誰かが結び付けてくれるような気がします。だから、その思いが本物かどうかは気にしなくていいと思います。

末光 それでは、大西さんへの質問は以上で終わりとします。その他に聞きたいことがある方はいらっしゃいますか？

どうすればもっと
良いものがつくれたのか

岩橋 20番「今日はもうすぐ雨が降るらしい」です。今回の審査で票をいただいたのに、決勝に進まなかったのは議論の余地がないとか、悪いところがあるからだと思いますが、どうすればもっと良いものがつくれたのかアドバイスが欲しいです。

佐藤　私は、この作品にかなりの可能性を感じています。とはいえ、水がどう流れるかは工夫があったかもしれないですが、構造デザイン的には少し足りないかな。巡回審査で、エレベーターのようなチューブをなくすことを宿題としましたが、やりましたか？

岩橋　やっていません（笑）。

佐藤　やっていないんか（笑）。模型があるなら、あの部分を外して指で押すとどのように働くか、スラブ同士がくっついていると、スラブと柱がどう接触すれば強くなるかをきちんと体感してください。

岩橋　はい。ありがとうございます。

末光　中山さんにも聞いてみたいのですが、彼女のようにふんわりと建築をデザインする学生は、これからどのように伸ばしていけばいいのでしょうか？ こういうエンジニアリングなものを押さえたほうがいいのか、それとも、別の道があるのか。アドバイスして欲しいです。

中山　建築はこれからどんどん団体競技になってきます。今回も一人で最初から最後まで、お手伝いの人も含めてお金もすごくかかったでしょう。これほどイベントに出ていたら、お小遣いがいくらあっても足りないですよね。そういう意味では、お金を工面するとか大きいものを運搬するとか、この会場にいるだけですごいことなのです。いろいろな建築家と社会との対話のようなことをしているので、そういう意味で、今後は団体競技になるから、今回出会った人たちから自分の苦手なところを補ってくれる人と組むことも考えられます。

津川　そうそう。自分が苦手なことを自覚しているのも大事です。

中山　だから得意なことばかりしていると、それができなくなってくる。それも怖い。だからチャレンジは必要だと思います。あと、世界を観察することが大切です。なんとなくの思い込みで、これは良くないからこうするというのも大事だけど、世界は捨てたものではないし、きちんと観察することが大事です。例えば、他にも植木鉢をつくった人が数名いましたが、土と植木鉢の境目を図面に描いていなくて結構気になりました。植木鉢は土を焼いたものであり、植木鉢のすごいとこ

ろは、土の中に土を入れているところ。それが面白い。人が少し手を加えただけで同じ土が少し姿を変える。焼くと、土の中に含まれていた鉄分が酸化して赤くなります。赤は葉っぱの緑を際立たせる補色でもあり、このプロダクトデザインは完璧なんです。土を入れたら葉っぱの色が際立ち、呼吸をして中は蒸れません。しかも運べる。すごいことなんです。世の中にある、人がつくったものは取るに足らないものではなく、知れば知るほど納得できる。しかも、長いこと使われているものは、このような軌跡がたくさん詰まっています。それを知ると、新しくものをつくることの難しさを知ることにもなりますし、大胆さが失われていく怖さもある。でも、悩んでいたからこそ感動できるのです。一度そこで悩んだことがある人は、そこで感動できるようになっている。そういう意味で貴重だと思います。

石川　もし湿った地面が好きで、建築の道に詰まったら、いつでもランドスケープの道に来てください（笑）。

佐藤　材料のことをきちんと知るだけで、何かが思い浮かびます。即物的なことを少しずつ学んでいくと、思い浮かぶことが出てくるので、そういう訓練をするといいと思います。知識が身につくと、建築の機能美が生まれるので、たとえ雨水の流し方がおかしくても他の信憑性があれば割と良くなるでしょう。あと、先ほど4番「史を渡す」の人が言っていた、中途半端でも提出するという意識は大切です。おそらく皆さんは社会に出たら締め切りに間に合わなかったから提出しなかったということをしてしまう世代なのです。皆さん、気が付いていないと思います。それはおそらく教育によって、そういう思考になってしまっているのだと思います。要は、90％以上のクオリティにならなければ、出す価値がないと思ってしまっている。それができなかったら出さないという結論に至ってしまうのです。でも、社会に出たら絶対してはいけない。10％でも出さないとダメなのです。

津川　私がアメリカで仕事をしていた時は、皆6時に帰り、6時以降も残っている人は逆に能力がないと思われます。一方で国際コンペの時は違います。コンペは競り合いなので、コミッションプロジェクトではなく、まだお金が入っていない状態なので、いくらでも投資しようとするんです。その時に感じたことは、100％のクオリティを求められておらず、それこそファイナルプレゼンテーションでマスキングテープを貼ったまま提出する人もいるように、時間がない時は時間がないなりのかっ

こいい仕上げ方をするのです。要するに、いかにその条件をうまくアウトプットするかということなのです。自分が納得する100％でしか、美しいものが仕上がらないと考えているのでは社会でやっていけないと思います。15分でパースをつくる方法もあるし、それはそれなりのかっこ良さがあるのです。時間に応じた美しいアウトプットの仕方というのは、それぞれにあり、それを各マネージメントの瞬間に判断して出せるかが、おそらくすごく大事なのです。むしろ、このやり方でこのようなかっこいいものが出せるのか、というのもあります。だから締め切りに間に合わないというのはありえないこと。その条件内で最適なやり方があり、そこで生み出すのがプロだと思います。それは訓練なのかもしれませんね、わかりませんが（笑）。

末光　これ以上話すと熱くなるので、次へ行きましょう。次の方いらっしゃいますか？

これから海外で働くことの意義

中山(翔)　31番「収穫する都市」です。将来、海外で働きたいと思っていますが、これから海外で働くことの意義についてどう考えていらっしゃいますか？

津川　永遠に海外に行きたいのですか？

中山(翔)　いえ。海外に行って学ぶことは、人生の中でどういうことなのか疑問に思いました。

津川　なるほど。私の場合は、日本にすごく否定的だったのです。でも、外を知らずに日本に対して否定的でいるのも違うなと思いました。もともと学生時代から、建築を見るために海外旅行などもしていました。だから、学生時代はコンペなどには一切出したことがありませんでした。私としては海外に行くことをお勧めします。建築的な意味で言うと、私がすごく驚いたのは、ジャパニーズアーキテクトの世界的なブランドが半端ないんです。海外の事務所にいた時、私が国際コンペのチームにいるだけで、日本の今生きている建築家の方々がレファレンスに入ってくるくらい、すごく意識されるんです。日本に何故帰らないのか、すごくいい環境なのにということをよく言われました。そこで、今の日本の環境は先達の方々

が築いてくださった財産だというのを改めて感じられたのはすごく大きかった。そして、それを相対的に見た時に、今の自分は日本で何をしたいのかを軸として持てるようになった。自分は日本っぽくないとよく言われるし、海外っぽくないとも言われる。自分のアイデンティティはどこにもないのですが、それを自分で見つけるために、それぞれを相対的に見られるようになったのはかなり大きかったです。だから、海外へ何故行きたいのかを知りたいです。自分の場合は、自分を知るための軸、海外に一度行っていろいろな軸が欲しかったというのがあります。

中山（翔）　海外で学びたい理由は、現地で実際の

建築をあまり見たことがないけれど、海外は建築を広く受け入れている感じがいいなと思ったので、そういうところで建築を学び、自分の中の世界を広げたいと思ったからです。

石川　実は私は卒制をやっていませんが、卒制のコンテストの審査員をしています（笑）。海外で3年働いたけれど、海外に行かなければ今の自分はなかったと思います。その中でも一番強烈なのは、自分自身のルーツを頼まれもしないのに考えざるを得ないことです。そこに釣り針をおろして、自分がやりたいことや自分ができることを少しずつ手繰り寄せるようなことをせざるを得なくなる。それをしたことにより、優れた人間になるわけではないけれど、真剣に自分を探した経験が後々すごく効いてくると思います。

佐藤　私の場合は親の金で海外に行くのが嫌で、学生時代には海外に行きませんでした。社会に出てから海外に行くような活動が増えてくると、意気込んで海外に行くというよりは、世界中が日常的に行ったり来たりする場所になります。海外の留学生を見ていると、世界の中であそこで働きたいとなったら気軽に行きます。2年くらい働いて、疲れたら戻ってくるという感じですね。世界中のどこでも行ってみて、次はどうするか考えていくといいと思います。最初は少しハードルが高いと思いますが、自信を持って海外に出ていけばいいのです。海外の話で意外に感じたのが、アメリカの先生と話していたら、日本人はまがりなりにもバイリンガルだから羨ましいと言われた

ことです。日本人は、多少は英語が話せるでしょう。アメリカ人の多くは英語しか話せないんだそうです。だから羨ましいそうです。他国の人からそう見られていると思うと、自信を持てるじゃないですか。だから自信を持って海外に行けばいいんです、気軽に行っていいと思います。

末光　では次の方どうぞ。

建築以外のことも
建築に良い影響があるのか

奥村　8番「消えた轍に足跡を残す」です。ランドスケープで街を変えることができるかとか、ランドスケープと建築の関係のようなものを考えていたので、石川さんに今日見ていただけてうれしかったです。石川さんには、私の作品はこうすればもっと良くなるなど、あれば教えていただけたらと思います。それと、中山さんが1年前に学内の卒計の展覧会でレクチャーをされていたのを聞きましたが、今まで自分が考えたことのないような建築の見方をされているのが好きだと思いました。やわらかい考え方をされているのかと思っていたのですが、今日、建築に対してストーリーよりも建築が建つこと、制度のようなものが大事だと聞いて、知らない部分を聞けて良かったです。それで、お聞きしたいのは、プロダクトデザインや本、映画の話といった、建築以外のことも建築にいい影響があるのか、自分もそのような柔軟な考え方ができればと思っているので教えていただきたいです。

石川　それについては、東京藝術大学で中山さんと一度議論したことがあります。建築には機能を表現した平面と、構造を表現した立面的な提案と、意匠を表現した立面的なものと、パースも立面的なものになりますよね。これらは、これから実現しようとしている建物を説明するフォーマットとして100年以上鍛え上げられ、皆それに乗っかってきているわけです。でも、これはランドスケープの表現には全く合わないのです。ランドスケープは仕込むことであるし、育てることでもあるし、何かをつくる以外で何かをきっかけに世界のものに思いを馳せるものなので、直接表現することができない。だから、今日、伝えたいことを伝えられなかったと思うかもしれないけれど、おそらくそれは建築の表現のフォーマットに乗っていないからかもしれない。

津川　そうですね。

石川　だから、そこで諦めなくていいし、ランドスケープのマインドは

もっと違うところで発揮できる。ぜひ建築もランドスケープもできる、ランドスケープの話もできる建築家が増えることが私の望みです。

奥村　模型をつくりたいけれど、ランドスケープをつくるには模型が大きくなり過ぎてしまいますよね。

石川　そうですね。ランドスケープの模型は、その周りがないと説明ができないんですよね。際限がない。ただ、際限がないというのは、ランドスケープ的なことだからね。その時点で、建築とは違うランドスケープのイメージが入っているということですね。そういうことはぜひ大事にして欲しいです。

奥村　ありがとうございます。

中山　皆、紙にドローイングしているけれど、それはすごく奇跡的なことだと思うのです。鉛筆も、焼いた木に生の木を包んだものであり、紙は木を漉いたもの、崩したものです。そもそも、木はもともと水の中にいて地上にはいなかったのです。水の中の植物は、そよぐことはできても自立することはできなかったんです。でも、何かの弾みで地上に出た際に、他の植物よりも先に太陽の光と水をゲットしたいから、セルロースでできた繊維を体にし、リグニンという固める成分を生成できるやつが表れ、それにより鉄筋コンクリートのように上に伸びられたのが木なのです。そこから30mや40mなどの高さまで伸び上がれるようになったのです。それをもう一度水の中に入れて泳がせて漉きあげると、真っ白いもの、つまり紙ができます。紙をつくる工程は、時間がさかのぼっているというわけです。そして、それに焼いた木を使って尖らせて線を引く、そうすると未来が描ける。それは、超すごいことなのです。人類史を体現するようなことを普通にしている。だからフレームワークを変えると、自分たちがしていることが人類の歴史的な奇跡になるという感動が、僕らが日常的にやっていることの本質ですよね。そのため、自分がやっていることを、どういうフレームワーク、時間軸、広がりの中でやっているか考えることによって、同じことでも奇跡的なことになったり、ただのつまらないものになったりと、全然違う。ランドスケープアーキテクトも建築家も、皆が考えているフレームなどをいきなり

地質学的な時間軸で見せたり上手に語ったりすることを許されている仕事なのです。それは、石川さんと話している時にすごく実感することが多いし、こういう場でないとなかなか議論できないと思いますね。

石川　見えているものすべてを奇跡と言い張ることですね（笑）。

中山　そうです（笑）。

佐藤　石川さんも中山さんも、わけがわからないほどボキャブラリーが豊富で、すごいでしょう（笑）。でも、皆さんもそういうことができるようになります。こんなこと誰も知らないだろうという、皆が知らないボキャブラリーを調べるといいんですよ。そして、それほど理解していなくても、気にせず話していいんです。だって、皆知らないのだから、それほど知らなくても知った風に話していいんです。それを繰り返していると、話ができるようになってくるし、自分の得意分野になって自信が持てるし、楽しくなってくると思います。

奥村　皆が使う言葉を用いることで、ありきたりな説明になっていることに私も違和感を抱いていたので参考になりました。ありがとうございました。

津川　石川さんの図面の開発が必要という話を聞いて、ランドスケープに関してすごく悔しかったことを思い出しました。先ほどの神戸の広場がやっとできあがった時に、メディア掲載の声をかけられたのですが、校了まで12日しかないなか、私のつくった建築環境が平面図や断面図に表現できないんですよ。いろいろなものを試して提出したのですが、やはり伝わりづらいこともあってメディア受けせず、俯瞰の配置図と俯瞰の立面図しか掲載できませんでした。でも、私が伝えたかったのはそういうことではないんです。それで、誰にも言えないくらい恥ずかしくなり、コンペを取る前のゼロ地点に戻った気がして、今の私の最大の課題になっています。それで実は今、ランドスケープ的な建築を設計していて、それが2024年にできあがる予定なのですが、それまでにメディア掲載の方法を開発しないともっと悔しい思いをすると思っています。だから私は2024年までに新しいメディアを開発するので、奥村さんも次は修士設計ですよね。その開発をぜひ競争したいですね。

奥村　ぜひやってみたいです。ありがとうございます。

建築の限界を感じた時はどうしているのか

屋宜　2番「まちを農す」です。私は課題を見つけることから考えてみたのですが、建築にたどり着くまでに時間がかかり、うまく建築を考えられなかったのと、建築だけでは解決できないことにもやもやしました。今回、建築のスケールでは考えることができないと思い、都市計画のほうから考えてみたのですが、皆さんにお聞きしたいのは建築の限界を感じたことがあるのか、もしあるなら、それを感じた時はどうしているのでしょうか？

佐藤　我々が構造を扱うのは力学を扱うということで、大自然を相手にしているということです。その他の生態系など大自然にも興味を持つようになる。そのように自然の現象を見るようになります。風や光などは建築だけでなく、街区に発展してもいいし、自分が興味のある現象などを抽出してそこを掘り下げていくといいと思います。

末光　佐藤さんは、石上純也さんとよくコラボしていて無謀な注文を受けることもあると思いますが、絶対諦めないと思われているから頼まれていますよね。

佐藤　奇妙なスケールで考えることが多いのですが、力学というのはノンスケールなんです。だから、いくらでも大きくしたり小さくしたりできて、大きくしたら分厚くなるだけなんですよ。

中山　今の話を聞くに、建築の限界を自分で設定してしまっているかもしれないね。建築家の領域を自分で定義し直していけばいいんですよ。

石川　あと、表記方法が開発された瞬間に、語れる領域が広がるわけですよね。だから、まだ眠っている表記方法が必ずあるはずです。楽譜がないと音楽は弾けないけれど、それを知った途端に新しいことを考えなくなってしまう。

末光　実行委員からも、何か質問のある方はいらっしゃいますか？

卒業設計を定義するとしたら？

──　自分は来年、卒業設計をするのですが、やはりいろいろな人に評価されたいと思ってしまいます。そのために頑張るのもどうなのだろうと思っています。今ここで卒業設計を定義するとしたら、どのようなものになるかお聞きしたいです。

末光　今日の審査は票が割れましたよね。仮に私が審査員だったとしたら、また結果が変わっていたと思います。建築はその時のメンバーの評価だと思うので、それを気にし過ぎずに自分の興味のあることに突き進んでいけばいいと思います。

佐藤　妙に理性にとらわれて大人しい案になってしまう人がいるので、それを恐れず夢いっぱい取り組んでもらえれば。ボロクソ言われるのもいいと思うんです。放置されるのではなく、言いたくなる何かを持っているということですから。人々の関係だけ考えていたら、建築を考える時間がなくなり、ただの箱のようになってしまうこともありますからね。

──　それは、学生なら何をやってもいいという条件だからですか？

佐藤　もちろん、そうです。現実のプロジェクトではなく自分で自由に考えてもいいので、その設定をうまく選べるかが腕の見せ所です。ただ、その自由な思考が将来につながるようにという気持ちを持っていただきたいです。

石川　卒制で失敗しても、この世の終わりではないからね。私自身、卒制をやらず、ゼネコンに就職したけれど、社会に出てからのほうが高度なことをやっているし勉強もしました。そこで学んだことのほうが大きかったような気がします。卒制は頑張るに越したことはないけれど、これから勉強することで自分が表現できること、学ぶことが多くなるからね。今から20年ほど前にランドスケープアーキテクトの佐々木葉二先生からいただいた言葉があります。「組織の中で評価されようと思わなくていい。組織の中で評価されようとすると、狭い中での考えに凝り固まってしまうから。本当に良い作品は外からお声がかかるから」。そこからが勝負ということですよね。

津川　卒制で評価を求めているようではダメですよね。そうではなく、将来自分が何をしたいのか、そもそも建築家になりたいのか。もしなったとしたらどのような建築をつくりたいのかを考えて欲しい。卒業設計と修士設計はそれを見つける卵のようなものであり、まず卒業設計で見つけられることはほとんどない。一生抱える問題になるかもしれない。私は、それを見つけようと模索している作品に感銘を受けますね。一人だけ違うことをしていてもよいし、私も全然評価されませんでした。ボロボロに批判された時にどう思うかも大事で、私の価値観を理解できない古い人だと考えるのも、未来を切り開くには大事かなと思います。

中山　自分の学生の頃の夢なんて、建築家になったらポルシェに乗れるのかなとか、女優さんとお友達になれるかなとか、そんなしょうもないことでしたけどね（笑）。いまだ軽自動車に乗っている独身ですけど、建築という道を選んだことで、下らなくも楽しい夢を持ち続けていられることが、僕はとても幸福です。

──　ありがとうございました。

高校生レポーター活動報告

「建築・設計」に興味がある高校生に向けて、本大会に見学参加できるよう企画。全国各地の学生たちの建築への取り組みや建築作品に触れることで、建築の楽しさや魅力を感じることができる場となった。

※選出した学生はランダムで、地域や学年が異なるようにした。

絶対に捨てられない信念のようなものが感じられて、とても格好良かった

北福岡地域会　塩釜彩花さん
福岡県立戸畑高等学校2年

私はまだハッキリとした進路は決まっていなくて、少しでも自分の進路決定の参考になればと思い参加しました。このDesign Review 2022で私は多くのことを学ぶことができました。まず、「建築」というものはただ建物をたてるだけではなくその地域の課題や社会的な問題、その建物がたつとそこを利用する人にどんな利益があるのかなど、たくさんの事を考えてやっとひとつの建物を建てることができるということです。建築家の方々は、作品一つひとつが実際に建った未来をみて、そのメリットやデメリットをさまざまな方面から考え、それを学生の皆さんの将来のためにはっきりと伝えていました。またその中に建築家の方々一人ひとりに絶対に捨てられない信念のようなものが感じられて、とてもかっこいいと思いました。さらに学生の皆さん、特に決勝に上がった方々は、もちろん優勝したいという気持ちもあると思うけど優勝という目的のためだけにつくったものではなく、本当にこれが実現したら地域社会にどんな影響を与えられるのか、自分の故郷のためにどんな恩返しができるのかなど建築家の方々に負けない信念をもってつくり上げたのだろうと思いました。私が特に印象に残っているのは、新美さんの「都市を停める」という作品です。この建築はその地域で行われている工事と同時進行でつくられ、2050年までを想定して初めは駐車場だった場所が更新し続けて劇場へと変化するというものでした。私は今の時代は科学が発展し続けていて、いつ空飛ぶ自動車が現れ駐車場が空き地になってしまうか分からないというように未来を想定し難い時代だと思います。だからこそ時代に合った変化を遂げていくという新美さんの作品に惹かれました。私はこのDesign Review 2022に参加して自分の進路をはっきりと決定する事が出来ました。私も5年後、学生の皆さんのような素晴らしい作品をつくれるように今は第1志望合格を目指して努力したいと思います。

審査員の方々が、どのような見方で作品を評価しているか知ることができた

宮崎地域会　新屋亮介さん
宮崎県立宮崎工業高等学校2年

Design Review 2022を見て、大学生のさまざまな考えを学ぶことができ、とても勉強になりました。私は、今回のDesign Reviewの作品を見て、前回と比べて内容を理解することができて、楽しかったです。
私が、Design Review 2022を見て興味を持ったのは「都市を停める」という作品の、駐車場の建物を発表するプレゼンです。このプレゼンでは、駐車場が未来に対応して変化し続けるという、建物自体が変わっていく所にとても魅力を感じ面白いと思いました。
そして、プレゼンを発表した上で審査員の方々が、どのような見方で作品を評価しているか知ることができ、そのような考えもあるのだと、とても参考になりました。私も、学校で住宅などの設計をした時、あまり良いアイデアが思いつかなくてたくさん悩んだりしていたので、このDesign Review 2022はとても面白い作品が集まっているので、これから私が設計するときの参考にしていき、今よりももっと成長していきたいと思いました。Design Review 2022を見て、これからもたくさんの建物を見て、面白いことや凄いと思える建物に出会ったり、つくったりしていきたいと思いました。私は将来、施工管理の仕事をしていきたいと思っているので、建物のつくりなどに着目して、これからもDesign Reviewや建物の紹介など、さまざまな動画を見ていきたいです。今回のDesign Review 2022を通して、自然を生かした建物だったり、時代に沿って変化していく建物だったり、いろんな考えの建物があって、想像力がとても豊かになりました。
そして、設計というものがどのようなものか知ることができ、難しそうだけど、楽しそうだなと思いました。今回のことを生かして将来につなげたいです。

福岡地域会　安東美葵さん
有明工業高等専門学校4年

今回私がDesign Reviewを実際に見て思ったことは、まず模型の完成度だなと思いました。多くの作品が並んでいる中でどれに目が行くかというともちろんプレゼンボードの内容の濃さもですが何よりも模型のすごさだと思いました。模型がしっかりしている作品には自然と目が行きその作品を読み込もうと思いプレゼンボードを見始めました。多くの作品を評価するにあたって一つひとつの作品を読み込もうとすると相当な時間がかかります。自分の作品に興味を持ってもらうには模型は最も重要な要素の一つだと考えました。

次に思ったのはプレゼンボードの見やすさです。字が小さいと読む気になりません。また文字ばかりでも読みたい！とは思いませんでした。適度に余白があり見やすい色が使われていたり、構成がダイアグラムで表されていたり、はたまた内容が物語のように進んで行ったり……などの工夫があると読んでいて楽しく読み手側にも作成者の意図が伝わるものになるのではないかと思いました。

今回、審査員の先生方がおっしゃっていた中で私は、

・自由な発想
・作品に対するシビアな考え

この二つが印象に残っています。

1つ目では、今回のDesign Reviewはコンセプトが細かく設定されているものではないのでのびやかで自由なものを設計することができるものでした。つまりいかに現実的かが重要なのではなくいかに面白いものをつくれるかが重要でした。私はそのことをこう読み取ることにしました。

「大人になればいくらでも現実的な建物はつくれる。発想力が凝り固まってしまう前にのびやかで大胆な作品をつくれ」

2つ目は、一つ目の続きでもあるのですが「自由な発想の中でなんでもしていいのではなくて考えた建築物の役割や本来のあるべき姿を忘れてはならない」ということです。今回児童養護施設を設計していた人がいるのですが審査員の津川さんが「地域の人と関われるコミュニティースペースと子どもたちを預かる場であるプライベートスペースの間に動線を区切るものが何一つない。この建築物はあくまでも子どもを預かる場でありいくら地域住民と仲が良くてもそこは区切らなければならないところだ。その部分は現実味を持って考えなければならない」とおっしゃっていて、いくら自由な発想が許されていても自分が設計した建築物の機能や基本的なことは見失ってはいけないのだと思いました。

Design Reviewを実際に見ることができ5年生の授業である卒業設計のやる気が非常に湧いてきました。今回のDesign Reviewで感じた事をその授業に生かせていけたらなと思います。

貴重な機会をいただけて光栄に思います。誠にありがとうございました。

模型がしっかりしている作品は自然と目が行き、プレゼンボードも読み込みたくなる

宮崎地域会　渡邊瑠輝也さん
宮崎県立宮崎工業高等学校2年

今日のDesign Reviewに参加してとても充実した時間を過ごすことができました。

去年に引き続き2回目の参加でしたが去年と同じく難しかったです。しかし少し理解できる内容であったり自分にはない考え方に着眼点を置いていたり興味を引くような作品がたくさんあってとても面白い内容でした。専門的な言葉がたくさん並べられていてこれからもたくさん覚えることがあるなと感じました。

作品を見ていて今は難しく感じていますがあと1年もすればその世界に一歩足を踏み入れることになります。5年後には同じステージで同じようなレベルの卒業設計をつくっていかなければならないのでたくさんの建物を実際に見て、物事をいろいろな視点から観察していくことが大切だなと思いました。

今日いくつかの作品を聞いて印象に残っているものが2つあります。1つ目は、「時代に沿って変化する駐車場」、2つ目は、「新阿蘇大橋における自然共生型法面の提案」です。

1つ目の作品では、建物は1つの完成に向かって計画が進むというのがこれまでの自分が持っていた考え方でしたがこの駐車場では1つの完成に向かって建てられるのではなく時代によって一つひとつそれぞれの用途に合う建築物が生まれていくのがとても面白い考え方だと思いました。先の時代を見据えた建築物という考え方は自分の中にないもので興味を引く内容でした。

2つ目の作品は人間の生活が海や山などの自然への浸食が進む今の世の中でしっかりと考えていかなければいけない問題だと思いました。人間がつくった環境との共存の問題についていろいろな考え方があってとても面白い内容でした。

今日聞いた物の中には自分にはない考え方がたくさんあってとても驚かされました。

今回のDesign Reviewを通して自分の進路を考えるきっかけに少しでもなればいいなと思います。

物事をいろいろな視点から観察していくことが大切だと思った

アンケート結果

在籍校

大学名	人数
九州大学	8
法政大学	6
立命館大学	5
大阪産業大学	4
滋賀県立大学	4
東京理科大学	3
神戸大学	3
広島工業大学	3
近畿大学	3
福岡大学	2
日本大学	2
大阪工業大学	2
千葉工業大学	2
熊本大学	2
九州産業大学	2
明治大学	1
名古屋市立大学	1
麻生建築&デザイン専門学校	1
北九州市立大学	1
日本女子大学	1
日本工業大学	1
東京電機大学	1
東京大学	1
早稲田大学	1
浅野工学専門学校	1
芝浦工業大学	1
鹿児島大学	1
工学院大学	1
慶應義塾大学	1
九州工業大学	1
合計	**66**

Q1. 製作にどのようなソフトやツールを使用しましたか？

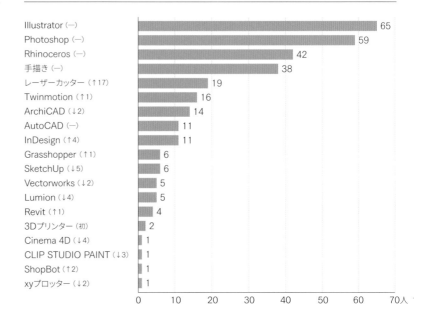

Q2. 作品の製作費用は？

Q3. 作品の制作期間は？

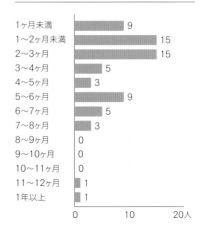

Q4. 専攻している、または興味のある建築分野は？

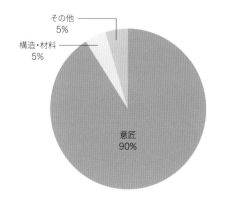

その他
5%

構造・材料
5%

意匠
90%

Q5. 建築学を学ぼうと思ったきっかけは？

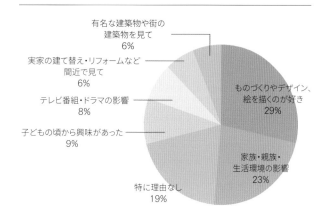

有名な建築物や街の
建築物を見て
6%

実家の建て替え・リフォームなど
間近で見て
6%

テレビ番組・ドラマの影響
8%

子どもの頃から興味があった
9%

特に理由なし
19%

ものづくりやデザイン、
絵を描くのが好き
29%

家族・親族・
生活環境の影響
23%

Q6. 好きな建築物を1つ教えてください

- 豊田市美術館(2名)
- House H /o + h
- PLATFORM II
- 瑞龍寺
- みんなの森 ぎふメディアコスモス
- ファンズワース邸
- 明治神宮
- ロイヤルクレッセント
- ワタリウム美術館
- 雲の上のギャラリー
- 武雄市図書館
- 江之浦測候所(2名)
- トラルパンの礼拝堂
- 土門拳記念館
- 豊島美術館(5名)
- ラムネ温泉館
- 光浄院客殿
- Y House / スティーブン・ホール
- 倭文神社
- LocHal Public Library / Civic Architects
- 金沢21世紀美術館

- 神長官守矢史料館
- 安曇野ちひろ美術館
- VIA 57 West
- ヘリタンス・カンダラマ
- サグラダ・ファミリア(2名)
- 地中美術館
- ヒルサイドテラス
- スパイラル
- 聴竹居
- 軽井沢千住博美術館
- Museo Gypsotheca Antonio Canova
- MIYASHITA PARK
- 福岡銀行本店
- マンニスト教会
- mitosaya薬草園蒸留所
- ロンシャンの礼拝堂
- 世界平和記念聖堂
- ヒアシンスハウス
- 六甲枝垂れ(3名)
- 関西国際空港
- FROM-1st ビル

- せんだいメディアテーク(2名)
- 東京カテドラル聖マリア大聖堂(2名)
- サン・カルロ・アッレ・クワトロ・フォンターネ聖堂
- 鈴木大拙館
- 京都市京セラ美術館
- 前川國男邸
- 太田市美術館・図書館(2名)
- シュレーダー邸
- 十和田市現代美術館
- 閑谷学校
- IROHA village
- 中銀カプセルタワービル

全体講評

全体的に作品の多様さ、対象やスケールの幅の広さと、なんとなく地に足のついた雰囲気(それは会場の空気がそのような雰囲気をつくり出していたのかもしれませんが)のある、いい講評会でした。一方で、こうした作品群に「順位」をつけることへの疑問と難しさも、改めて感じました。それにしても、これほど多くの若者が、この世界を生きるに足るものにすべく知恵を絞っていることに心を打たれました。次は皆さんと実際の仕事の現場でお会いしたいです。楽しみにしています。ありがとうございました。

石川 初

久しぶりに対面での開催となった今年のDesign Review。力作の模型を見られたこと、本人からプレゼンテーションが聞けたことは大きな喜びでした。互いに全く異なる価値観をぶつけ議論し合う、Design Reviewの良さがよく現れた会になったのではないでしょうか。最優秀賞の渡邉さんの案は、土地の歴史と社会課題に丁寧に向き合った案で素晴らしかったです。私自身、Design Reviewに参加した時の講評や、出会った友が今につながっているので、ぜひ皆さんも真摯に取り組んだ課題を未来へとつなげてほしいです。

大西 麻貴

架空の計画を想い描くとき、構造や環境の技術論が必要ないときもあります。そうして意見の分かれる決戦を楽しめました。どんな形状にも構造デザインを仕込むことができます。多目的最適化も古き良き鉄骨に習う案も登場しました。「リッチフロー」が熱伝導の式と似ているように、絵の具が紙ににじむ挙動も力学を表すかもしれません。数理的な技術を駆使して生み出される形態は「爽やか」に「華やか」にしてみせる必要があるなと感じた2日間でした。

佐藤 淳

Design Reviewは初めて参加させていただきましたが、全体的にレベルが高い印象を受けました。
迫力のある造形をつくる学生が多かったように思います。卒業制作なので、「建築で社会にどういう価値
を生むのか」という意思を、自分の中に初めて見つける機会かと思いますが、そのような覚悟が見られた
ものが幾つかありました。特にID11の立体駐車場をロングスパンで変容させていくプロジェクトの学生
（「都市を停める」）は、プレゼン後の質疑応答が俊逸でした。審査員も気付かなかった案の魅力を巧み
に話す姿は印象的でしたね。建築は、どうしても実体を建ててプレゼンテーションすることができない分
野なので、聞く人にどれだけの想像力を喚起できるかは大事なスキルだと思います。それが言葉であれ、
ドローイングであれ、模型やパースであれ、全ての表現に言語が含まれていると思います。審査員の脳内
にはまだない建築言語を見られることを、今後も期待したいと思います。

津川 恵理

テーマ設定の多彩さに終始わくわくし通しの1日でした。最優秀の「隠れ里のイマを
つなぐ」や中山賞に推した「水トノ共生作法」など、建築家／学生間でのレビューは
そこそこに、一緒に現地へプレゼンテーションしに飛んで行きたくなるような気持ち
になりました。卒業制作に注がれる建築学生の構想とそのエネルギーというのは
本当にすごいものだと改めて思います。この創造性を社会に届ける方法、何かない
ものでしょうかね。誰に頼まれずとも、自身の内から生まれる創造力を世に問うこ
とを僕も続けなければ、などと唱えながら帰りました。

中山 英之

本年度の審査は、卒業設計とは何かを深く考えさせられるものでした。審査員のう
ち、佐藤淳さんは、卒業設計とは、多少荒くてもデザインの革新性・新しい技術との
融合を評価したいと言うのに対し、大西麻貴さんは、派手さはなくても、丁寧にコン
テクストを読み取り、地域に愛情を持って提案しているものこそ評価すべきだと言
う。どちらが正解というものでもないが、日本の社会の現状や時代性を象徴する議
論だったと思います。

末光 弘和

27th DESIGN RE

実行委員会／総務部

実行委員長	中山 亘	九州大学3年
副実行委員長	岩佐 一輝	佐賀大学3年
	前田 紗菜	麻生建築&デザイン専門学校3年
	吉田 穂花	麻生建築&デザイン専門学校3年
	大庭 翔馬	佐賀大学2年
	若松 南月	九州大学2年
	千田 彩奈	九州大学2年
	繁藤 大地	九州大学2年
	北川 紗希	佐賀大学1年
	吉田 一輝	九州大学2年
	久保 瑞季	九州大学2年
	佐々木 道啓	九州大学1年
	毛利 瑠花	九州大学1年
	松海 葵	九州大学1年
	本田 優依	九州大学1年
	中尾 陽南子	福岡女子大学3年
	坪根 望実	麻生建築&デザイン専門学校1年
	西野 颯馬	麻生建築&デザイン専門学校1年
	迫 菜摘	麻生建築&デザイン専門学校1年
	元永 大翔	麻生建築&デザイン専門学校1年
	槙恵 梨花	麻生建築&デザイン専門学校1年
	伊藤 己織	九州大学1年
	永瀬 千晴	九州大学1年

審査部

審査部長	恒冨 春香	福岡大学3年
	宮口 結衣	佐賀大学3年
	山口 暖花	佐賀大学3年
	岡坂 宗一郎	九州大学3年
	立川 佳凜	九州大学3年
	山浦 淳輝	九州大学2年
	中西 将大	九州大学1年
	長尾 正宗	九州大学1年
	園田 里奈	麻生建築&デザイン専門学校1年
	浜本 明利	麻生建築&デザイン専門学校1年

財務部

部長	伊子 和輝	九州産業大学3年
	押川 騎毅	九州大学3年
	徳永 峻	佐賀大学3年
	森 颯太	九州大学2年
	中筋 美沙	九州大学1年
	一ノ瀬 珠里	九州大学1年
	重東 拓未	九州大学2年

IEW 2022
in Fukuoka

広報部

部長	山川 蒼生	佐賀大学3年
副部長	吉澤 里菜	九州大学4年
	丸橋 礼奈	福岡女子大学3年
	浅岡 柊	九州大学3年
	竹澤 紀子	佐賀大学2年
	中島 蓮太	九州大学2年
	大竹 拓	九州大学2年
	内山 慎之介	九州大学1年
	草場 莉子	九州大学1年
	シュレスターアカシ	九州大学1年
	海江田 理純	九州大学1年
	道祖 浩満	九州大学2年
	遠藤 太陽	麻生建築&デザイン専門学校1年
	平岡 樹弥	麻生建築&デザイン専門学校1年
	椎原 奈々美	麻生建築&デザイン専門学校1年
	姫野 彩愛	麻生建築&デザイン専門学校1年
	内窪 清乃	麻生建築&デザイン専門学校1年
	福元 里莉奈	麻生建築&デザイン専門学校1年

記録部

部長	安部 秀真	九州大学2年
	竹尾 郁美	九州大学3年
	水川 裕紀子	九州大学3年
	松尾 悠貴	九州大学1年
	吉岡 桜花	九州大学1年
	山崎 康平	九州大学1年
	石澤 航	九州大学1年

配信部

部長	先本 凌	九州大学2年
	石川 太陽	九州大学3年
	井上 尚也	佐賀大学3年
	高山 小春	佐賀大学2年
	野崎 朱里	九州大学2年
	釜田 真治	九州大学2年
	梅田 兼嗣	九州大学1年

NIKKEN

EXPERIENCE, INTEGRATED

日建設計

代表取締役 社長　大松　敦

執行役員 九州代表　鳥井信吾

東　京	東京都千代田区飯田橋2-18-3	Tel. 03-5226-3030
大　阪	大阪市中央区高麗橋4-6-2	Tel. 06-6203-2361
名古屋	名古屋市中区栄4-15-32	Tel. 052-261-6131
●九　州	福岡市中央区天神1-12-14	Tel. 092-751-6533

支社・支所　北海道、東北、神奈川、静岡、長野、北陸、京滋、神戸、中国、熊本、沖縄
上海、北京、大連、成都、ソウル、ハノイ、ホーチミン、シンガポール、バンコク、
ドバイ、リヤド、モスクワ、バルセロナ

https://www.nikken.jp

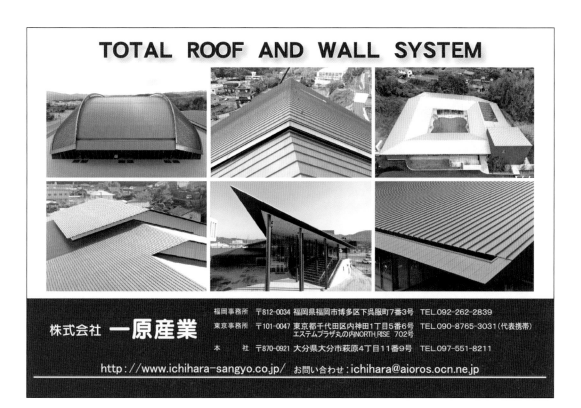

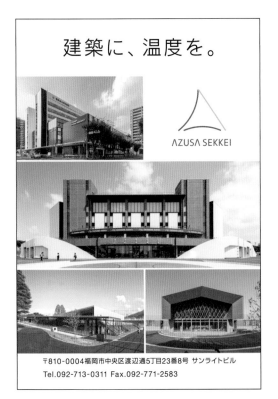

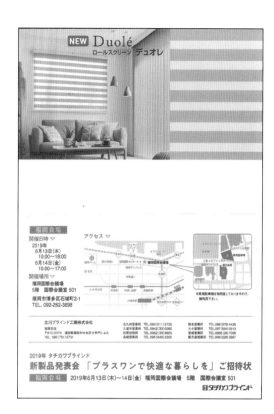

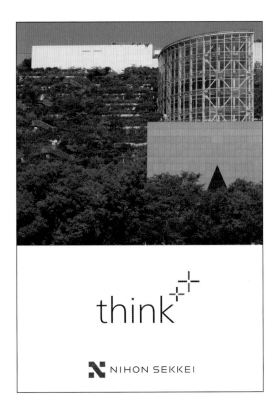

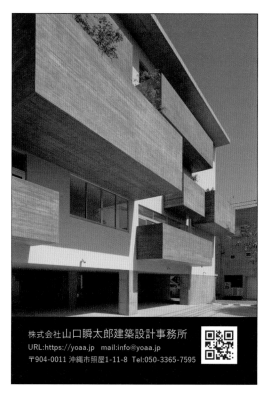

tanico

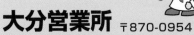

厨房機器についてお気軽にお問い合わせください

大分営業所 〒870-0954

📞 **097-554-8110**

大分県大分市下郡中央 3-6-2
FAX:097-554-8120

タニコー株式会社
https://www.tanico.co.jp

総合資格学院の本

 試 験 対 策 書

 建築士試験対策
建築関係法令集 法令編
定価:1,999円
判型:B5判

 建築士試験対策
建築関係法令集 法令編S
定価:1,999円
判型:A5判

 建築士試験対策
建築関係法令集 告示編
定価:1,999円
判型:B5判

 1級建築士学科試験対策
学科 ポイント整理と確認問題
定価:3,850円
判型:A5判

 1級建築士学科試験対策
学科 厳選問題集 500+125
定価:3,850円
判型:A5判

 1級建築士学科試験対策
学科 過去問スーパー7
定価:3,850円
判型:A5判

 2級建築士学科試験対策
学科 ポイント整理と確認問題
定価:3,630円
判型:A5判

 2級建築士学科試験対策
学科 厳選問題集 500+100
定価:3,630円
判型:A5判

 2級建築士学科試験対策
学科 過去問スーパー7
定価:3,630円
判型:A5判

 2級建築士設計製図試験対策
設計製図テキスト
定価:4,180円
判型:A4判

 2級建築士設計製図試験対策
設計製図課題集
定価:3,300円
判型:A4判

 宅建士試験対策
必勝合格 宅建士テキスト
定価:3,080円
判型:A5判

 宅建士試験対策
必勝合格 宅建士過去問題集
定価:2,750円
判型:A5判

 宅建士試験対策
必勝合格 宅建士オリジナル問題集
定価:2,200円
判型:四六判

 1級建築施工管理技士
第一次検定問題解説
定価:3,080円
判型:A5判

 2級建築施工管理技士
第一次検定・第二次検定問題解説
定価:1,870円
判型:A5判

 2級建築施工管理技士
第一次検定テキスト
定価:2,420円
判型:A5判

 1級管工事施工管理技士
第一次検定問題解説
定価:2,970円
判型:B5判

 1級管工事施工管理技士
第二次検定問題解説
定価:3,080円
判型:B5判

 建築模型で学ぶ! 木造軸組構法の基本
定価:7,700円
判型:A4判変形

 設 計 展 作 品 集 & 建 築 関 係 書 籍

 建築新人戦 オフィシャルブック
定価:1,980円
判型:A4判

建築学縁祭 オフィシャルブック
定価:1,980円
判型:B5判

 JUTAKU KADAI 住宅課題賞
定価:2,420円
判型:B5判

 Diploma×KYOTO
定価:1,980円
判型:B5判

 歴史的空間再編コンペティション
定価:1,980円
判型:B5判

 DESIGN REVIEW
定価:2,200円
判型:B5判

 NAGOYA Archi Fes
定価:1,980円
判型:B5判

 卒、全国合同建築卒業設計展
定価:1,650円
判型:B5判

 JIA 関東甲信越支部 大学院修士設計展
定価:1,980円
判型:A4判

 赤れんが卒業設計展
定価:1,980円
判型:B5判

みんなこれからの建築をつくろう
定価:3,080円
判型:B5判

 構造デザインマップ 東京
定価:2,090円
判型:B5判変形

 構造デザインマップ 関西
定価:2,090円
判型:B5判変形

 環境デザインマップ 日本
定価:2,090円
判型:B5判変形

 STRUCTURAL DESIGN MAP TOKYO
定価:2,090円
判型:A5判変形

※すべて税込価格となります

お問い合わせ

総合資格学院 出版局
[URL] https://www.shikaku-books.jp/
[TEL] 03-3340-6714

オンリーワン

他の追随を許さない唯一無二の「講習システム」と「合格実績」

令和4年度 1級建築士 学科・設計製図試験

[令和4年度 学科＋設計製図]
**全国ストレート
合格者占有率**

No.1 57.9%

他講習
利用者
＋
独学者

当学院
当年度
受講生

全国ストレート合格者 **1,468**名中／当学院当年度受講生 **850**名

令和4年度 1級建築士 設計製図試験 卒業学校別実績（合格者数上位10校）

右記学校卒業生
当学院占有率

58.1%

右記学校出身合格者 807名中／
当学院当年度受講生 469名

	学校名	卒業合格者数	当学院受講者数	当学院占有率		学校名	卒業合格者数	当学院受講者数	当学院占有率
1	日本大学	149	91	61.1%	6	工学院大学	63	48	76.2%
2	東京理科大学	123	67	54.5%	7	明治大学	60	34	56.7%
3	芝浦工業大学	96	62	64.6%	8	法政大学	56	33	58.9%
4	早稲田大学	79	36	45.6%	9	神戸大学	55	28	50.9%
5	近畿大学	74	46	62.2%	10	千葉大学	52	24	46.2%

※当学院のNo.1に関する表示は、公正取引委員会「No.1表示に関する実態調査報告書」に基づき掲載しております。 ※総合資格学院の合格実績には、模擬試験のみの受験生、教材購入者、無料の役務提供者、過去受講生は一切含まれておりません。 ※全国合格者数・全国ストレート合格者数・卒業学校別合格者数は、（公財）建築技術教育普及センター発表に基づきます。 ※学科・製図ストレート合格者とは、令和4年度1級建築士学科試験に合格し、令和4年度1級建築士設計製図試験にストレートで合格した方です。 ※卒業学校別実績について総合資格学院の合格者数には、「2級建築士」等を受験資格として申し込まれた方も含まれている可能性があります。〈令和4年12月26日現在〉

 総合資格学院

東京都新宿区
西新宿1-26-2
新宿野村ビル22階
TEL.03-3340-2810

スクールサイト
www.shikaku.co.jp 総合資格 検索

コーポレートサイト
www.sogoshikaku.co.jp

令和4年度
2級建築士 学科試験

当学院基準達成
当年度受講生
合格率 **95.0%**

全国合格率
42.8%に対して

8割出席・8割宿題提出・総合模擬試験正答率6割達成
当年度受講生498名中／合格者473名〈令和4年8月23日現在〉

令和4年度
1級建築施工管理技術検定 第一次検定

当学院基準達成
当年度受講生
合格率 **91.2%**

全国合格率
46.8%に対して

7割出席・7割宿題提出
当年度受講生328名中／合格者299名〈令和4年7月15日現在〉

Twitter ⇒「@shikaku_sogo」
LINE ⇒「総合資格学院」
Facebook ⇒「総合資格 fb」で検索!

開講講座 1級・2級 建築士／建築・土木・管工事施工管理／構造設計1級建築士／設備設計1級建築士／宅建士／インテリアコーディネーター／建築設備士／賃貸不動産経営管理士

法定講習 一級・二級・木造建築士定期講習／管理建築士講習／第一種電気工事士定期講習／監理技術者講習／宅建登録講習／宅建登録実務講習

あとがき
Afterword

今年で27年目を迎えたDesign Reviewは、コロナ禍の状況下で対面での開催が実現できるか学生実行委員会はギリギリの選択を迫られておりましたが、学生たちの強い想いが叶い3年ぶりとなる対面での開催となりました。

開催に際しご支援をいただきました関係者の皆様、また会場をご提供いただきました矢作先生をはじめ九州産業大学の関係者の皆様に、共催者を代表して厚く御礼申し上げます。

予選を通過した66作品の模型やプレゼンボードで埋め尽くされた会場は熱気に包まれ、Design Reviewの本来の姿が久しぶりに戻ってきた瞬間を拝見しながら感極まりました。一昨年からの2年間はオンラインでの開催となり、一定の成果は生み出せたものの、制限時間に縛られた状況では学生の自己主張がなかなか出来ない環境にオンラインの限界を感じていましたが、その鬱憤を晴らすかのように学生が生き生きと発言している様子を伺いながら、対面で議論する事の尊さを改めて感じた次第です。第一線で活躍する建築家や構造家と本気で議論を重ねた時間は、これから社会に出ていく皆さんにとって糧となるかけがえのない経験であったと思います。ここから将来、建築界を牽引する人材が出てくる事を期待しています。

2日間、学生と真剣に向き合ってくださいました、石川初様、大西麻貴様、佐藤淳様、津川恵理様、中山英之様、そして司会の末光弘和様に心から感謝申し上げます。

また、390を超える応募作品の予選審査を務めていただきました、末廣香織様(九州大学)、太記祐一様(福岡大学)、矢作昌生様(九州産業大学)、田中智之様(熊本大学)、平瀬有人様(佐賀大学)、岩元真明様(九州大学)、百枝優様(百枝優建築設計事務所)、荒木康佑様(XYZstructure)にも重ねて御礼申し上げます。

来年も対面で開催できる事を願い、私たち公益社団法人 日本建築家協会九州支部もDesign Reviewをサポートして参ります。関係者の皆様には引き続きお力添えいただけましたら幸いに存じます。

公益社団法人 日本建築家協会
九州支部長　松山 将勝

私たち総合資格学院は、「ハイレベルなスキルと高い倫理観を持つ技術者の育成を通じ、安心・安全な社会づくりに貢献する」ことを企業理念として、創業以来、建築関係を中心とした資格スクールを運営してきました。昨今、「労働人口の減少」は社会全体の問題となっており、建設業界の「技術者」の不足が深刻化しています。当学院にとっても、技術者不足解消は使命であると考え、有資格者をはじめとした建築に関わる人々の育成に日々努めております。

その一環として、将来の活躍が期待される、建築の世界を志す学生の方々がさらに大きな夢を抱き、志望の進路に突き進むことができるよう、さまざまな支援を行っております。Design Reviewをはじめとした全国の卒業設計展への協賛、設計コンクール・コンペティションの開催やそれらの作品集の発行、建設業界研究セミナーなどは代表的な例です。

本年もDesign Review 2022に協賛し、本設計展をまとめた作品集を発行いたしました。本年は3年ぶりに出展者方と審査員の先生方が一堂に会することができ、対面にて活発な議論が行われました。

本書では、出展者の皆様の熱意の込められた作品を詳しく紹介しているほか、審査・講評での貴重な議論を多数収録しており、資料としても大変価値のある、有益な内容となっております。また、出展者の方々とクリティークの方々によるライブ感溢れるリアルな対話が収められた本書は、これから学校の課題や卒業設計などに取り組む学生の方々にとって非常に参考となる一冊です。本書が社会に広く発信され、より多くの方々に読み継がれていくことを、そしてDesign Reviewの今後の益々の発展を願っております。Design Review 2022に参加された学生の皆様、また本書をご覧になった若い方々が、時代の変化を捉えて新しい建築の在り方を構築し、高い倫理観と実務能力を持った建築家そして技術者となって、将来、家づくり、都市づくり、国づくりに貢献されることを期待しております。

総合資格 代表取締役
岸 和子

編集後記

Editor's note

はじめに、Design Review 2022を共催、後援、協賛いただいた多くの企業、団体、個人の皆様、出展者の皆様、本年度の立ち上げから当日の運営までの長い期間ご支援いただいた皆様に、今年度も無事に大会を終えることができましたことを心よりお礼申し上げます。

本年度のテーマは「創成期」です。本大会はこのテーマのもと、審査員の方々との議論や他の出展者の方々の作品を通して、自分の作品について再度深く考え、さまざまな視点や価値観を発見する場になり、参加者が自分の思いを相互に語り合うことで、これからの新たな時代を切り開く"創造的"な提案が生まれるきっかけになることを願って開催されました。本誌はそのかけがえのないきっかけを記録として残し、これからの変わりゆく社会の中での道しるべのようなものになれば、という思いを込めて制作いたしました。

本年度は新型コロナウイルスの感染状況を見ながら進めていき、開催形式の変更も多々ありましたが待望の対面形式をメインとして開催することができました。会場に模型とプレゼンボードが展示され、出展者の皆様とクリティークの皆様が作品を一緒に見ながら対話する光景を目にして、対面で開催出来て良かったと心から思いました。

本年度も多くの作品に触れる機会を設けようと、受賞者の作品以外にも予選通過者の作品をすべて掲載させていただきました。また、当日配信を視聴してくれた、九州の高校生の皆さんからの感想を誌面の都合上一部ではありますが掲載しております。

私自身はDesign Review実行委員として1年目ですが、記録誌の制作に関わらせていただきました。未熟な部分も多く、右も左もわかっていなかった私をさまざまな面で支えてくださった、昨年度の記録誌制作に携わっていた竹尾郁美さん、浅岡柊さんをはじめとするDesign Review実行委員の皆さん、この場を借りて心より感謝いたします。記録誌の制作という自分にとっては初めての貴重な経験をさせていただいて、多くのことを学ぶことができました。たくさんの方々のご協力のもと、少しでも本大会に貢献できたなら幸いです。

本誌を制作するにあたり、誌面デザイン及び編集作業に尽力いただいたゴーリーデザイン大川松樹様、大会当日の過密スケジュールの中で膨大な量の写真を撮影してくださったTechni Staff イクマサトシ様、architect photo office graphy 中村勇介様、さまざまなデータ提供にご協力いただいた出展者の皆様、クリティークの先生方、予選審査員の先生方に心より御礼申し上げます。また、本誌発行を引き受けてくださった総合資格 代表取締役 岸和子様及び金城夏水様をはじめとする出版局の皆様、そして本大会に関わっていただいたすべての方々へ重ねて御礼申し上げます。

Design Review 2022実行委員会
記録部　安部 秀真

協賛リスト
Sponsor

共催

公益社団法人日本建築家協会（JIA）
九州支部福岡地域会協力会

特別協賛

株式会社総合資格　総合資格学院

協賛団体

公益社団法人日本建築家協会（JIA）
九州支部長崎地域会

公益社団法人日本建築家協会（JIA）
九州支部大分地域会

公益社団法人日本建築家協会（JIA）
九州支部宮崎地域会

一般社団法人日本建築学会九州支部

団体協賛・企業協賛

株式会社日建設計　九州支社

株式会社一原産業

鹿島建設株式会社　九州支店

株式会社志賀設計

株式会社梓設計　九州支社

公立大学法人北九州市立大学

株式会社スズキ設計

株式会社大建設計　九州事務所

株式会社匠建築研究所

立川ブラインド工業株式会社　福岡支店

株式会社傳設計

株式会社東条設計

日本コンクリート工業株式会社　九州支店

株式会社日本設計　九州支社

公益社団法人福岡県建築士会

株式会社松山建築設計室

株式会社マトリックス

株式会社森裕建築設計事務所

株式会社山口瞬太郎建築設計事務所

株式会社山下設計　九州支社

タニコー株式会社　大分営業所

個人協賛

村上　明生	アトリエサンカクスケール株式会社	
高木　正三郎	設計＋制作 / 建築巧房	
上田　眞樹	有限会社祐建築設計事務所	
川津　悠嗣	一級建築士事務所　かわつひろし建築工房	
古森　弘一	株式会社古森弘一建築設計事務所	
遠藤　啓美	有限会社小嶋凌衛建築設計事務所	
田中　俊彰	有限会社田中俊彰設計室　一級建築士事務所	
鮎川　透	株式会社環・設計工房　一級建築士事務所	
林田　直樹	株式会社林田直樹建築デザイン事務所	
池浦　順一郎	DABURA.i 株式会社	
白川　直行	株式会社白川直行アトリエ	
久保　紘子	西日本鉄道株式会社　住宅事業本部 マンション事業部 商品企画課	
末廣　香織	九州大学大学院人間環境学研究院	
堀田　実	有限会社堀田総合設計	
和田　正樹	株式会社和田設計	

柳瀬　真澄	柳瀬真澄建築設計工房	
福田　哲也	株式会社アーキタンツ福岡一級建築士事務所	
重田　信爾	有限会社アトリエ間居	
林田　俊二	株式会社建築企画コム・フォレスト	
中俣　知大	一級建築士事務所　数寄楽舎有限会社	
有吉　兼次	有限会社ズーク / 一級建築士事務所	
松岡　恭子	株式会社スピングラス・アーキテクツ	
佐々木　信明	株式会社 INTERMEDIA	
伊藤　隆宏	合同会社サイト・ラボ	
井本　重美	IMOTO ARCHITECTS　株式会社無重力計画	
豊田　宏二	トヨダデザイン一級建築士事務所	
末廣　宣子	有限会社エヌ・ケイ・エス・アーキテクツ	
前田　哲	株式会社日本設計　九州支社	
田中　康裕	株式会社キャディスと風建築工房